本书受到山东省社会科学规划一般项目（21CJJJ7）、山东省软科学研究计划一般项目（2019RKB01167）、教育部协同育人项目（202002145025）、青岛市十三五制造业转型（40069212）、青岛科技大学科研启动费（010022930）和青岛科技大学学术专著出版资金的资助。

绿色经济前沿丛书

中国能源产业
风险研究

基于低碳经济背景

STUDY ON RISK OF
ENERGY INDUSTRY IN CHINA
BASED ON LOW-CARBON ECONOMY

陈 明 著

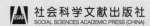

社会科学文献出版社
SOCIAL SCIENCES ACADEMIC PRESS (CHINA)

摘　要

据《BP 世界能源统计年鉴》，未来二十年世界将需要更多的能源以保证世界经济的增长和繁荣。虽然世界能源结构持续转变，但化石能源仍将是为世界经济提供动力的主要能源，提供到 2035 年 60% 的能源增量。在展望期内，虽然碳排放将有可能持续增长，但全球碳排放的增长速度将大幅度降低，体现了世界能源结构从高碳能源向低碳能源的转变。中国能源产业结构以煤炭、石油、天然气等化石能源为主导，可再生能源和新能源虽然在持续增长，但是在能源产业结构中所占份额仍然较小。能源供求关系不平衡、重要能源对外依存度大、能源效率较低等因素，给中国能源产业带来了很大的风险。与此同时，随着国际能源价格的剧烈波动，能源的国际化和金融化使得诸多矛盾叠加、风险隐患增多。此外，碳排放使中国产生了温室效应、环境污染严重等问题，每年大量的碳排放使中国承受着越来越大的碳减排压力。因此，在低碳经济背景下分析中国能源产业风险，需要将环境风险纳入分析范畴，同时将低碳因素加入环境风险中；在考虑环境保护、温室气体减排的基础上，对能源产业风险进行综合分析，有利于引导中国能源产业逐渐向低碳、绿色能源产业发展，保障能源产业安全。

本书以产业经济学、能源经济学、西方经济学的相关理论为基础，采用计量经济、数量经济、运筹学理论、综合评价、经济预测等理论和方法，在具体研究过程中，运用数据包络分析、灰色系统、神经网络等模型对低碳经济背景下的中国能源产业风险进行识别、测量、评价和预警。本书的主要内容和研究结论如下。

在低碳经济背景下，对中国能源产业进行风险识别；在风险识别的基础上，对能源产业发展和碳排放量进行脱钩关系分析，用来说明低碳因素对分析能源产业问题的必要性。研究发现，能源产业的产值增长与碳排放、能源消耗处于弱脱钩的状态较多，距离强脱钩的理想状态存在一定的距离，能源产业对碳排放的治理需要用低碳经济理念来约束，并且长期坚持下去。

在低碳经济背景下，对中国能源产业风险进行测量，发现中国煤炭、石油和天然气存在较明显的泡沫，而地缘政治、美元贬值、美联储利率政策和汇率变动，以及国际能源产业供需不平衡、市场投机炒作、国家财政和货币政策的影响是导致能源价格泡沫产生的主要原因。同时，中国能源产业的技术效率整体有待进一步提高。

构建低碳经济背景下的中国能源产业风险评价体系，包括煤炭、石油、天然气三个主要能源产业的风险评价体系。其中，三个产业的供求风险在能源产业中所占比重均最大，其次是资源风险；三个产业的环境风险所占比重均最小。

对能源产业风险进行预测和预警。本书运用灰色系统理论的 GM（1，1）模型和 Elman 神经网络模型对中国能源产业风险进行预测，在风险预测的基础上，设计和开发了低碳经济背景下的中国能源产业风险评价和预警系统。

目　录

第一章 绪 论

第一节 能源产业风险的研究背景和目的

一 能源产业风险的研究背景

1. 低碳经济时代的到来

18 世纪前，人类主要利用风力、水力、木材等天然能源，尤其是木材在世界一次能源消费结构中长期占据首位。1785 年，瓦特改良的蒸汽机加速了 18 世纪开始的产业革命，人类社会由此进入了"蒸汽时代"，促进了煤炭的大规模开采。19 世纪下半叶出现了人类历史上第一次能源转换。1860 年，煤炭在世界一次能源消费结构中占 24%，1920 年上升为 62%，即进入所谓的"煤炭时代"。19 世纪 60 年代内燃机取代了蒸汽机，1965 年石油首次取代煤炭成为主要能源，由此进入"石油时代"，石油取代煤炭完成了能源利用的第二次转换。随着世界经济的发展，人类对能源的需求量不断增长，但化石能源（煤炭、石油、天然气）的储量是有限的、可耗竭的，不具有可持续性。化石能源经过 100 多年的使用，造成大气中含碳温室气体浓度持续增长、环境污染问题严重，开发非化石能源势在必行，世界能源结构将逐渐从"石油时代"向多元化、低碳化的方向发展（林伯强、黄光晓，2011：2~3）。

2003 年，英国政府首次提出"低碳经济"概念，并先后发布了新版的《能源白皮书》《气候变化法案（草案）》《英国气候变化战略框

1

架》等；计划到 2010 年英国二氧化碳排放量在 1990 年的水平上减少 20%，到 2050 年减少 60%，建立低碳经济社会。英国于 2004 年颁布《能源法》，核心内容为可持续能源、核能问题和竞争的能源市场。美国政府发布了《能源政策法》《低碳经济法案》等。日本政府提出了"福田蓝图"，并制定了《促进建立循环社会基本法》等，以应对日益变暖的气候（沙之杰，2011：1~3）。引导和保障低碳经济发展已成为世界经济发展的趋势和各国政府的一项重要公共事务。中国在"十三五"规划中指出，要坚持绿色发展，着力改善生态环境，推动低碳循环发展，降低化石能源比重，提高非化石能源比重，实现能源产业的清洁、低碳、安全、高效发展，加快太阳能、生物质能、风能、水能、地热能等可再生能源的发展。

2. 能源产业在国民经济中的重要地位

从远古时代的木炭柴薪、风能、水能，到传统的化石能源（煤炭、石油、天然气），继而到太阳能、生物质能、核能等，能源被誉为"经济的血液"，为国民经济的发展提供能量。从工业的开采、运输、生产、销售，到生活的吃、穿、住、用、行，能源不仅贯穿国民经济的每个环节，而且密切影响人类的生活质量。随着人类文明的进步和社会的发展，人类对能源的需求在不断增长。国际能源署（International Energy Agency，IEA）的研究表明，对处于发展中期的国家而言，能源在生产要素组合中占主导地位，并且高能源强度产业是拉动经济增长的重要力量。中国是世界上最大的发展中国家，也是世界第二大经济体，能源产业的安全、稳定发展关系到经济的长期稳定增长和经济体系的运行。能源作为国民经济发展的重要基础物质，在保障国家安全方面也起着至关重要的作用。在全球经济高速发展的同时，能源资源的大量使用，造成了温室效应、臭氧层破坏、酸雨等环境污染现象，低碳、高效、节能成为时代对能源产业发展的必然要求。

3. 能源产业面临的严峻挑战

目前，世界经济在深度调整中缓慢复苏，新一轮产业变革和科技革命正在酝酿。然而，国际金融危机的深层次影响依然存在，经济贸易在全球范围内增长乏力，地缘政治复杂多变，保护主义抬头，传统和非传统能源的安全和威胁交织，风险因素增多。中国的经济发展处于重要的战略机遇期，面临风险隐患增多的严峻挑战，中国应妥善应对国际金融危机的持续影响等一系列重大风险挑战。

随着经济快速增长，人类对能源的需求量持续增长，重要能源的对外依存度大幅度上升，能源资源短缺对经济发展的制约进一步加剧。2018 年，中国仍然是世界上最大的能源消费国，能源消费量占全球能源消费量的 24%，占全球能源消费量净增长的 34%，中国连续 18 年成为全球能源增长的最主要来源。煤炭在中国一次能源结构中的占比由 2008 年的 72% 降至 2018 年的 58%。虽然煤炭比重下降，但是从长期来看中国的能源结构仍以煤炭为主，石油、天然气、水电等为辅，这造成了中国能源效率低、环境污染等问题。此外，2018 年，中国的石油对外依存度高达 72%，达到 50 年来最高水平；天然气对外依存度达 45.3%。2018 年，中国二氧化碳排放量同比增长 2.2%，呈现显著反弹。中国经济发展已经面临能源瓶颈，若是继续实行高消耗、高污染、高风险的能源发展模式，那么中国的资源环境将不能承受（潘岳，2005：11 ~ 15）。综上可知，作为国民经济动力源的能源产业正面临严峻的挑战。

二 能源产业风险的研究目的

能源是经济发展和国家安全的重要物质基础，国际金融危机的深层次影响在相当长时期内依然存在，诸多矛盾叠加，风险隐患增多。中国是世界上最大的能源消费国，2018 年石油的对外依存度达 72%，天然气对外依存度上涨至 45.3%，中国能源紧张问题凸显（张凤荣、陈明，2015：1 ~ 5）。能源需求量大但能源对外依存度高、能源供给的不确定性和能源国际贸易摩擦给中国能源产业带来了很大的风险。随着金融全球化的加深，能源的价格风险和金融风险越来越引起国际社会的关注。

能源由于其稀缺性和其金融属性，其价格经常被国际交易型开放式指数基金（ETF）和国际游资炒作，引起能源价格剧烈波动，能源的金融化促使能源价格泡沫的产生，加上中国缺乏国际能源价格的定价权，从而给中国能源产业带来了很大的风险。中国能源产业是以煤炭为主，以石油、天然气等化石能源为辅，可再生能源和新能源虽然在持续增长，但是在能源产业结构中所占份额仍然较小，能源产业结构不合理、效率低下严重制约了能源产业的健康发展，给中国能源产业带来了很大的风险；同时，中国的能源消耗导致了温室效应、环境污染等问题，因此其承受着越来越大的压力。低碳是能源产业绿色、可持续发展的重要模式，既能保证适度的经济增长，又能保持能源资源的可持续利用和减少环境污染，即低碳发展的基本思想（林伯强、牟敦果，2014：227～228）。

为此，分析中国能源产业风险，就要在低碳经济背景下，即在环境保护、温室气体减排的前提和基础上，进行能源产业风险分析，充分考虑环境因素，以低碳、绿色能源发展为基本要求。能源产业发展的规律就是从高碳到低碳，最后走向无碳。低碳是指以低能耗、低污染、绿色环保为基础的经济发展方式，通过技术创新、制度创新，提高能源效率、降低能源消耗、减少污染物排放，在经济持续发展的基础上保护环境、缓解气候变化，促进人类和地球环境的可持续发展。低碳日益受到世界各国的关注，是全世界共同的课题。世界银行的《斯特恩报告》指出，如果全球每年以1%的GDP用于环境的改善，那么可以避免将来每年5%～20%的GDP因治理环境而带来的损失，呼吁全球经济向低碳经济转型。随着低碳经济时代的到来，中国政府也高度重视发展低碳经济、绿色经济。中国气象局和中国科学院等发布的《气候变化国家评估报告》指出，加快发展可再生能源和先进核能技术，提高化石能源的利用效率，推进洁净、低碳排放的煤炭利用和氢能技术，优化能源结构，保护生态环境，走低碳发展道路。

历史上每一次重大的能源危机都留下了深刻的烙印，能源产业的风险关系到经济发展、生活质量、能源安全以及国家的战略安全。在经济全球化和金融全球化的影响下，能源产业的风险日益凸显。2008年源自美国并最终席卷全球的金融危机期间，世界各国相继出台了多种救市政策和应对措施，短期内这些政策暂时减缓了金融危机的持续扩散；但从长期来看，救市政策给全球经济发展带来了很多不稳定的因素，如政府的债务危机、社会财富大量流失、能源国家政治动乱、贫富差距进一步扩大、通货膨胀、美元指数和能源价格的剧烈波动等，这些不稳定的因素给世界能源产业带来了巨大的风险。面对低碳经济的发展要求以及如此复杂的国际形势，中国重要能源的对外依存度却居高不下，这严重影响了中国能源安全和经济发展，因此，掌握能源产业的各种风险对中国能源产业的健康发展和战略布局具有十分重要的作用。能源产业风险研究是为了保障能源安全，能源安全是能源的连续稳定的供应，也包括环境的兼容性与可持续性，即低碳化。能源的有效保障是国家能源安全的基本目标。能源是一种战略资源，历史经验表明，能源可以成为一国对他国施加政治压力的工具，也可以成为解决国际冲突的砝码。鉴于此，能源产业的安全已成为各国国家安全的重要组成部分。在低碳经济背景下，对能源产业风险进行分析的研究为保障能源产业的健康、绿色发展和能源产业安全提供了理论参考和指导。

在国内外能源产业风险及其相关产业政策理论研究的基础上，通过能源产业风险评价和预警模型进行实证研究，构建中国能源产业的风险评价体系和预警机制；通过加强中国能源产业对风险的防范，保障中国能源产业安全。我们应该结合国情，发展低碳能源产业，优化能源产业结构，防范能源风险，保障能源安全，在经济持续发展的基础上使资源、环境得到有效保护，做到真正的绿色、可持续发展。

第二节　能源产业风险相关研究

一　低碳与低碳经济的相关研究

随着人们对全球变暖、环境污染问题的不断关注，并且意识到大规模使用化石能源、大量排放 CO_2 等温室气体是导致全球气候变暖、环境污染的主要原因，一系列新概念如"低碳""低碳经济""低碳能源""低碳发展"等应运而生。1997 年 12 月，《联合国气候变化框架公约》第 3 次缔约方大会在日本京都召开，大会通过了《京都议定书》，旨在限制温室气体排放，以防止全球变暖和剧烈的气候改变对人类造成伤害。欧盟于 2002 年 5 月 31 日正式批准了《京都议定书》；中国于 2002 年 8 月核准了该议定书；俄罗斯于 2004 年 11 月 5 日核准了该议定书。2005 年 2 月 16 日，《京都议定书》正式生效。这是人类历史上首次以法规的形式限制温室气体排放。

很多经济学家主张采用税收或排放许可证等形式来控制污染、实现低碳。环境经济学家主要从经济和生物圈系统的相互影响来研究低碳与经济活动的关系，因为经济体系的物质最终会被耗尽、分解而重新回到环境中去。挪威商学院 Randers 和 Goluke（2020：18456）提出，不管人类如何快速降低温室气体的排放，全球温度一直会上升。为防止温室气体排放导致的全球气温和海平面上升，并限制其对地球生态系统和人类社会的潜在灾难性影响，从 2020 年起，每年至少需要通过碳捕捉和碳封存方法从大气中清除 330 亿吨二氧化碳。中国环境与发展国际合作委员会指出，到 2050 年世界经济的规模是 2019 年的 3~4 倍，而碳排放量要比 2019 年降低 1/4，因此需要确立碳定价机制和技术政策，建立全球的体制、全世界的碳市场，共同促进清洁机制的建立。

国内学者对低碳经济也展开了广泛的研究。张坤民（2008：1~7）指出，将低碳经济战略在中国付诸实施是解决中国当前面临的诸多环境与发展问题切实有效的办法。鲍健强等（2008：153~160）指出，为了发展低碳经济，我们要从调整能源产业结构入手，转变高碳经济发展模式，同时大力开发可再生能源、发展低碳产业和低碳技术。李旸（2010：56~67）指出，中国是一个高耗能国家，需要正确认识并加快低碳经济发展。

综上，有关低碳的研究多数集中于阐述低碳经济的意义，以及介绍国外低碳技术和低碳政策、节能减排措施等方面，而在低碳经济背景下的能源产业风险的相关研究较少，这正是本书的选题角度和研究目的。

二　能源产业的相关研究

国内外学者从能源效率、能源产业的国际合作、能源产业低碳化、能源金融、能源管制、能源产业结构、能源产业政策、能源安全和能源风险等方面对能源产业进行了研究。

1. 能源效率

杨红亮和史丹（2008：12～20）指出，从一定范围来看，能源效率指标可分为单要素能源效率指标和全要素能源效率指标。单要素能源效率，是以能源投入产出比或产出投入比来度量能源效率的。然而，单要素能源效率忽视了资本与劳动对产出的贡献及不同生产要素之间的替代作用。全要素能源效率，是将资本和劳动等生产要素纳入能源效率的分析中，考虑了能源与其他生产要素之间的替代作用。然而，如果在全要素能源效率中不能将资本和劳动等投入要素的无效率部分分离出来，就无法了解能源的浪费程度以及可节能的空间。林伯强和杜克锐（2013：125～136）利用固定效应 SFA 模型和反事实计量方法，对中国 1997～2009 年要素市场扭曲的能源效率进行实证分析。他们指出，要素市场扭曲对中国能源效率的提升有显著负面影响；消除要素市场扭曲年均可提高 10% 的能源效率并可以节约 1.45 亿吨标准煤，进一步推动中国要素市场的市场化进程，提高能源效率。

能源效率的长期趋势与短期波动的决定机制并不相同。Rosenberg（1980：55-77）认为，能源效率的长期趋势由资源禀赋、经济发展阶段和技术水平决定。Kim 和 Loungani（1992：173-189）指出，能源效率短期波动与能源价格波动、经济景气循环等周期性因素密切相关。Finn（1995：1249-1281；2000）、Rotemberg 和 Woodford（1996）将能源引入生产函数的 RBC 模型，他们认为能源冲击对宏观经济波动的影响不同；吴利学（2009：130～142）从波动角度分析了中国能源效率的变化，并构建了能源效率模型，研究表明，内生的资本利用率变化是决定中国能源效率波动的关键，提高能源价格有利于提高能源利用效率，并且对产出的影响相对较小。

追求能源效率目标，往往会忽略能源效率提高后带来的能源效率的回弹效应（Rebound Effect，RE）。Saunders（1992：131-148）指出，从宏观角度上看，能源效率提高的同时节约的能源可能被增加的能源需求抵消掉。Weizsacker 等（1997）指出，能源效率政策的实施被誉为"第四种能源"革命的到来。查冬兰和周德群（2010：39~53）通过构建能源效率影响下的一般均衡模型，模拟不同种类能源效率提高4%对能源消费的影响，研究显示，能源效率回弹效应在中国显著存在。

总之，国内外有关能源效率的研究，主要是从能源效率界定范围、要素市场扭曲的能源效率、能源效率的长期趋势与短期波动机制、能源效率的回弹效应等层面展开，采用的方法主要是 DEA 数据包络分析法和 SFA 随机前沿分析法，通过生产函数的 RBC 模型、动态随机一般均衡模型等构建能源效率模型。

2. 能源产业的国际合作

Wybrew-Bond 和 Stern（2002）从供给选择、环境因素、能源市场中的竞争、地缘政治等方面分析了亚洲国际能源合作，并分析了未来天然气合作成功的三方面因素。Paik（2005：58-70）认为，区域内能源合作潜力不仅要求区域内的密切合作，还取决于区域共同对外政策。Veenstra（2008）认为，东北亚地区能源合作必须建立在与能源效率相关的技术转让、安全输送、共同储备和对外政策的基础上，并强调技术转让在能源合作中的巨大作用。尹勇晚等（2011：85~94）对中韩新能源产业合作和经济效应进行了评估，通过建立新能源合作的相对收益指数和 VAR 模型，研究能源合作指数和 GDP、贸易之间的关系，进一步分析了中韩新能源产业合作的重要性。

有关能源产业合作的研究，主要是从各国能源的供给需求、能源安全、地缘政治、能源市场中的竞争、环境因素、技术合作、国际关系等角度展开，旨在促进国际能源合作、维护国家利益和能源安全。

3. 能源产业低碳化

中国是能源生产和消费大国，主要依靠传统的"高投入、高污染、高消耗、低产出、低质量、低效益"的能源发展方式（王彦彭，2010），然而这种能源结构导致中国生态环境的进一步恶化。为缓解经济发展与能源资源、环境污染之间的矛盾，使中国能源产业走出困境，"低碳化"成为中国能源产业发展的必然选择。但中国能源产业低碳化发展也受到工业发展阶段技术水平、宏观政策和产业融资等方面的制约。能源产业的低碳化发展是实现低碳经济的根本，然而，部分能源企业却为了追求利润，忽略环境污染和能源紧缺的客观事实，不顾社会责任、只顾眼前利益。政府除加强宏观调控外，还应该对能源企业进行强制性要求，完善相关产业的法律法规、产业规制、产业政策，用法律手段、政策手段来约束企业的运营过程，引导能源企业将国民经济的低碳发展与企业的短期利益相融合，中国能源产业的低碳化转型是能源产业健康、安全持续发展的必然选择（甄晓非，2012：78～81）。

中国出台了《中国应对气候变化国家方案》以及《可再生能源中长期发展规划》等国家重要政策，并从政府宏观调控和产业层面上制定产业低碳标准，为能源产业低碳化发展提供保障。在社会层面上，中国应从低碳经济角度制定与能源产业相关的法律法规，倡导低碳生活方式和消费行为，使低碳意识深入民心；落实能源开发、保护的各项产业政策，加强对高耗能、高污染行业的管制，构建相关行业清洁生产的评价指标体系，制定涉及低碳经济的污染控制标准；同时，对符合低碳经济标准的产品或者企业进行补贴，加强对不符合低碳经济标准的产品或企业进入能源市场的控制。通过法律法规、产业政策、产业管制的约束和引导，加强能源产业资源节约和低碳化（蔡林海，2009：183）。

中国能源结构以煤炭为主，因此应大力推进煤炭产业清洁利用技术，提高煤炭产业技术水平，以及碳捕捉与碳封存技术水平。中国的水能、太阳能、生物质能、风能、地热能、潮汐能等可再生能源和新能源蕴藏丰富，是满足国家能源需求、减少环境污染、发展低碳经济的关键，因此，可再生能源和新能源的开发技术和科技成果转化是中国能源产业走向低碳、绿色能源产业发展之路的重要环节。在确保能源稳定供给，提升能源技术的同时，要注重能源资源的有限性，以及环境的承载能力，使低碳技术创新朝着高科技、低污染、低能耗的方向发展（包颉、侯建明，2011：139～145）。

有关能源产业低碳化的研究，中国学者主要是从战略角度提出相应的实施能源低碳发展的策略，包括优化能源结构，减少环境污染，制定与完善产业低碳标准，推进能源产业的低碳发展，加强对高耗能、高污染能源企业的管制，制定低碳能源产业政策、能源产业的法律法规，倡导低碳生活方式和消费行为等。

4. 能源金融

国内外对能源金融的概念没有统一的界定，通常是基于能源产业和金融的相互融合。1886 年，世界上最早的能源交易所——煤炭交易所在威尔士的卡迪夫诞生，它运用金融交易的模式对煤炭交易进行管理。20 世纪 70 年代，两次石油危机催生了原油期货，使原油成为有史以来成交量最大的商品期货品种。随着全球环境问题的日益凸显，旨在应对环境风险的能源金融拓展至新能源投融资、碳金融、能源效率市场等新领域，能源定价机制、能源风险等问题引起世界各国的普遍关注（张飘洋等，2013：100～104）。美国得克萨斯大学能源金融教育与科研中心（CEFER）指出：“面对能源和资本市场的巨大变革，管理者应该培养量化、管理、监督能源价格、利率、汇率变动带来风险的能力。”

Claessens 和 Qian（1995：377－384）提出，石油期货的套期保值是转移短期或中长期石油价格波动风险最好的办法。Painuly 等（2003：659－665）指出，政府应该适当放松对能源产业融资的限制以促进能源产业的发展，例如加拿大、美国通过能源金融服务以及相关的金融产品提高能源产业效率。佘升翔等（2007：2～8）指出，能源金融可以分为能源虚拟金融和实体金融。能源虚拟金融是指在能源资本市场进行能源期货、期权、实务、利率、汇率、债券、股票等金融资产的投机交易及套期保值。能源实体金融是指利用金融市场的监督、融资、价格和退出机制，发展能源产业。何凌云和薛永刚（2010：232～233）提出，能源金融分狭义和广义金融。前者认为能源金融即能源融资；后者认为能源金融是能源相关产业主体通过与金融资源的整合，促使能源产业与金融产业共生，并有效防范风险的一系列产业活动。林伯强和黄光晓（2011：44～45）指出，能源金融是通过金融市场完善能源市场价格传导机制，规避能源市场风险，优化能源产业结构，其核心是能源的市场化定价机制。

5. 能源管制

美国的新版《能源政策法》《高级能源行动计划》《综合能源行动计划》使美国的长期能源政策和能源战略更加完善，其目的是确保能源供应多样化、节约能源、提高能源效率、促进能源基础设施的现代化，这些政策的实施对美国能源产业产生了深远的影响（李忠民、邹明东，2009：101～104；文绪武，2009：106～113）。Kobos 等（2006：1645－1658）认为，环境保护与能源供需平衡的关系已经成为美国能源产业管制改革面临的新问题。美国公民的环境保护意识很强，并且环境保护的相关法律对化石能源的开发和生产有较为严格的限制，因此美国电力正转向大量使用天然气，虽然天然气需求的激增正不断推高其价格，但这在一定程度上减轻了环境压力、降低了融资成本。

综上，有关能源产业的文献，国内外学者主要从能源产业政策、能源产业安全、能源产业低碳化、能源产业结构、能源产业的国际合作、能源效率、能源金融、能源风险、能源管制等方面对能源产业进行研究。从研究的产业类别来看，有针对传统化石能源产业的研究，包括石油产业、煤炭产业、天然气产业的相关研究，还包括新能源产业、可再生能源产业相关问题的研究。

三 产业风险的相关研究

1. 风险

（1）风险概念

风险是指可能的收益、损失的大小和概率，是中性词。Knight 于1921 年在《风险、不确定性和利润》中指出，风险是"可测定的不确定性"，并且不确定性按照程度可分为主观和客观不确定性（郭晓亭等，2004：111~115）。主观不确定性是指可以确定未来的每一种结果，而无法确定结果发生的概率；客观不确定性是指未来有多种结果，每一种结果及发生概率可知（Machina and Schmeidler，1992：745-780）。Bernstein（1996）在《与天为敌——风险探索传奇》中提出，"驱动经济系统发展的关键因素是管理风险的能力及承担风险以做长远选择的偏好"。钟林（2006：10~12）提出，风险是未来的不确定性对经济主体实现其目标的影响。郭晓亭等（2004：111~115）认为，风险有三个主要特性：风险是客观存在的；风险是可以被人们部分认知或接近全面认知的；风险是可以选择、规避和部分补救的。易泽忠（2012：6~7）认为，不确定性和损失性是风险的基本特点，各种引起风险的因素构成了风险。风险因素是指引起风险带来损失的频率、幅度等各种要素（客观因素、主观因素）；风险事故是指引起损失的偶发事件，人类本身的行为也是风险事故发生的重要原因之一。可以说，风险是人类行为和风险因素的组合。赵建安和郎一环（2008：419~425）认为，研究风险的目的是：规避和预防风险发生；掌握和控制风险；一旦风险发生，将损失降到最小。

目前，风险应对策略日趋专业化、科学化，自20世纪80年代以来，英国、法国、美国、日本等国家先后出台了风险管理标准，积极推动风险理论的研究和实践。2009年，国际标准化组织（ISO）颁布了风险管理标准ISO 31000。2006年6月，中国公布《中央企业全面风险管理指引》，为煤炭、石油等能源产业的全面风险管理指明了方向。

（2）风险类型

风险一般是指损失的不确定性，而这种不确定性可以用各种因素指标来量化测量。风险类型的划分是风险研究的重要方面，但由于风险定义的不统一和风险分类标准的多元化，所以有关风险的分类目前没有形成统一的标准。按照风险的可控程度，风险可以分为可控和不可控风险；按照经济条件的变化情况，可以分为静态和动态风险；按照风险涉及的范围，可以分为全局和局部风险；按照风险的损失程度，可以分为轻度、中度和高度风险；按照对不确定性的认识，可以分为主观和客观风险；按照损失与盈利机会的存在条件，可以分为投机和纯粹风险等（范道津、陈伟珂，2010：56～58）。

（3）风险研究

风险研究主要包括：风险识别、风险测量、风险评价、风险预测、风险预警和风险控制。风险识别即了解存在哪些风险、存在哪些风险因素（范道津、陈伟珂，2010：56～58）。风险测量是指将存在的各种风险因素采用科学的方法进行量化分析。风险评价是指在风险测量的基础上对各项风险指标运用科学、合理的方法进行评价或评估，为决策层提供有指导性的评价或评估结果。风险预测是运用经济预测方法对各项风险指标进行模拟和预测，以期为未来的经济发展和决策提供参考，防范风险的发生。风险预警是在风险评价和预测的基础上，对评价和预测结果发出预警信号，按照风险等级的不同，不同的预警信号代表不同等级的风险，决策层可以根据预警信号迅速做出决策。风险控制是指风险管理者通过采取各种措施降低风险发生的可能性，或减少风险发生时造成的损失。

2. 产业风险

国内外学者从不同的视角对不同产业的风险进行了研究。Hardaker等（1997）认为，农业风险包括市场风险、制度风险、生产风险、货币风险、法律风险、融资风险、人生风险。市场风险指农产品的价格及其农场投入的各种变动。制度风险指政府政策会引起市场对农产品的偏好发生变化，最终将影响农业的利润。生产风险指来自气候的不确定性。货币风险通常指贸易风险，例如汇率变动给农产品带来的风险。法律风险主要包含合约安排、环境责任、食品安全责任等具有法律意义的承诺。融资风险指贷款限期偿还风险、利率变动风险等。人生风险指从事农业生产经营的群体的人生不确定性。

Boehlje（2002）指出，制造业和农业的风险具有一定程度的相似性，分为战略风险和战术风险。战略风险侧重于生产的规模化和集约化。在这个过程中，当面临产业战略调整的时候，战略风险就会对企业的价值产生不确定性的影响，包括政府和市场两个层面。战术风险侧重产业生产和经营过程所面临的风险，可分为融资风险和商业风险。前者是由制造业企业贷款引起的利润率的不确定性，后者指制造业企业经营业绩的不确定性或不稳定因素。Lepp 和 Gibson（2003：959－967）指出，旅游产业的风险涉及饮食、健康、文化、宗教信仰、恐怖主义等方面。通过对旅游经验、旅游人口特征等变量与旅游感知风险的关系进行研究，发现饮食风险和健康风险在大多数女性旅游者的旅游感知风险中最为突出。郗伟东和孙永海（2008：228～232）按照生猪产业的特点，以生猪产业链为载体对生猪产业的各项风险进行了分类和界定。

综上，有关风险和产业风险的研究，国内外学者主要从风险的界定、类别，风险的识别、感知及风险的规避方法等方面进行研究。另外，根据各个产业自身的特征，产业风险在不同产业间具有不同的表现形式，具有多元化、复杂化等特点，因此进行产业风险分析的时候，应该立足所要研究的产业，根据其产业特征、产业结构、产业的生命周期、产业政策情况来分析。

四　能源产业风险的相关研究

鉴于能源的重要性和战略意义，能源产业风险及能源安全战略问题已经成为世界各国制定国家政治、军事、经济政策时需要慎重决策的重大问题。

1. 市场风险

市场风险是指由市场及外部环境的不确定性引发的能源产业达不到市场预期甚至引起损失的不确定性。一类是市场接受能力不足的风险。能源产业具有前期投入资金多、技术水平高、开发周期长等特点。尤其是新能源产业，例如生物燃料、新能源汽车能否被消费者接受是其面临的市场考验。另一类是竞争风险。竞争风险具体表现在国内外两个方面：从国外来看，中国的能源产业与发达国家的能源产业在创新能力和核心技术方面存在一定的差距，国外对能源产业核心技术形成技术垄断，中国在短期内打破这种技术垄断局面存在一定难度；从国内来看，能源产业内部的竞争也在不断加深。传统的化石能源产业如煤炭产业、石油产业、天然气产业是主导产业，它们与可再生能源产业、新能源产业之间存在竞争，尤其是新能源产业在能源产业中所占比重很小，其在产业成长初期不具备与传统的化石能源产业竞争的成本优势和价格优势。部分新能源企业为了在竞争中取胜，盲目投产使得能源产业产能过剩，从而引起整个能源产业资源的浪费（林智钦，2013：45～57）。

能源产业市场风险主要包括价格风险、贸易风险。价格是市场风险中最敏感、最重要的因素。国内外大量学者对国际能源价格波动，尤其是对价格波动频繁和剧烈的原油价格，采用不同的模型和方法进行分析与预测（崔民选，2011：274）。Cabedo 和 Moya（2003：239－253）通过 ARMA 与 VAR 模型相结合的方法对原油价格风险进行研究。Sharma（1998）利用不同模型对 1986 年 11 月到 1997 年 3 月的原油价格波动的效果进行了预测。Sadeghi 和 Shavvalpour（2006：3367－3373）引入 VAR 模型来量化石油价格风险，并指出加强对石油价格风险管理的重要性。从实践层面来说，规避能源价格风险最有效的办法即在期货市场上运用能源衍生品对能源价格进行对冲（詹姆斯，2008；布泰尔，2008）。

国内学者对能源价格的研究多是研究国际原油和国内原油价格之间的联动性，以及原油价格对中国实体经济和资本市场的影响。牛菊芳（2011：58～65）提出了建立原油期货市场、加快建设原油战略储备体系、完善原油市场体制、提高风险应对能力、保障国家能源安全的相关对策。严云鸿和易波波（2010：61～64）、袁娜等（2010：63～67）、杭雷鸣等（2011：17～23）、郭国峰和郑召锋（2010：26～35）分别研究了能源价格对中国经济、生物质能、中国出口贸易的能源成本和中国股市的影响。王世进（2013：690~696）运用 VAR 模型、DCC-GARCH 模型，分析了国际能源价格对国内能源价格的影响，并在能源立法、加强消费国间的能源合作、推进能源衍生品、期货市场建设等几个方面提出建议。

市场风险是经济风险中的重要风险。除了市场风险，经济风险还包括供求风险、融资风险，而融资风险大多是针对企业融资过程中出现的不确定性而言，因此，对于能源产业风险的研究没有把融资风险纳入测量范围。Nanda 和 Rhodes-Kropf（2016：901–918）认为，企业的融资风险随投资方式和规模的变化而变化。汤长安（2007：57~58）认为，广义的融资风险是融资引起的企业正常经营运转的压力，主要包括企业的资金链或者供应链。徐志虎（2009：10~13）指出，融资风险是企业在一定市场环境下，通过各种渠道融资而形成的无力还款的还款风险。吴寄南（2004：41~44）、王淑贞等（2011：1~4）、付俊文和赵红（2007：62~67）指出，日本采取多元化的石油进口渠道，并扩大天然气进口，政府和企业同时推进新能源开发、增加能源战略储备、大力推广节能技术、促进能源消费结构多元化，这些都为中国如何规避能源产业风险提供了参考。

2. 供求风险

供求风险是能源产业中最重要的风险之一，当前中国能源产业供求矛盾日益突出。一方面，中国能源需求不断增长，虽然需求的增速有所放缓，但中国仍然是世界上能源消费量最大的国家。另一方面，能源供给面临巨大挑战。能源是可耗竭资源，中国部分能源的储量日渐枯竭，形势严峻。与国际先进能源技术相比，中国的能源开采效率、加工转换效率和终端利用效率都较低，相当一部分能源企业仍然实行粗放型的高耗能、高污染生产模式，导致中国能源供给不足问题日益凸显。在国际方面，石油作为中国的重要能源，其进口依存度不断攀升，2009 年已突破50%的国际警戒线，2014 年其进口依存度达到61.69%。此外，石油进口受国际政治、军事关系和经济环境变化的制约，给中国能源供应带来了很大的风险。

煤炭与石油保障风险是由供求矛盾所引起的风险，并且贯穿于煤炭与石油供需的全过程，主要包括勘探、开采、生产、运输、销售和消费等各个环节，这些矛盾都可能成为煤炭与石油保障风险的风险源（赵建安、郎一环，2008：419～425）。

有关能源供求风险的研究，国内学者主要是从能源的供给方面来分析，主要原因是中国是能源进口大国，能源消费量位居世界第一。当国际能源价格高涨时，能源产业链的下游企业生产成本增加，降低了中国出口商品的国际竞争力，同时也会使得能源消费终端的成本提高，从而引起物价上涨，这些隐患和不稳定因素在一定程度上威胁着中国的能源安全与经济安全。

3. 技术风险

技术风险是指能源产业在开采、生产、加工转换和技术创新等过程中受到技术水平、技术装备、科研人才、科研能力等多方面因素的影响，无法确定技术水平而导致的风险。只有掌握了核心的能源开发、能源勘探、能源使用等技术，才能获得技术优势、减少技术风险。

泰奇（2002）指出，技术创新的风险不像人们所想象的那样稳定下降，而是在总风险曲线上存在一个"楔形"的风险凸起。技术在开发、示范和推广过程中存在着诸多风险。Moore（2002）将技术接受生命周期分为创新者、早期接受者、早期大众、晚期大众、落后者，并且把技术接受生命周期用"钟形曲线"来表示。他指出技术接受生命周期中最可怕和最无情的过渡即在早期接受者和早期大众之间存在着"深深分开的峡谷"。在技术创新进程中，随着技术的不断成熟，技术风险在逐渐下降，然而资金的可获得性却越来越低。Berg 和 Ferrier（1999：45－52）使用"死亡之谷"来表达从发明到创新转化过程中面临的风险。Auerswald 和 Branscomb（2003：227－239）提出了一个图景"达尔文之海"，用来描述发明和技术创新之间的鸿沟。他们认为，在科技企业和金融企业的两岸间，是一个技术和商业观念不同的"生死之海"，富有创造力和坚韧的技术才能得以生存。张汉威等（2014：102~110）对示范和推广阶段的风险进行综合评定，认为示范阶段出现了不同类型、不同程度的风险，导致风险水平极高。"死亡之谷"和"达尔文之海"部分落在推广阶段。

4. 环境风险

郭义强等（2008：336~341）指出，在经济高速增长背景下，能源保障风险日益凸显，通过构建由能源储采比、能源生产和消费弹性系数、对外依存度、库存增减量、运输线路长度组成的能源保障指标体系，采用因子分析法确定各指标的权重，并根据灰色聚类方法对全国30个省区市（除港澳台及西藏地区）的能源保障能力进行评估。

1993年，日本颁布了《环境基本法》，2000年颁布了《推进建立循环型社会基本法》，这两部法律的颁布完善了日本的环境政策法律体系，推进了日本循环经济的发展，提升了其能源环境效益（邢玉升、曹利战，2013：78~87）。王宪恩等（2014：70~79）运用耦合协调度模型分析了日本经济与能源环境协调发展的演进过程，研究发现，日本经济社会与能源环境耦合协调度呈现鲜明的阶段性特点，并且经历了先下降、后上升最后趋于平稳共3个阶段，呼应了日本的快速工业化、产业结构升级和经济衰退3个阶段，但发展惯性及环境政策效果的延迟性，使得经济与能源环境耦合协调发展的拐点整体推迟了5年左右。

魏巍贤（2009：3~13）利用CGE模型分析了征收化石能源从价计征资源税、减少重工业出口退税、经济结构变动的节能减排效果对宏观经济的影响。研究发现，征收化石能源从价计征资源税是节能减排的有效途径，但也对宏观经济造成了较大负面影响，因此征税应与各种补贴相结合，同时应建立更加合理透明的能源价格机制。

5. 政策风险

在一定时期内，政府为了优化产业结构、追求规模经济而采取了各种相互联系的政策，包括企业并购联合政策、规模经济政策、直接管制政策、中小企业政策和促进竞争活力的反垄断政策等各种有效竞争的产业政策。其对整个能源产业在生产、消费等方面产生的影响都属于产业政策风险。此外，产业政策风险还包括宏观经济政策变化的风险和监管风险。宏观经济政策不仅会影响到整个国家的经济发展，而且会影响到整个能源产业的发展。Komendantova 等（2012：103－109）指出，产业政策风险最有可能影响可再生能源项目。产业政策风险主要包括三种类型：监管、政治和不可抗力。监管风险被认为是产业政策风险中最重要且最容易发生的风险。

综上，国内外有关能源产业风险的文献主要是从能源产业的经济风险、市场风险、供求风险、技术风险、环境风险和政策风险方面进行了大量的研究，尤其是经济风险方面，对于价格风险的研究较多，这缘于能源价格风险对能源产业的影响巨大。20 世纪七八十年代的石油危机造成的经济衰退和巨大损失，让西方发达国家不寒而栗，也引起了发展中国家的警惕和反思。此外，环境风险也逐渐引起各国政府和学者的重视，有关环境风险的研究体现了人类对经济、能源、环境组合的重新审视。

五　能源产业安全的相关研究

20 世纪 70 年代以来，两次石油危机的打击、持续的高油价和原油供应紧张直接导致西方国家二战后最严重的经济衰退，迫使西方国家首先从能源供应安全的角度重视能源安全。1974 年，国际能源署成立，提出以稳定原油供应和价格为核心的"能源安全"概念。20 世纪 80 年代以后，随着经济全球化的进一步发展，人类对能源的依赖日益加深，随之而来的是全球气候变暖、环境污染和资源枯竭等问题。1997 年，《京都议定书》的签订，标志着世界各国重新界定能源安全的概念，体现了人类重视自身生存与发展的生态环境，能源安全的概念增加了环境保护和减少温室气体排放等生态环境安全的范畴。2006 年，欧盟委员会发布"能源政策绿皮书"，将供应安全、竞争力、可持续性并列为其能源战略的核心，也是其能源政策的三个重要的支点（林伯强、黄光晓，2011：16~18）。2009年5月，国际能源署指出，受国际金融危机的影响，全球能源供需双方的基础设施投资大幅削减，而能源投资骤减将对能源安全产生潜在影响。

煤炭、石油和天然气属于不可再生的化石能源，随着科学技术的发展，在未来世界能源图谱中，化石能源所占比例将会缓慢下降，新能源将成为推动全球经济发展的新动力。涂正革（2012：35~47）认为，能源事关经济与国家安全，中国经济的增长拉动能源消费增长，能源价格的提高促使经济增长的成本大幅提高。优化能源生产结构、降低火电比例、提高能源转换效率、降低能源强度、提高节能技术及加大新能源开发力度、调整产业结构，是实现经济与能源安全的必由之路。多元化是世界能源发展的大趋势，但短期内世界能源市场仍然以化石能源为主，这使得当今能源安全问题的核心就是油气安全问题（宋德星，2012：15~25）。化石能源对经济发展和军事安全具有极其重要的意义，以石油为核心的能源交易在很大程度上是一种政治商品。能源安全问题也被纳入政治领域，关系到国家安全。Klare（2002）指出，能源安全的政治环境、供求动态变化、地理限制三者间的互动决定了能源安全的现状和前景，三个因素都有可能对国际能源安全构成威胁。Priddle（1999）指出，对能源安全来说，除了经济和技术因素外，地缘政治等非经济因素也很重要。

对于中国的能源安全，从石油能源的供求方面来看，国内石油生产能力无法满足经济发展对石油的巨大需求，导致中国石油进口依存度不断提高；并且中国缺乏国际石油市场的定价权，世界能源市场对中国能源供应的影响加大，影响中国能源产业安全和国家安全，即海外能源价格的暴涨或能源供给中断，都会严重影响中国的经济发展和国家安全。石油问题专家丹尼尔·耶金认为，石油安全的目标是以合理的油价保证石油供应的稳定，避免国家主要战略目标陷入困境（Yergin，1988：110-132）。这一点显然也适用于中国。可见，加强能源安全保障已经成为中国能源发展战略的重要内容。

综上，有关能源产业安全的文献，主要是从能源对政治、军事、经济的战略意义角度出发，或是从国家安全的角度出发，也有从能源的可持续发展角度出发，强调能源安全的重要性和战略性，目的是保障能源安全和国家安全。本书倾向于采纳著名能源经济学家林伯强的观点，认为能源安全是以合理的价格满足经济发展需要的能源供给稳定性，以及对人类生存与发展环境不构成威胁的能源使用安全性。本书对能源产业风险的研究，最终目的也是确保能源安全和国家经济的持续健康发展。

六 能源产业政策的相关研究

1. 石油产业政策

20 世纪 60 年代，当世界逐步转入石油时代后，日本的石油进口依存度为 99.1%，日本石油政策方面的内容主要针对的是国外石油供给。20 世纪 70 年代以后，日本经济进入后工业化阶段，石油需求增长出现减速甚至停滞，使日本的石油政策逐步具有放松管制的弹性空间。在石油危机冲击后，日本能源政策开始重视能源结构的多元化，石油在能源政策中受到抑制，石油能源政策调整为保障供给、抑制需求。日本产业政策中的石油相关政策主要是政府有选择地扶持部分国内的石油产品生产商和流通企业，以保障国内石油产品供给的稳定性。日本的石油产业政策重点是：扶持石油产业，保障油品供给稳定；对油品进行价格管制，稳定油价，降低波动幅度，尽量避免由石油价格上升引起的经济衰退（朴光姬，2013：102～118）。

2. 太阳能产业政策

2004 年，德国出台了《可再生能源法（修正案）》，自此创造了一个强劲的、可持续增长的光伏市场，这个修正案被公认为光伏产业发展史上最为重要的里程碑（Mints，2012：711－716）。能源安全和环境保护的战略价值是中国扶持光伏产业的基本动机。中国应加紧制定可操作性强的实施细则激励光伏产业，对产能过剩的体制缺陷进行改革；政府对产业的经济性管制应避免管制的泛化和管制权力的无边界扩张（王文祥、史言信，2014：87～97）。

碳中和（Carbon Neutral）指通过计算二氧化碳的排放总量，然后通过植树造林（增加碳汇）、二氧化碳捕捉和封存等方法吸收掉排放量，以达到环保的目的。迟远英（2008：96～99）提出，发展碳中和低碳技术和制定清洁发展机制是实现低碳经济的主要方式，并强调技术创新非常关键。此外，只有通过调整能源结构、提高能源利用效率、发展碳中和技术等，才能实现碳排放总量和单位排放量减少的目标。联合国政府间气候变化专门委员会（IPCC）认为，低碳或无碳技术的研发规模和速度决定着未来温室气体排放量减少的规模（Metz，2001）。

3. 电力产业政策

电力产业是国民经济和社会发展的重要基础产业，是国民经济持续、快速、顺利发展的前提。但电力生产可能会给环境带来损害，如排放的污染气体会对环境造成污染、水电会影响生态平衡、核电事故则会对环境和人类造成灾难性的破坏。要想激励正外部性、避免或减小负外部性损害，需要对电力产业进行管制（王俊豪，2009：26～39）。通过设计合理的价格结构，形成合理的电价，既能收回供电成本，又能激励电力企业提高效率。通常电力价格水平应根据电力供应中不同环节的供电边际成本来确定，但由于缺乏可靠的信息甚至存在扭曲的现象，所以一般实行平均收益价格管制（王俊豪，2001：45～52）。

4. 低碳能源管制政策

Abrahamse等（2005：273－291）对公众能源保护行为的管制政策进行研究，指出管制政策分为两类：一类是前置战略（Antecedent Strategies），另一类是后继战略（Consequent Strategies）。两者的区别在于干预的时间不同。Steg（2008：4449－4453）将公众能源保护行为的管制政策分为两类：一类是心理战略（信息战略），旨在改变个人的认知、知识、动机和规范，其假设个体心理的变化会带来能源消费模式的变化；另一类是结构战略，旨在改变决策制定的情境，从而使能源保护行为更有吸引力。王建明和王俊豪（2011：58～68）应用扎根理论探究了影响公众低碳消费模式的深层次因素，为政府制定有效的管制政策、构建低碳消费模式提供了实施路径。

1978 年，美国颁布《天然气政策法》，取消天然气价格管制；1980年，《能源意外获利法》对非常规能源的勘探和开发实施长期的税收补贴（谢伟，2014：201～204）；1992 年，《能源政策法》鼓励清洁能源发展，对生物质能和风能等可再生能源及其发电系统给予 10 年减税，对地热项目和太阳能项目永久减税 10%（钱伯章，2008：5～6）；2005年的《能源政策法案》推动了美国绿色能源的发展，加大了对清洁能源技术研发的支持力度，包括氢能技术、混合动力机车技术等（郑艳婷、徐利刚，2012：1855～1863）；2009 年，《清洁能源与安全法》规定，清洁能源包含清洁交通、清洁能源创新中心、智能电网、输电方案、综合能效和可再生电力标准、能源法的技术性修改、州能源和环境发展基金、碳捕捉与碳封存、海洋空间方案等内容（杨泽伟，2010：1～6）。

目前，中国虽然颁布了《节约能源法》《可再生能源法》，但配套法规尚未出台。中国对页岩气开发的立法支持还很不够，且对天然气价格改革缺乏法律法规。页岩气开采早期成本高于常规天然气，初期投入高，产出周期比较长，风险较大。只有通过立法大力支持，才能使页岩气的开采尽早规模化（谢伟，2014：201～204）。

受 1973 年石油危机的巨大影响，欧共体的能源政策目标决议，形成了低碳共同体能源产业发展政策的初步框架。从开始的仅有水电、地热能发展到可再生能源以及核能等，并且可再生能源占能源消费的比重显著提高，对可再生能源项目的财政支持也明显增加（于宏源，2008：29～34）。从 1995 年到 2006 年，欧盟能源政策发展迅速，并颁布了一系列白皮书和绿皮书，形成了欧盟能源新战略。欧盟能源政策新目标是供应安全性、竞争性和可持续性能源（徐明棋，2006：78～82）。2006年 3 月 14 日，欧盟通过了新的能源政策，将能源供应安全与环保并列考虑（程荃，2012：15～19）。《欧洲联盟运行条约》第 194 条把确保联盟内的能源供给安全、确保能源市场运行、开发新能源与可再生能源、提高能源效率、促进节能和加强能源网络的联系作为欧盟能源政策的目标（European Union，2007：1 – 271）。

在《京都议定书》生效后，欧盟发布《欧盟可持续发展战略》，关注自然资源的节约，以及气候变化与可持续的生产、消费等。2006 年 3 月，欧盟委员会发布的《欧洲安全、竞争、可持续发展能源战略》是《欧盟可持续发展战略》在能源领域的反映。《欧洲安全、竞争、可持续发展能源战略》将供应安全、竞争力和可持续性作为欧盟能源政策的三大目标（European Commission，2006），三大目标在随后的《可再生能源与气候变化立法方案》《欧盟第三次能源改革方案》《能源效率计划 2011》等新能源法律政策中得到重申。

综上，有关能源产业政策的研究，国内外学者主要从化石能源产业规制、电价管制、放松管制、低碳能源政策、新能源政策、可再生能源政策等方面进行研究，另外有从国家可持续发展战略、能源竞争、能源环境、能源风险、能源安全、能源供应等角度进行的产业政策研究。

第二章 能源产业风险相关理论及测量方法

第一节 能源产业风险相关理论

一 西方经济学理论

1. 环境库兹涅茨曲线

环境库兹涅茨曲线是评价环境质量和人均收入水平关系的有力工具，也是研究低碳经济的重要理论工具。1954 年，西蒙·库兹涅茨在美国经济学协会第 67 届年会上指出，人均收入水平和分配公平程度之间呈倒"U"形曲线关系（林伯强、牟敦果，2014：189~190），并且收入不均现象随着经济增长先增加后减少。自 1991 年起，库兹涅茨曲线被运用到一个新的领域，成为评价环境质量和人均收入水平关系的工具。各国的学者发现，随着经济的发展，环境污染物的排放量与经济增长的长期关系也呈先增长后下降的倒"U"形曲线关系（见图 2-1）。

当一个国家处于工业化发展阶段，其经济发展水平和人均收入不高，环境污染物的排放量随着经济的增长而上升，对环境的影响也越来越大；但当工业化发展到一定程度，且经济发展水平和人均收入达到一定的高度后，环境污染物的排放量开始逐渐下降，这种现象可用"环境库兹涅茨曲线"（Environmental Kuznets Curve，EKC）来表示。随着《京都议定书》和《联合国气候变化框架公约》的通过，二氧化碳的排

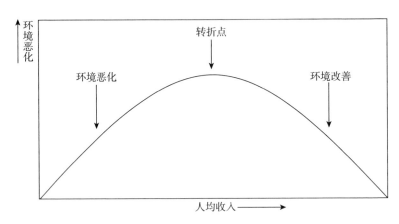

图 2 - 1 环境库兹涅茨曲线

放问题逐渐成为国际关注的焦点之一。有关二氧化碳排放的环境库兹涅茨曲线的实证研究也成为学术界研究的热点，虽然迄今尚未形成定论，但支持二氧化碳排放的环境库兹涅茨曲线存在的有效证据居多。

Richmond 和 Kaufmann（2006：157 - 180）通过分析 36 个国家1973～1997 年的面板数据，发现经济合作与发展组织（OECD）国家人均能源利用和碳排放与收入之间存在拐点，而对于非 OECD 国家两者则并不存在环境库兹涅茨曲线关系。Galeotti 等（2006：152 - 163）的结论则与之类似。Huang 等（2008：239 - 247）发现德国、比利时、荷兰、日本、美国和加拿大均符合碳排放的环境库兹涅茨曲线关系，但法国、英国呈现递减关系，西班牙、葡萄牙和意大利则呈现递增关系。

目前，已有的大部分研究结果倾向于支持碳排放的环境库兹涅茨曲线的存在性，但是环境库兹涅茨曲线拐点对应的人均收入存在很大的差异。中国科学院可持续发展战略研究组（2009：34～45）认为，引起这种差异的主要原因有以下四点。第一是选取的样本及采用的模型不同，使得曲线拟合的效果和出现拐点时对应的人均收入不同。第二是缺乏不同国家足够长的时间序列数据。大部分实证研究通常采用不同国家一定时间内的面板数据进行分析，使得分析结果具有一定程度的不确定性。第三是研究所选择的分析指标不同。例如，有些学者采用单位 GDP 的二氧化碳排放量或二氧化碳排放强度指标，而有些学者采用的则是人均二氧化碳排放指标或二氧化碳排放总量指标。第四是不同国家的社会发展程度、社会经济技术状况、历史文化、自然环境都不同，在一定程度上也可能引起环境库兹涅茨曲线形状和拐点值出现差异。

2. 可耗竭资源模型

化石能源作为中国的主要能源，其本身也是一种可耗竭资源，其价格机制的形成最早可以追溯到霍特林提出的可耗竭资源模型。

（1）霍特林模型

Hotelling（1931：137 – 175）在忽略开采成本的前提下，建立了可耗竭资源开采最优路径的霍特林模型。可耗竭资源存量会随着开采活动的进行而不断下降，因而存在一个最优路径，可以使资源利用带来的社会福利最大化，即：

$$\max \int_{t=0}^{\infty} U(c_t) e^{-rt} dt \qquad (2-1)$$

$$\text{s. t. } S_t = S_0 - \int_{t=0}^{\infty} c_t dt, \dot{S}_t = -c_t, S_t \geq 0$$

其中，$U(c_t)$ 是效用函数，严格为凹；c_t 是资源开采速率；S_t 是资源存量；S_0 是初始资源总量。通过建立汉密尔顿函数，可以获得最优解的必要条件：

$$H = e^{-rt} U(c_t) + e^{-rt} P_t(-c_t) \qquad (2-2)$$

$$P_t = U'(c_t), \dot{P}_t / P_t = r \qquad (2-3)$$

其中，P_t 是资源的价格，式（2 – 3）给出了可耗竭资源开采的霍特林法则，即如果不考虑可耗竭资源开采成本的变化，那么资源的价格将以与市场利率相等的增长率连续上升。虽然后来许多实证检验表明霍特林模型在解释国际石油市场的价格形成时遇到了困难，但它为后续研究能源价格的形成提供了理论基础。

（2）霍特林模型扩展

在霍特林之后，Dasgupta 和 Heal（1974：3 - 28）结合 Ramsey 最优经济增长模型，将资本存量引入霍特林模型中；Kamien 和 Schwartz（1978：179 - 196）引入技术进步、Dasgupta（1982：273）引入贴现率对霍特林模型进行了扩展。

3. 哈伯特高峰理论

1949 年，哈伯特提出矿物资源的"钟形曲线"问题，1956 年提出石油产量高峰理论，并准确预测出美国的石油生产将在 1970 年左右达到顶峰。1962 年，哈伯特拟合了 Logistic 曲线，即新石油发现量 $\partial CD(t)/\partial t$ 的逻辑斯特增长模型——哈伯特曲线（见图 2 - 2），其中，$CD(t)$ 表示累计的石油发现量。

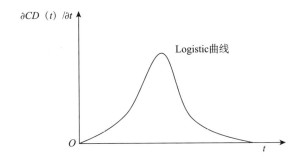

图 2 - 2　理论上的哈伯特曲线

哈伯特没有对他的模型进行推导，1997 年美国学者 Al-Jarri 和 Startzman（1997：1329 - 1338）完成了模型的推导，并用多循环哈伯特模型对世界天然气供应进行了预测。该模型主要关系式为：

$$Q_t = \sum_{i=1}^{n} Q_{t,i} = \sum_{i=1}^{n} \frac{4Q_{max,i}e^{bt}}{(1 + e^{-bt})^2} \qquad (2-4)$$

$$G_{pa} = \sum_{i=1}^{n} \frac{4Q_{max,i}}{b_i} \qquad (2-5)$$

$$G_p = \sum_{i=1}^{n} \frac{4(Q_{max}/b)_i}{(1 + e^{-bt})_i} \qquad (2-6)$$

其中，Q 为天然气产量，Q_{max} 为最高天然气产量，t 为相对开发时间，b 为预测模型常数，G_{pa} 为天然气的最终可采量，G_p 为天然气的累计产量。

在哈伯特石油理论方面，中国学者进行了深入的研究。1984 年，著名地球物理学家翁文波进行了开创性的工作，并提出了泊松旋回模型。陈元千于 1996 年完成了对翁氏模型的理论推导，冯连勇于 2006 年对石油生产的哈伯特高峰理论进行了系统的论述。

4. 福利经济学

经济学家庇古认为，导致市场资源配置失效的原因是经济主体的私人成本与社会成本不一致，而私人边际成本的最优导致社会边际成本非最优（见图 2 - 3）。纠正外部性的方法就是政府通过征税或补贴来纠正经济主体的私人成本，则资源配置就可以达到帕累托最优状态。

资源枯竭和环境恶化就是外部性的典型表现，而环境税根据经济活动的边际外部损害成本与污染治理的边际成本的均衡情况确定相关税率（见图 2 - 3），并通过赋予环境资源合理的价格，迫使污染者为其污染行为所造成的外部性损失承担经济责任，把环境污染的社会成本转化到生产成本和市场价格中去，使污染排放达到最适度状态（林伯强、黄光晓，2011：396 ~ 397）。

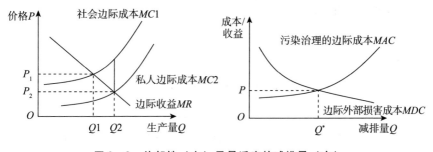

图 2 - 3 外部性（左）及最适度的减排量（右）

环境污染和资源浪费充斥着生产、消费和最终处置的全过程，通过对生产和消费过程中不同污染程度的商品采取不同的税率和减免征税，引导和鼓励企业或消费者形成低碳和绿色的生产和生活方式（林伯强、黄光晓，2011：396 ~ 397）。

二 产业经济学理论

1. 产业风险

产业风险即产业受到替代、环境、制度和政策的影响而出现产业整体衰退并造成损失的现象。产业风险不是个别企业倒闭或退出市场，或企业出现风险的现象，产业风险所造成的产业整体衰退是非自愿的、非市场力量决定的。

产业风险分为技术风险、贸易壁垒风险、环境风险、制度和政策风险等（王俊豪，2012：309~310）。

（1）技术风险

在新产品不断更新换代的条件下，一些产品会整体为其他产业所取代。一般来说，技术风险是可以预期的，退出过程比较缓慢，因此对产业整体影响并不明显。

（2）贸易壁垒风险

在国际贸易活动中，一些国家的比较优势受到其他国家比较优势的影响而降低，或者受到贸易壁垒因素影响，使本来可以顺利发展的产业受到限制。比较优势的改变是可以预期的，其变化比较缓慢，但市场信号并不明确；而贸易壁垒则经常是突变的，通常都来不及调整，对产业具有系统性负面影响。

（3）环境风险

很多产业受到原料、能源供给以及土地、环境等的限制，无法继续生产而出现产业整体衰退，如原料严重短缺、能源供给紧张，导致企业无法正常开工。生产环境受到严重破坏也可能引起产业的整体衰退。由于自然环境受到破坏，短期内难以恢复的产业生存环境是最重要的环境影响因素。

（4）制度和政策风险

在产业受到制度或者政策性限制时，产业会迅速衰退。如果制度或政策性限制与地区竞争结合起来，可能会出现时效性更强的结果。例如，煤炭产业的安全制度十分明确，但有些地区为了发展经济，忽视煤炭产业的安全制度，采取掠夺性开采，在造成重大安全事故后，会形成严格执行制度的政策，从而引起地区性煤炭企业的关停，继而影响到整个地区的煤炭产业发展。

2. 产业管制与放松管制

（1）产业管制

"管制"的概念可以追溯到古罗马时代，政府制定相关法律对基本产品和服务制定了"公平价格"，允许被管制主体提供基本的产品和服务，否定了由买者和卖者自由协商的"自然价格"。《新帕尔格雷夫经济学大辞典》提出，管制是政府以宏观经济管理的名义按照法律法规对企业的生产、销售以及价格决策采取的各种干预或控制行动，并且通过各种法律法规，政府授予企业提供产品或服务的权利，以避免企业不充分尊重"社会整体利益"的私人决策。《社会科学纵览——经济学系列》对管制的解释是，政府通过设立相应的职能部门来管理经济活动，是公共政策的一种形式。现代意义上的管制通常是指政府依法对微观经济主体进行直接或间接的经济、社会的控制或干预。管制目的是实现社会福利最大化、公共利益最大化。

产业管制是政府或社会对产业内部的经济主体及其行为的管制（规制）（王俊豪，2012：309～310）。维持正当的市场经济秩序，提高资源配置效率（苏东水，2011：304～337），保护公众利益是产业管制的目的。产业管制是指由专门的机构依据被管制产业的法律法规进行管制。进入管制、退出管制、服务管制、价格管制是产业管制的主要内容。日本经济学家植草益（1992：149～150）认为，为防止无效率的资源配置的发生，需要通过法律法规等手段对存在自然垄断产业的企业进入、退出、投资、价格、服务质量等活动进行管制。产业管制是能源产业管制中的重要工具。

（2）自然垄断产业管制

Clarkson 和 Miller（1982：119）指出，生产函数呈规模报酬递增状态是自然垄断的基本特性，即生产规模越大，单位产品的成本就越低。著名学者 Sharkey（1983：4 – 5）认为，自然垄断最显著的特征是其成本函数的弱增性。

自然垄断产业的判断条件是：在一定的产业范围内，由一家企业提供产品比多家企业共同提供同种产品具有更高的效率。假设 C 表示成本函数，Q 表示产量，产量 Q 由 k 家企业共同生产，q_i 表示企业 i 的产量，那么 k 家企业生产 Q 产量的成本之和为：

$$C(q_1) + C(q_2) + \cdots + C(q_k) = \sum_{i=1}^{k} C(q_i)$$

则该产业在产量 Q 范围内存在自然垄断的重要条件是：

$$C(Q) < \sum_{i=1}^{k} C(q_i), \text{其中}, Q = \sum_{i=1}^{k} q_i, k \geq 2$$

图 2 – 4 说明了规模经济与成本弱增性的关系（王俊豪，2012：241～243）。

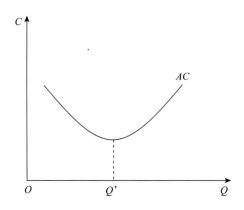

图 2 – 4 单个企业的平均成本曲线

自然垄断产业是指具有规模经济效益和网络效益及大规模的固定成本投资，且边际成本不断下降的产业，一般称为公共事业或基础设施产业。

单个企业的平均成本曲线如图 2 – 4 所示，在产量达到 Q' 之前，平

均成本 AC 是不断下降的，即存在规模经济，然而当产量超过 Q'，平均成本开始上升，存在规模不经济。

假设有两家生产效率相同的企业，AC_1 是单个企业的最小平均成本，AC_2 为两家企业的平均成本，其成本曲线如图 2－5 所示。

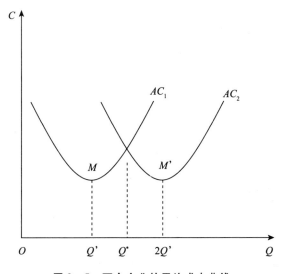

图 2－5　两个企业的平均成本曲线

Q^* 是 AC_1 和 AC_2 两条平均成本曲线相交时的产量，也决定了成本弱增的范围。当产量小于 Q^* 时，成本函数是弱增的，说明由单个企业生产的成本最低。虽然在产量 Q' 与 Q^* 之间存在规模不经济，但从社会效益上看，还是由两个企业生产的成本最高。这表明，决定自然垄断的是成本弱增性，规模经济不是自然垄断的必要条件。

（3）放松管制

产业放松管制是指政府放松或取消对自然垄断或其他产业的进入、退出、投资、价格等的行政法律规制。放松管制可以分为完全放松管制和部分放松管制两种类型。完全放松管制即完全撤销对受管制产业的价格、投资、服务质量、进入、退出等方面的限制，使企业处于完全自由的竞争状态。部分放松管制即部分限制性规定被取消，或是原来较为严格、烦琐、苛刻的规制条款变得宽松。

三 能源经济学理论

1. 能源安全

保障能源安全是研究能源风险问题的主要目的，公共产品理论是分析能源安全问题的理论基础，能源安全理论是分析能源产业风险的理论基础。

（1）公共产品理论

1954 年，美国经济学家萨缪尔森将所有物品按照竞争性与非竞争性、排他性与非排他性的区别进行分类，分成私人产品和公共产品两类。公共产品理论认为，公共产品的提供者为政府。有些产品的特性不能进行清楚的区分，从而出现了准公共产品，即具有竞争性但无法进行有效排他的公共资源类产品。一般认为纯公共产品必须由政府提供，私人产品可以由市场有效解决，而准公共产品需要政府与市场相结合，才能达到最佳配置（王紫伟，2012：28）。

公共产品理论是研究国家能源安全问题的理论基础。国家的能源安全问题，由于其具有外部性、非竞争性和排他性的特点，属于典型的公共产品的研究范畴。公共产品理论针对的市场失灵问题和政府改善外部性的行为，为研究能源安全问题从宏观上提供了理论基础。

①战略能源储备

国家应储存一定的战略能源以应对能源危机或突发事件。

②规范市场秩序，稳定能源市场

制定适当的产业政策，反对垄断和不正当竞争，维持市场秩序，引导能源市场化的价格形成。

③能源产业政策和财政税收政策

政府制定相应的能源产业政策和财政税收政策抑制不合理的需求，调整产业结构，实施节能减排，发展低碳、绿色能源产业。

④建立和健全能源金融市场

引导能源市场进行合理的金融衍生品设计，健全能源期货品种，增强国际市场价格的中国话语权，同时加强对金融衍生品日常投机交易的监管和控制。

（2）能源安全理论

能源安全最早产生于两次世界大战之中，主要针对战争所需燃料的供应安全问题。1974年，为了应对石油危机带来的巨大风险，同时抗衡欧佩克（OPEC）对国际石油市场的控制，以及应对石油供应短缺和油价暴涨，经济合作与发展组织（OECD）发起成立了国际能源署，并提出在任何情况下，以各种方式，在可承受的价格下获得充足能源的能源安全的概念。

世界各国开始把能源安全、能源风险等问题作为战略性问题来重视，并从经济领域探讨能源安全和能源风险问题。英国将能源安全界定为：国家有足够的能源储备、生产和销售渠道，用来满足在可以预见的将来对能源的需求，并且能源价格的变化不至于危及人们的生活（贝尔格雷夫，1990）。当能源供应中断或发生能源价格的巨大变化等能源风险时，国家能源就出现了危险。美国将能源安全界定为：以合理的价格自由地获取国外能源资源（Ladoucette，2002：18-20）。能源安全一直都是美国政府国家战略安全布局的重要组成部分，尤其是石油安全问题。日本是个能源资源匮乏的国家，只有煤炭资源，石油和天然气等重要能源都需要进口，尤其是经过两次石油危机和福岛核泄漏事件，日本政府更是把能源安全和国家安全放在同等重要的地位来看待。

目前，中国以煤炭、石油、天然气等化石能源为主要能源，尽管可再生能源和新能源产业快速发展，但以化石能源为主的能源生产和消费结构将在今后的一段时期内持续，因此，中国能源产业的主要风险来自煤炭产业、石油产业、天然气产业。与能源风险相对立的概念是能源安全。煤炭安全是指能得到及时、充足、经济的煤炭供应，同时又最大限度地维持本国煤炭资源基础，使生态环境处于可以恢复的状态（田时中，2013：13~14）。石油安全是相对于石油风险和危机而言的，石油安全是能源安全的核心，也是国家经济安全的重要内容。石油安全是指一个国家或地区在一定的价格水平范围内安全、可靠和稳定地获取石油资源，以满足经济社会健康、持续、协调发展的需求，主要包括油气资源供应、价格和使用安全三个方面（范秋芳，2007：15～20）。天然气安全就是在天然气供应、价格和使用三个方面的合理化统一（郑言，2013：19～20）。

国际能源署提出的能源安全概念最早包含能源供应和价格两方面内容，但随着全球气候变暖、环境污染等问题的严重，新的能源安全概念将环境安全纳入其中。1993年，国际能源署提出了新的能源"共同目标"，该目标首次将能源可持续发展融入能源安全概念的范畴内。1997年，《京都议定书》的签订，标志着环境保护和减少温室气体排放等问题被纳入能源安全概念的范畴。国内著名能源学者林伯强和黄光晓（2011：15～19）指出，能源安全的内涵包含三个层次，即能源供应安全、经济安全（价格合理）和环境安全。

本书将能源安全界定为：一个国家或地区可以在一定的价格水平范围内安全、可靠、稳定地获取能源资源，确保能源供应、价格、使用、环境安全，以确保国民经济、社会和环境持续健康、稳定、协调、绿色发展。能源安全的内涵主要包含能源供应、价格、环境安全三个方面。

2. 能源产业预警

（1）预警

《辞海》认为，预警是事先觉察可能发生某种情况的感觉。预警主要用于军事领域，烽火、狼烟、信号弹、防空雷达、预警机等都是预警的表现形式。著名学者雷家骕指出："预警是针对未来不确定发生的事件预测性评估其出现的概率，以提高应对风险的能力，将损失降低到最低程度。"

（2）预测与预警

人们通常容易混淆预测与预警的含义，其实两者是有一定差别的。

预测是对没有开始的事情进行的猜测性叙述。而预警是对未来不确定发生的风险进行科学的预测和评估，是对已发生或者正发生的事情进行的叙述。预警可以为人们应对风险提供可靠的理论依据和指导（郑言，2013：19～20）。

有关经济领域的预警可以追溯到 1888 年巴黎统计学大会上的经济状态评价论文；20 世纪 60 年代初，美国商务部发表了有关宏观经济景气信号的研究报告；1990 年的国际会计师联合会，论述了人工神经网络理论在景气预测中的应用。

（3）能源产业的风险预警

目前，国内外有关风险预警的研究已经延伸到经济的各个领域，能源作为重要的战略资源，其对一个国家和地区的重要性不言而喻，尤其是最近几年能源价格的大幅波动，使得有关能源产业风险预警的研究成为世界范围内的热门课题。

能源产业的风险预警实质是能源安全问题，即在最早的时间内通过各种预测方法和措施把能源产业的风险和危机降到最低，确保能源安全。中国能源产业的主要风险来自煤炭、石油、天然气等化石能源产业。煤炭安全预警是监控、分析当前和未来煤炭的发展趋势，确保及时、充足、经济的煤炭供应，并且最大限度地维持本国煤炭资源基础，使生态环境处于可以恢复的状态，对煤炭的供需状况和可能发生的短缺、失衡等情况及时发出预警的活动（田时中，2013：13～14）。石油安全预警是指对国家石油系统中的各项活动进行监测，对未来石油产业的发展趋势及安全情况进行预测和分析，并及时对不稳定因素发出预警的活动（范秋芳，2007：15～20）。天然气安全预警是指对天然气系统的发展趋势及安全系数进行合理的分析、预测，监督和检测国家天然气系统的各种活动，并对可能出现的风险因素及时发出警示（郑言，2013：19～20）。

结合国内外学者的研究成果，本书将能源产业的风险预警界定为：对能源产业中的各项活动进行监测，主要确保能源供需、价格和使用的安全，合理地分析和预测能源产业的发展趋势和安全情况，加强对风险因素的监测和控制，并对可能出现的风险或潜在风险发出预警指示的活动。

3. 能源金融

能源金融是国际能源市场与金融市场相互融合的产物，是一种新的金融形态，能源金融是服务于国家能源战略的有效工具，越来越受到各国的重视。

目前，学术界对于能源金融尚没有统一的定义，林伯强和黄光晓（2011：15～19）认为，能源金融是利用金融市场来完善能源市场价格的形成，规避能源市场风险，促进节能减排和新能源开发利用，优化能源产业结构。能源金融的核心是能源的市场化定价机制。

对于发展中国家，虽然传统能源金融市场尚未完善，但仍然需要采取适当措施，积极应对能源金融化给中国能源产业带来的风险。例如，积极参与国际能源期货、期权市场，尤其当国际能源价格波动异常时，可以充分利用期货市场的套期保值功能，对价格风险进行对冲，化解国际能源价格异常波动所引起的价格风险。

第二节　能源产业风险测量方法

一　泡沫检验

泡沫检验的基本思想是通过向前递归改变回归估计的样本量，得到统计量序列，从中取最大值，并将其与对应的临界值进行比较，判断是否拒绝原假设，进而判断序列是否存在泡沫。与传统的左尾单位根检验不同的是，泡沫检验是计算递归的右尾单位根，由此检测数据中的轻微爆炸现象。

资产价格的暴涨与暴跌常常与"泡沫"有关，Kindleberger 和 Aliber（2011：379）认为，无关买主因资产价格的突升而产生了继续升值的预期，使他们纷纷参与投资，从而导致资产价格的持续提高。依据资产价格泡沫的定义，许多学者提出了解决周期性泡沫的措施，如 Hall 等（1999：143－154）在 Hamilton（1989：357－384）的基础上提出的马尔可夫转换 ADF 检验，以及本书所运用的 Phillips 等（2011：201－226）、

Phillips 和 Yu（2011：455 – 491）的 SADF 和 GSADF 检验。Phillips 等（2012：1043 – 1077）又将检验窗口的起点由固定改为变动，提出了扩展的 sup ADF 检验（the Generalized sup ADF Test），即 GSADF 检验，该方法比 sup ADF 检验更敏感，并能够发现多重连续泡沫。因此，本书运用 Phillips 等（2011：201 – 226）、Phillips 和 Yu（2011：455 – 491）的 SADF 检验和 GSADF 检验方法来测量能源价格的风险具有可行性。

二　灰色系统理论

灰色系统理论认为一切随机量都是在一定时间、一定范围内变化的灰色量及灰色过程。对于灰色量的处理，不是探求统计规律和概率分布，而是从无规律的数据中找出规律，即对数据通过一定方式的处理后使其成为较为规律的实际序列数据，再建立模型。灰色系统理论的研究对象是部分信息已知，部分信息未知的"小样本"。"贫信息"的不确定性系统，通过对部分已知信息的生成、开发，认识、解决现实问题。灰色系统理论认为微分方程是背景值与各阶导数的线性或非线性组合，GM（n，h）模型是 n 阶 h 个变量的微分方程，不同 n 与 h 的 GM 模型有不同的意义，常用 GM（n，1）模型作为预测模型，即只有一个变量的 GM 模型，GM（1，1）模型是灰色系统理论中用于数据预测的主要模型，是单序列一阶线性动态模型（邓聚龙，2005：15 ~ 17）。

1. GM（1，1）模型

GM（1，1）模型的微分方程为：$\hat{a} = [a, \mu]'$，系数向量 $\dfrac{dx^{(1)}}{dt} + ax^{(1)} = \mu$，累加矩阵 B 的表达式为：

$$B = \begin{bmatrix} -\dfrac{1}{2}[x^{(1)}(1) + x^{(1)}(2)] & 1 \\ -\dfrac{1}{2}[x^{(1)}(1) + x^{(1)}(2)] & 1 \\ \cdots\cdots & \\ -\dfrac{1}{2}[x^{(1)}(N-1) + x^{(1)}(N)] & 1 \end{bmatrix}$$

常数向量 $Y_N = [x^{(0)}(2), x^{(0)}(3), \cdots, x^{(0)}(N)]^T$，用最小二乘法求 $\hat{a}$：$\hat{a} = (B^T B)^{-1} B^T Y_N$，并代入微分方程的解，可以得到时间函数，即式（2-7）。

$$\hat{x}^{(1)}(t+1) = \left[x^{(1)}(0) - \frac{\mu}{a} \right] e^{-at} + \frac{\mu}{a} \tag{2-7}$$

令 $x^{(1)}(0) = x^{(0)}(1)$，则：

$$\hat{x}^{(1)}(t+1) = \left[x^{(0)}(1) - \frac{\mu}{a} \right] e^{-at} + \frac{\mu}{a}$$

求导还原后可得到：

$$\hat{x}^{(0)}(t+1) = -a \left[x^{(0)}(1) - \frac{\mu}{a} \right] e^{-at} \tag{2-8}$$

式（2-7）和式（2-8）是 GM（1，1）模型的计算公式。

2. GM（1，N）模型

灰色系统建模是以灰色过程概念为基础，通过关联度分析，分析系统中各因素间的主要关系，并对系统进行预测，GM（1，N）模型主要是针对多变量的系统动态分析。

对于具有 N 个数列、长度为 M 的数据，可用数据矩阵表示为：

$$X_N^{(0)} = \begin{bmatrix} x_1^{(0)}(1) & x_2^{(0)}(1) & \cdots & x_N^{(0)}(1) \\ x_1^{(0)}(2) & x_2^{(0)}(2) & \cdots & x_N^{(0)}(2) \\ & & \cdots\cdots & \\ x_1^{(0)}(M) & x_2^{(0)}(M) & \cdots & x_N^{(0)}(M) \end{bmatrix} \tag{2-9}$$

对式（2-7）进行一次累加，生成的数据矩阵如下：

$$X_N^{(1)} = \begin{bmatrix} \sum_{i=1}^{2} x_1^{(0)}(i) & \sum_{i=1}^{2} x_2^{(0)}(i) & \cdots & \sum_{i=1}^{2} x_N^{(0)}(i) \\ \sum_{i=1}^{3} x_1^{(0)}(i) & \sum_{i=1}^{3} x_2^{(0)}(i) & \cdots & \sum_{i=1}^{3} x_N^{(0)}(i) \\ & & \cdots\cdots & \\ \sum_{i=1}^{M} x_1^{(0)}(i) & \sum_{i=1}^{M} x_2^{(0)}(i) & \cdots & \sum_{i=1}^{M} x_N^{(0)}(i) \end{bmatrix} \tag{2-10}$$

计算 $x_1^{(1)}$ 的一次累差序列 $\{\lambda^{(1)}[x_1^{(1)},i]\}(i = 2,3,4,\cdots,M)$ 为：

$$\{\lambda^{(1)}[x_1^{(1)},i]\} = x_1^{(1)}(i) - x_1^{(1)}(i-1) =$$

$$\sum_{k=1}^{i} x_1^{(0)}(k) - \sum_{k=1}^{i-1} x_1^{(0)}(k) = x_1^{(0)} \qquad (2-11)$$

构造矩阵 $X(A,B) = B$，$Y_M = [x_1^{(0)}(2),x_1^{(0)}(3),\cdots,x_1^{(0)}(M)]^T$，用最小二乘法解灰参数 $\hat{a}$ 为：

$$\hat{a} = \begin{bmatrix} a \\ b_1 \\ b_{n-1} \end{bmatrix} = (B^T B)^{-1} B^T Y_M \qquad (2-12)$$

将灰参数代入时间函数，得：

$$\hat{x}^{(1)}(t+1) = [x^{(0)}(1) - \sum_{i=2}^{N} \frac{b_i-1}{a} x_i^{(1)}(t+!)] e^{-at} +$$

$$\sum_{i=2}^{N} \frac{b_i-1}{a} x_i^{(1)}(t+1) \qquad (2-13)$$

将灰参数代入时间函数求得生成数据序列计算值 $\hat{x}^{(1)}(t)$ 后，再对 $\hat{x}^{(1)}$ 求导还原得到 $\hat{x}^{(0)}(t)$，并计算 $x^{(0)}(t)$ 与 $\hat{x}^{(0)}(t)$ 之差 $\varepsilon^{(0)}(t)$ 以及相对误差 $e(t)$，还可以得到，第 i 个影响因素对其作用对象的动态环节传递函数 $w_i(s)$：

$$w_i(s) = \frac{x_1^{(1)}(s)}{x_i^{(1)}(s)} = \frac{b_i/a}{1 + 1/as}(i = 2,3,\cdots,N) \qquad (2-14)$$

三 Elman 神经网络

1. Elman 神经网络概述

Elman 神经网络是 Elman 在 1990 年提出来的，该模型在前馈式网络的隐含层中加入了承接层，使其成为延时的算子，从而使系统能够适应时变的特性，动态显示系统的特征变化，Elman 神经网络也采用 BP 算法（Skapura，1996）进行权值修正。

2. Elman 神经网络结构

通常情况下，Elman 神经网络分为四层：输入层、隐含层、承接层和输出层（见图 2-6）。输入层、隐含层和输出层的连接与前馈式网络的形式类似，输入层的单元仅起信号传输作用，而输出层单元起着线性加权作用。承接层亦可以被称为状态层或是上下文层，可以认为是一个一步延时算子，其主要功能是对隐含层单元前一时刻的输出内容进行记忆并返回给网络的输入。

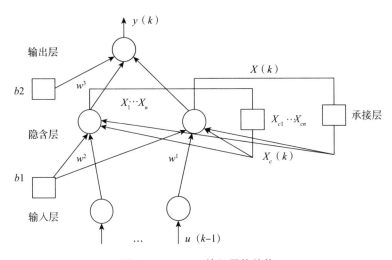

图 2-6 Elman 神经网络结构

Elman 神经网络的特点是隐含层的输出主要由承接层实现存储和延迟，自行连接到隐含层输入的功能，该连接形式对历史状态的数据具有敏感性，其内部的反馈网络会增强网络自身处理动态变化信息的能力，从而达到动态建模的目的。该网络能从任意精度接近任意非线性的映射，如果给出系统的输入输出数据对，就可以进行系统建模，而不用考虑外部噪声对系统影响的具体形式。

四 超效率 DEA 模型

DEA 是基于评价对象的输入、输出数据，通过建立数学规划模型来进行效率评价，它的一个优点是不必理会输入与输出的函数关系而直接进行包络分析。

在 DEA 分析结果中，通常会出现多个决策单元（DMU）有效。由 DEA 标准模型得出的效率最大值为 1（张凤荣、曹勇宏，2012：36 ~ 42），当投入和产出的指标数量较多时，效率值为 1 的有效 DMU 数量也会较多，以至于同样有效的 DMU 无法进一步比较。为了解决这一问题，Andersen 和 Petersen（1993：1261 - 1264）提出了对有效 DMU 进一步区分其有效程度的方法，后来被称为"超效率"模型（Super Efficiency Model），有效 DMU 的超效率值一般会大于 1，而且值越大越有效，从而可以对 DEA 效率值为 1 的 DMU 进行进一步区分和比较。

五　TOPSIS 法

TOPSIS（Technique for Order Preference by Similarity to Ideal Solution）是 C. L. Hwang 和 K. Yoon 于 1981 年提出，其全称是"逼近于理想值的排序方法"，是适用于对多方案、多目标进行比较的评价方法。TOPSIS 法先针对各个指标设定正理想值和负理想值，正理想值即最优解（最优方案），负理想值即最差解（最差方案）；再利用各候选方案与正、负理想值的加权欧氏距离，来评价候选方案和最优解之间的贴近度；最后评价方案的优劣（杨宝臣、陈跃，2011：106 ~ 112）。TOPSIS 法与单项指标相互分析法相比，具有综合、全面、普遍的特点，并且适用于多目标决策，是一种综合、有效的评价方法，具有真实、可靠、客观的优点。

第三章 低碳经济背景下的中国能源产业风险识别

第一节 中国能源产业发展现状

1. 中国能源生产结构

中国能源的生产结构是以煤炭、石油、天然气等化石能源为主导。2017 年，煤炭的生产量占比达 69.6%，石油的生产量占比为 7.6%，天然气的生产量占比为 5.4%，一次电力及其他能源生产量总共占比达 17.4%（见图 3 – 1）。

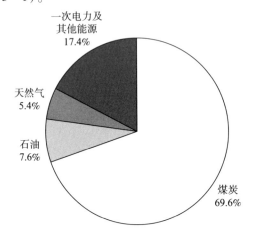

图 3 – 1 2017 年中国能源生产结构

资料来源:《中国统计年鉴 2018》。

由图 3 - 1、图 3 - 2 可知,虽然化石能源是中国能源产量的主导,但一次电力及其他能源生产量的比重增长较快。

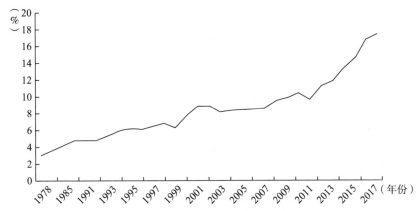

图 3 - 2 1978～2017 年中国一次电力及其他能源生产量的占比
资料来源:《中国统计年鉴 2018》。

2. 中国能源消费结构

由图 3 - 3 可知,中国能源的消费结构也是以煤炭、石油、天然气等化石能源为主导。2017 年,煤炭的消费量占比达 60.4%,石油的消费量占比为 18.8%,天然气的消费量占比为 7.0%,一次电力及其他能源消费量总共占比为 13.8%(见图 3 - 3)。

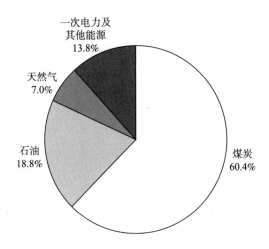

图 3 - 3 2017 年中国能源消费结构

资料来源:《中国统计年鉴 2018》。

由图 3 - 4 可知，2017 年，煤炭仍然占据能源消费的主导，电力、原油、焦炭的消费量紧随其后，天然气消费量的占比份额较小。

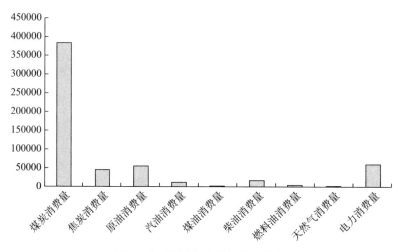

图 3 - 4　2017 年中国能源消费量

注：天然气消费单位为亿立方米，电力消费量单位为亿千瓦小时，其他能源消费量单位均为万吨。

资料来源：《中国统计年鉴 2019》。

由图 3 - 5 可知，在各产业中，中国工业能源消费的占比最高，但总体呈下降趋势，从 1995 年的 73.33% 下降到 2017 年的 65.66%。2017

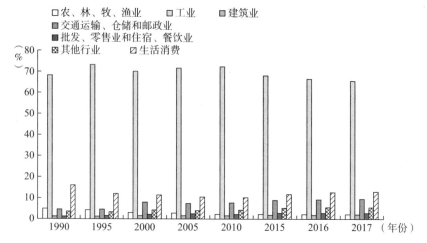

图 3 - 5　1990～2017 年各产业能源消耗在一次能源消费总量中的占比

资料来源：历年《中国统计年鉴》。

年，生活消费占一次能源消费总量的 12.85%，交通运输、仓储和邮政业占 9.41%，其他行业占 5.41%，批发、零售业和住宿、餐饮业占 2.78%，农、林、牧、渔业占 1.99%，建筑业占 1.91%。

由图 3 – 6 可知，中国能源消费总量从 1992 年的 109170 万吨标准煤，首次超过生产总量 107256 万吨标准煤。2017 年，中国能源消费总量又创新高，达到 449000 万吨标准煤，能源生产总量达到 359000 万吨标准煤。

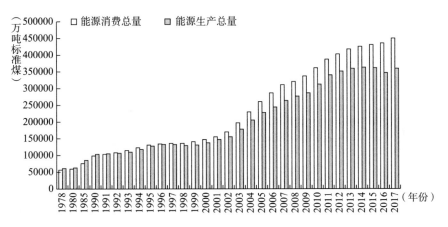

图 3 – 6　1978 ~ 2017 年中国能源消费总量和生产总量对比

资料来源：历年《中国统计年鉴》。

由图 3 – 7 可知，煤炭的生产量和消费量占比最大，且煤炭生产量的占比要高于其消费量的占比；石油的消费量占比为 18.8%，是其生产量占比 7.6% 的 2 倍多；天然气的消费量占比要高于其生产量的占比；一次电力及其他能源生产量的占比要高于其消费量的占比。由图 3 – 8 可知，煤炭的生产量和消费量占比近 5 年有所下降，且从 1995 年开始，煤炭生产量占比要高于其消费量占比；从 1995 年开始，石油消费量占比逐渐超过其生产量占比；从 2011 年开始，天然气消费量占比逐渐高于其生产量的占比；从 1993 年开始，一次电力及其他能源生产量的占比逐渐高于其消费量的占比，且近 10 年其生产量和消费量占比的差距呈扩大的趋势。

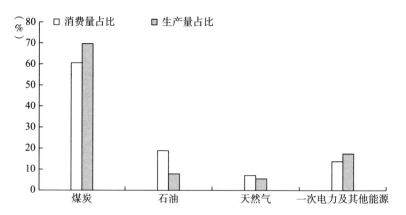

图 3 - 7　2017 年中国能源生产和消费结构对比

资料来源：《中国统计年鉴 2018》。

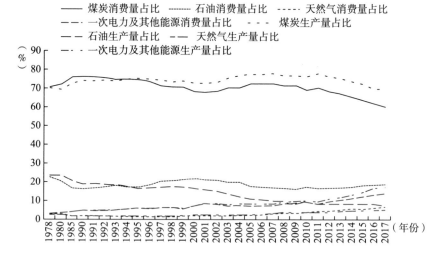

图 3 - 8　1978 ～ 2017 年中国能源生产和消费结构对比

资料来源：《中国统计年鉴 2018》。

图 3 - 9 是 1985 ～ 2018 年中国能源生产、消费增长率以及国内生产总值增长率情况，由图可知，能源的生产、消费增长率与国内生产总值增长率趋势相近。1998 年和 2016 年能源生产增长率为负值，2004 年能源生产和消费增长率最大，1998 年能源消费增长率最小，2016 年能源生产增长率最小。2010 ～ 2016 年中国能源生产、消费增长率以及国内生产总值增长率均呈现下降趋势，但 2017 年能源生产和消费增长率出现反弹。

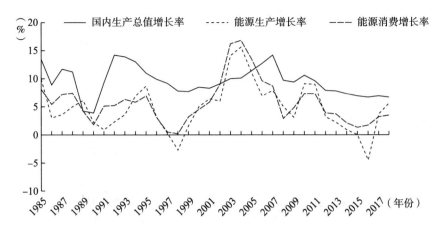

图 3 - 9 1985 ~ 2018 年中国能源生产、消费增长率以及国内生产总值增长率
资料来源:《中国统计年鉴 2019》。

由图 3 - 10 可知,2004 年中国能源生产弹性系数和消费弹性系数最大,通常用能源弹性系数来考察一个国家或地区能源发展与经济发展的匹配程度。从某种意义上讲,能源消费弹性系数越大,意味着能源利用效率越低。

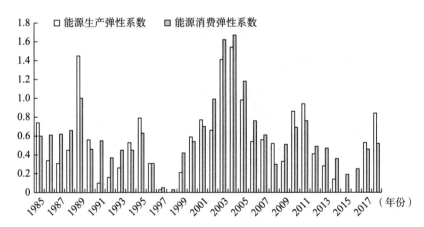

图 3 - 10 1985 ~ 2018 年中国能源生产弹性和能源消费弹性系数
资料来源:《中国统计年鉴 2019》。

由图 3 - 11 可知,自 1965 年以来世界二氧化碳排放量呈现增长的态势。其中,美国二氧化碳排放量的最大值 6132.42 百万吨出现在 2007 年,日本二氧化碳排放量的最大值 1283.66 百万吨出现在 2012 年,1996 ~ 2015 年美国和日本二氧化碳排放量比较稳定;1965 ~ 2015 年中国和印度二氧化碳排放量呈逐年增长趋势；欧盟二氧化碳排放量的最大值出现在 2006 年，并且欧盟从 2006 年开始二氧化碳排放量呈逐年下降趋势。

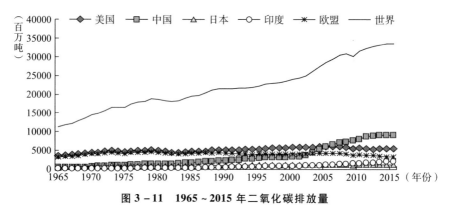

图 3 - 11　1965 ~ 2015 年二氧化碳排放量

资料来源：Wind 数据库。

由图 3 - 12 可知，2000 ~ 2011 年中国二氧化碳排放量增长较快，2012 ~ 2016 年增速放缓，但中国二氧化碳排放总量仍不容乐观。

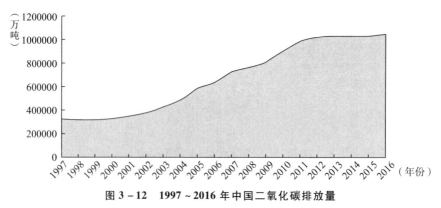

图 3 - 12　1997 ~ 2016 年中国二氧化碳排放量

资料来源：《中国能源统计年鉴 2017》。

由图 3 - 13 可知，河北省、山东省和江苏省二氧化碳排放量均超过 80000 万吨。海南省、青海省和北京市的二氧化碳排放量都不足 10000 万吨。

由图 3 - 14 上图可知，中国的一次能源消费和二氧化碳排放增长率走势趋同，从 2003 年开始中国二氧化碳排放增长率呈下降趋势，但 2010 年和 2018 年出现反弹，2018 年的一次能源消费增长率和二氧化碳排放增长率比过去五年均值分别高出 1.5 个百分点和 1.4 个百分点。由图 3 - 14 下图可知，2018 年中国天然气和可再生能源增长迅速，而煤炭和水电增幅较小。

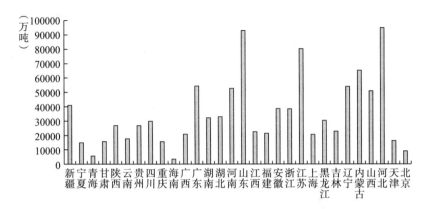

图 3 – 13　2016 年中国各省区市二氧化碳排放量

资料来源：《中国能源统计年鉴 2017》。

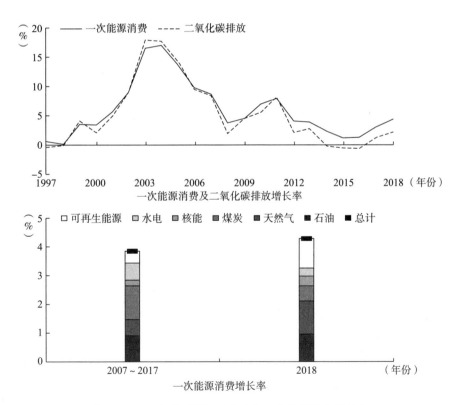

图 3 – 14　二氧化碳排放增长率和一次能源消费增长率

资料来源：《BP 世界能源统计年鉴 2019》。

3. 全球能源消费和生产情况

由图 3 - 15 可知，2018 年，全球一次能源消费增速显著。一次能源消费的增加与极端天气变化有关，美国、中国、俄罗斯等多个主要能源消费国，均遭遇大量异常天气，制冷或供暖等需求增加使能源消费增长。企业和家庭为应对极端天气而增加能源消费，导致能源消费量和碳排放量增长。此外，由于中国产业结构调整，高污染、高耗能、高排放产业的发展受到产业政策限制，使得钢铁和水泥等高耗能产业萎靡，而水泥、钢铁产业耗能占中国能源总消费量的 1/4，致使中国能源需求增长受阻。

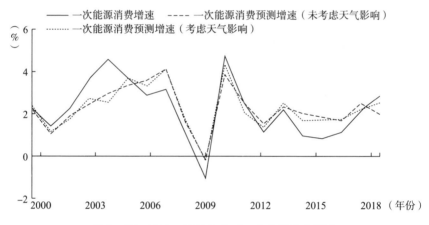

图 3 - 15　2000～2018 年全球一次能源消费增速

资料来源：《BP 世界能源统计年鉴 2019》。

2018 年，全球天然气消费量和生产量都实现了 5% 以上的增长，美国贡献了全球 40% 的天然气需求增长和 45% 的产量增长。其中，海恩斯维尔、马塞勒斯和二叠盆地的页岩气增长 860 亿立方米，占美国天然气产量的 12%。此外，俄罗斯天然气产量增长 340 亿立方米，伊朗增长 190 亿立方米，澳大利亚增长 170 亿立方米。

由图 3 - 16 可知，2018 年，美国、中国、俄罗斯、伊朗天然气需求增长分别为 780 亿立方米、430 亿立方米、230 亿立方米和 160 亿立方米，共贡献全球 80% 的天然气需求增长。供暖和制冷需求的刺激，以及约 15 吉瓦的煤电产能的淘汰，导致美国发电用天然气增加。为了

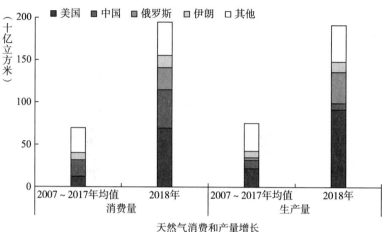

天然气消费和产量增长

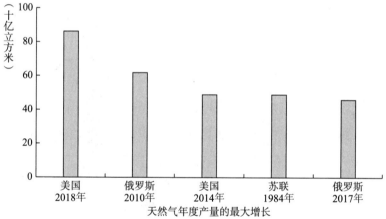

天然气年度产量的最大增长

图3-16 天然气消费和产量增长

资料来源:《BP世界能源统计年鉴2019》。

提高空气质量,中国鼓励工业和居民用户"煤改气",该政策有力刺激了天然气的消费增长,2018年,中国的天然气消费增速高达18%。

由图3-17可知,2018年煤炭的发电量增长基本等于可再生能源的发电量增长,且发展中国家电力需求增长强势,导致电力产业"脱碳"十分困难,凸显了技术和燃料的重要性。

近五年,尽管可再生能源的快速增长,以及煤炭份额的下降使电力产业的碳强度下降,但电力需求的增长使得过去三年电力产业的碳排放

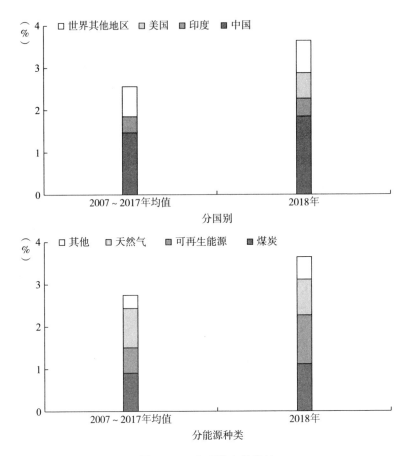

图 3 - 17　全球发电量增长

资料来源：《BP 世界能源统计年鉴 2019》。

量大幅增长，可再生能源的增长还远远不够。

由图 3 - 18 可知，当社会转向低碳能源时代时，2018 年的全球能源消费量以近年来最快的速度增长，石油、煤炭、天然气、可再生能源、水电、核能的消费量都有所增长。

2018 年全球一次能源消费量增长 2.9%，该增速约为近十年平均水平的两倍。由图 3 - 19 可知，2018 年各能源需求均呈现增长态势，天然气（增量达 1.68 亿吨油当量，占全球增长的 43%）和可再生能源（增量达 7100 万吨油当量，占全球增长的 18%）尤为强劲。石油仍是世界占比最大的一次能源；煤炭位居第二，然而，2018 年，煤炭份额

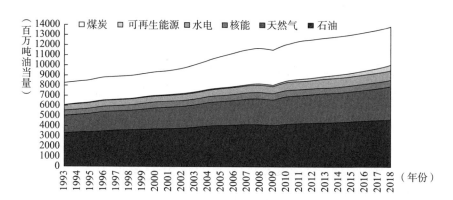

图 3 - 18　1993 ~ 2018 年全球能源消费量
资料来源：《BP 世界能源统计年鉴 2019》。

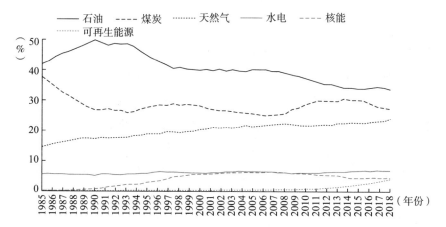

图 3 - 19　1985 ~ 2018 年各能源增量在世界一次能源消费增长中的占比
资料来源：《BP 世界能源统计年鉴 2019》。

已经下降至 27% ；天然气占比上升至 24% ；水电占比达 7% ，核能占比达 4% ；可再生能源增长强劲，占比增至 4% ，紧随核能。

第二节　中国能源产业风险的影响因素

1. 供求因素

能源产业的供求平衡对能源产业至关重要，主要包括生产、消费、运输三个方面。其中，涉及生产和消费的主要指标有能源生产增长率、能源消费增长率、能源生产弹性、能源消费弹性、自给度、供需增速比、各能源消费占比等。其中，自给度、供需增速比这两个指标，体现了能源生产量和消费量之间的关系；而各能源消费占比反映了能源消费结构的变化情况，消费结构的变化对于供求关系具有较为显著的影响。例如，石油消费占比反映了一国经济发展所消耗的能源对石油的依赖程度，依赖程度越高，那么能源产业风险就越大，一旦出现石油短缺，影响经济发展的可能性就越大。

2. 资源因素

2018 年，世界石油的平均储采比为 50.0，中国的储采比为 18.7；世界天然气的平均储采比为 50.9，中国的储采比为 37.6；世界煤炭的平均储采比为 132.0，中国的储采比为 38.0。[①]

中国有丰富的煤炭资源储量，2018 年中国煤炭储量为 138819 百万吨，但是煤炭的储采比不是很高，低于世界平均水平，并且优质煤的储量比较少，低质煤的占比较高，且煤田的瓦斯含量较高，每年仍然需要进口一定数量的优质煤。[②] 中国煤炭储量较为丰富的地区主要有山西、内蒙古、新疆、陕西、贵州、河南、安徽、山东。

2018 年，中国石油的基础储量为 35 亿吨，石油储采比远低于世界平均水平。中国石油储量较为丰富的地区主要有新疆、黑龙江、陕西、山东、河北、甘肃、吉林、辽宁。

2018 年，中国天然气的基础储量为 6.1 万亿立方米，天然气储采比也低于世界平均水平。[③] 中国天然气储量较为丰富的地区主要有四川、新疆、内蒙古、陕西、重庆、青海、黑龙江、吉林。

3. 市场因素

受到世界经济一体化和经济全球化的影响，能源的国际化与金融化属性越来越强，市场对能源产业的影响越来越深入。价格是能源市场中

---

① 数据来源于《BP 世界能源统计年鉴 2019》。
② 数据来源于《BP 世界能源统计年鉴 2019》。
③ 数据来源于《BP 世界能源统计年鉴 2019》。

最重要且最敏感的因子。国际能源供求关系、美元汇率、能源输出国的政治军事、国际游资的炒作等因素，导致国际能源价格经常剧烈波动，从而形成一定的价格泡沫，引起世界各国对能源价格的普遍关注。

另外，能源的进出口情况，尤其是对外依存度较高的能源的进出口情况也是导致能源价格剧烈波动的因素之一。例如，2017 年中国原油的一次能源生产量是 325829 万吨，消费量是 416091 万吨[①]，原油的对外依存度达到 71.69%。面对如此高的对外依存度，中国的能源期货市场并不完善，缺乏国际原油定价的话语权。对中国这样的石油进口大国来说，国际原油价格的剧烈波动，使中国面临巨大的价格风险。

因此，当我们分析能源产业市场风险时，要把价格风险作为重要的指标，并且对价格风险和价格泡沫进行深入分析和测量。同时，价格波动率、进口集中度、进口份额也是衡量能源产业价格风险的重要指标。此外，能源金融及由此产生的能源衍生品、能源期货也是需要考虑的市场因素。

4. 环境因素

化石能源的消费伴随大量的废水、废气（二氧化碳、二氧化硫）以及废弃物排放，这些废水、废气、废弃物及其给自然环境带来的各种危害，就是能源产业的环境风险。鉴于本书的研究目的，本书主要针对二氧化碳排放对环境造成的威胁进行分析。二氧化碳排放量最大的能源产业主要是煤炭开采和洗选业以及石油加工、煤炭及其他燃料加工业。2014 年，煤炭开采和洗选业的二氧化碳排放量是 7703 万吨，石油加工、煤炭及其他燃料加工业的二氧化碳排放量是 17733 万吨，石油和天然气开采业的二氧化碳排放量是 3087 万吨，煤炭产业和石油产业的二氧化碳排放量占整个能源产业二氧化碳排放量的 93.83%。在国家发展低碳、绿色经济的要求下，需要对能源产业进行低碳约束，因此，应该把低碳指标纳入能源产业风险来分析。

[①]　数据来源于《中国能源统计年鉴 2018》，一次能源生产量和消费量采用电热当量计算法计算。

5. 社会因素

能源产业不仅涉及经济领域，也会对社会发展产生影响；不仅会对自然环境产生影响，也会对人文环境产生影响。就能源产业风险来说，其分析指标包括能源产业事故发生率和城镇化率。能源产业事故发生率包括煤矿百万吨死亡率，油田、气田事故发生率，核事故发生率等。煤矿百万吨死亡率指的是生产百万吨煤炭允许发生的安全事故和死亡人数比例，反映了煤炭产业生产风险状况。油田、气田事故发生率是指油田、气田发生事故的比率。核事故发生率是指核电站发生核泄漏或是超出国际规定的辐射标准的事故发生情况。城镇化率用来反映能源产业在中国城镇化进程中发挥的作用。理论上，城镇化率越高，市场对能源的需求量越大，能源供求风险越大；事故发生率越高，能源产业风险越大。

6. 技术因素

随着经济的发展，中国未来几年能源的需求量将继续增长，但能源效率的不断提高，将对能源需求量产生一定的抑制作用。能源效率是指单位能源所带来的经济效益，能源效率越高，能源产业风险越小，能源效率越低则能源产业风险越大。能源强度体现了中国能源产业对资源的利用效率，其指标值越大，表明中国单位 GDP 所消耗的能源越多，能源成本越高，能源效率越低，技术风险越大，反之能源消耗少，能源利用率高，有利于中国能源产业的发展。

7. 政治因素

政治风险关系到一国的国际能源的可获得性，这种风险主要是来自能源输出国和输入国间的关系。政治风险反映一个国家从国际上获得能源资源的难易程度。能源输入国与能源输出国之间的政治、经济、军事、外交关系，可以直接或间接影响能源的供应。与能源输出国的关系越好、越稳定、越持久，则国际能源的供给就越稳定，能源产业风险越小，反之风险越大。

8. 产业政策因素

能源产业政策对于产业的发展、产业结构的调整具有导向作用。产业政策主要包括企业并购联合政策、直接管制政策、规模经济政策、促进竞争活力的反垄断政策、有效竞争的产业政策等。对整个能源产业在生产、消费等方面产生的影响都属于能源产业的政策性风险。

第三节 中国能源产业的风险识别

本书在研究大量理论和文献的基础上，借鉴《综合风险防范——中国综合能源与水资源保障风险》[①] 对能源产业风险的识别和王俊豪（2012：309~310）对产业风险的分类，对中国能源产业的主要风险进行分类和识别。

中国能源产业是一个复杂的系统。受到能源资源条件的制约，短期内中国能源产业仍将维持以煤炭、石油、天然气等化石能源为主导的生产和消费结构。在既定条件下，既要保证能源产业健康、安全、稳定的发展，维持能源产业供求平衡，又要逐步加快发展低碳能源产业，那么掌握低碳经济背景下的影响能源产业的风险因素，以及识别这些风险因素的衡量指标是比较重要的。

一 风险的分类

本书将能源产业风险分为五大类，分别是供求风险、资源风险、市场风险、技术风险和环境风险，将分别对煤炭产业、石油产业、天然气产业三个主要产业的五大类风险进行测量、评价、预测、预警。

供求风险是指引起能源产业供求关系变化的风险，主要包括能源自给度、供需增速比、各能源消费占比等指标。

资源风险是指引起能源资源储量与生产或消费关系变化，或能源消费量对净进口量的依赖程度变化的风险，主要包括储采比、对外依存

[①] 综合风险防范（Integrated Risk Governance）的研究起源于21世纪初，2003年国际风险理事会在瑞士日内瓦成立，中国是这一国际组织的理事。《综合风险防范——中国综合能源与水资源保障风险》是"十一五"国家科技支撑计划重点项目的部分研究成果，该项目由教育部科学技术司组织，由7所国内知名大学和科研院所等的专家和学者共同编著。

度、探明储量世界占比等指标。

市场风险是指引起能源产业市场变化的风险，主要包括价格风险和贸易风险，其中，价格风险主要通过价格指标来度量，贸易风险主要通过进口集中度、进口份额等指标来衡量。

技术风险是指引起能源产业技术变化或使能源产值所消耗的能源总量变动的风险，主要包括能源效率、能源强度等指标。

环境风险是指引起能源产业环境变化的风险，主要包括碳排放变动率、碳强度等指标。

二 风险因素的识别

鉴于数据的可获得性、科学性和可比性，本书将对风险指标进行识别。

1. 供求风险

（1）能源自给度

能源自给度是测度区域内能源充裕程度的重要指标，其数值越大说明风险越小，数值越小说明风险越大。

（2）供需增速比

供需增速比能够反映一国能源供给保障需求的能力，该指标大于1，说明能源供给增长速度超过需求增长速度，能源风险程度变小，安全程度提高；反之，若该指标小于1，说明能源风险程度变大，安全程度降低。

（3）各能源消费占比

各能源消费占比是指各能源在本国一次能源消费中所占比重。能源消费占比越大，说明该能源的重要性越高，也说明该能源的需求量越大，风险越高，安全程度越低。

2. 资源风险

（1）储采比（储产比）

储采比是能源剩余可采储量支持现有能源生产水平的能力，表现为可开采年限。储采比越高，则能源的供求风险就越小，能源资源就越安全。储采比又称可采能源资源保障度，是反映能源储量和储备量的指标。

（2）对外依存度

能源对外依存度反映了本国能源消费量对净进口量的依赖程度。对外依存度越高，说明该能源产业风险和不安全系数越大；反之，风险越小，安全程度越高。

（3）探明储量世界占比

探明储量世界占比是一国当年探明储备量占世界当年探明储备量的比重，反映了本国某能源总储备量的水平。探明储量世界占比越大，则能源的供求风险就越小，能源资源就越安全。

3. 市场风险

（1）价格风险

①价格

价格是能源市场中最重要的、最敏感的因子。能源价格以国际通行的参考报价地点的某一时段的平均价格作为该时段的国际能源价格，这一指标可以直接表征能源进口成本的高低。对于能源进口国而言，价格越高，成本越高，风险越大；反之，则风险越小。能源价格作为能源产业最灵敏的指标，影响着能源产业和其他相关联产业。若是能源价格过高，各产业将降低对能源的需求，从而影响国民经济的发展；然而若是能源价格过低，那么能源上游产业容易出现减产甚至亏损，从而对下游各产业产生不同程度的影响，因此，能源价格应当稳定在一定的价格范围之内。

②价格波动率

价格波动率是表示能源价格波动的指标，该指标反映了在观察期内能源价格的波动水平。通常能源价格波动率在10%以下为安全，波动率在10%～15%为基本安全。当价格波动率超过15%时，说明存在一定的市场风险。本书以当年的能源价格来计算该指标，即选择在一年中某能源的最高价、最低价及平均价作为统计指标。

（2）贸易风险

①进口集中度

进口集中度反映能源进口来源地的集中程度，通常用本国进口某能源最多的前 3 位或前 5 位国家的能源进口之和与该能源进口总量的比值来表示。进口集中度越高，风险越高；反之，进口集中度越低，风险越低。

②进口份额

能源进口份额是某能源进口量在国际上同种能源贸易量中占据的份额。若是能源进口量占据很大份额，说明该能源的风险较大，国际市场上的任何一次小的波动都会对其产生不小的影响。

4. 技术风险

（1）能源效率

能源效率是指单位能源所带来的经济效益。能源效率越高，则能源产业风险越小；能源效率越低，则能源产业风险越大。

（2）能源强度

能源强度是单位国内生产总值所消耗的能源总量。能源强度越低，风险就越小；反之，风险越大。

5. 环境风险

（1）碳排放变动率

碳排放变动率是一定时期内（通常为一年或一个月）一个国家（或是产业）因使用能源而产生的二氧化碳排放量的变动比率。碳排放变动率越小，风险就越小；反之，风险越大。

（2）碳强度

碳强度是单位 GDP 的二氧化碳排放量，通常碳强度指标是随着科技进步和经济发展水平提高而下降的。碳强度越低，环境风险越小，但碳强度低并不代表能源产业的效率高；碳强度越高，环境风险越大，但碳强度高并不代表能源产业的效率低。

第四节　碳排放对能源产业风险的驱动因素分析

一　脱钩理论及脱钩指数

"脱钩"（Decoupling）即"解耦"，最早出现在 20 世纪 60 年代，原为物理概念，是指具有响应关系的两个或多个变量之间耦合关系的破裂。2002 年，经济合作与发展组织（OECD）设立了脱钩指数与脱钩因子，将其作为判定某一时期经济体系是否呈现脱钩关系的依据（Ruffing，2007：211）。世界银行也将脱钩理论应用到能源经济、资源环境等领域。能源经济里的"脱钩"指的是能源消耗和环境污染没有随经济的增长而增长，而是出现零增长或负增长。

Tapio（2005：137 – 151）对脱钩程度进行详细分类并提出脱钩弹性系数，他通过对欧盟 15 国交通运输量、经济增长量和碳排放量的关系进行分析，构建了脱钩理论框架。孙睿（2014：7 ~ 11）在综述脱钩指数测算方法和应用的基础上，对 1980 ~ 2011 年经济增长与中国能源消费和碳排放的脱钩状态进行了分析，研究结果发现，中国碳排放和能源消费与经济增长之间分别呈现弱脱钩和增长连接的状态，高耗能、高排放特征长期突出，应促进经济增长与能源消费和碳排放的双脱钩。马越越（2014：26 ~ 27）运用 Tapio 脱钩理论对物流产业的脱钩状态及其变化的成因进行了分析，研究结果表明，物流产业仅 1994 年处于强脱钩状态，其余 15 年均呈现弱脱钩状态，物流产业是急需进行碳排放治理的产业之一，距离强脱钩的理想状态尚有一定的距离。

对脱钩程度的测量方法主要有脱钩因子法、IPAT 模型法、弹性分析法、完全分解技术等脱钩分析方法。本节采用目前应用最为广泛的 Tapio（2005：137 – 151）提出的脱钩弹性系数法，将能源产业碳排放与能源产业产值的脱钩弹性表示为 E_{cg}，并将 E_{cg} 分解为能源产业消费量与产值的脱钩弹性 E_{eg}，以及能源产业碳排放量与消费量的脱钩弹性

E_{ce}，可表示为：

$$E_{cg} = E_{eg} \times E_{ce}$$

$$E_{cg} = \frac{\% \Delta C}{\% \Delta G} = \frac{(C_{t+1} - C_t)/C_t}{(G_{t+1} - G_t)/G_t}$$

$$E_{eg} = \frac{\% \Delta E}{\% \Delta G} = \frac{(E_{t+1} - E_t)/E_t}{(G_{t+1} - G_t)/G_t}$$

$$E_{ce} = \frac{\% \Delta C}{\% \Delta E} = \frac{(C_{t+1} - C_t)/C_t}{(E_{t+1} - E_t)/E_t}$$

其中，$\% \Delta C$ 表示能源产业碳排放量的变化率，$\% \Delta G$ 表示能源产业产值的变化率，$\% \Delta E$ 表示能源产业消费量的变化率，E_{cg} 表示能源产业碳排放与产值的脱钩弹性，E_{eg} 表示能源产业消费量与产值的脱钩弹性，E_{ce} 主要作为解释 E_{cg} 和 E_{eg} 的中间变量，t 表示时期。

Tapio 方法将脱钩状态分为 8 种类型，分别是衰退连接、增长连接、衰退脱钩、强脱钩、弱脱钩、弱负脱钩、强负脱钩、增长负脱钩，其中弹性值在 [0.8，1.2] 区间内看作耦合，即连接状态，准则中的判断阈值 0.8 和 1.2 是经验值。结合能源产业的实际情况，各脱钩状态的判定准则如表 3-1 所示。

表 3-1　脱钩状态判定准则

状态	状态	$\% \Delta C$	$\% \Delta E$	$\% \Delta G$	脱钩弹性 E_{cg}
连续	衰退连接	< 0	< 0	< 0	[0.8，1.2]
	增长连接	> 0	> 0	> 0	[0.8，1.2]
脱钩	衰退脱钩	< 0	< 0	< 0	(1.2，+∞)
	强脱钩	< 0	< 0	> 0	(-∞，0)
	弱脱钩	> 0	> 0	> 0	[0，0.8)
负脱钩	弱负脱钩	< 0	< 0	< 0	[0，0.8)
	强负脱钩	> 0	> 0	< 0	(-∞，0)
	增长负脱钩	> 0	> 0	> 0	(1.2，+∞)

资料来源：Tapio (2005：137-151)。

强脱钩是最为理想的状态，强负脱钩是最不理想的状态，当能源产业的产值持续增长，而碳排放量持续减少时，碳排放脱钩弹性为负值，则脱钩程度越高；反之，当能源产业的产值持续减少，而碳排放量持续增长时，碳排放脱钩弹性为负值，则脱钩程度越低。能源产业的低碳化，也是实现能源产业经济增长与能源消费、碳排放的脱钩过程，该方法近年来在国内外的能源、物流、环境等领域均得到广泛应用。

二 中国能源产业碳排放脱钩效益的实证研究

1. 数据来源

本节的数据来自 2000～2015 年《中国工业统计年鉴》、2000～2015 年《中国能源统计年鉴》，包括的主要能源子产业有煤炭开采和洗选业，石油和天然气开采业，石油加工、煤炭及其他燃料加工业，电力、热力生产和供应业，燃气生产和供应业。鉴于开采辅助活动的数据不全，因此，本次研究不包括开采辅助活动（煤炭开采和洗选辅助活动、石油和天然气开采辅助活动、其他开采辅助活动）的相关产业。

2. 能源产业碳排放的测算

根据《2006 年 IPCC 国家温室气体清单指南》测算碳排放数据，选取原煤、洗精煤、其他洗煤、焦炭、焦炉煤气、原油、汽油、煤油、柴油、燃料油、液化石油气、其他石油制品、炼厂干气、天然气、热力、电力共 16 种主要能源，由于电力和热力属于二次能源，所以本节研究的碳排放量没有考虑电力和热力，可以有效避免碳排放的重复计算。计算方法如式（3－1）所示。

$$CO_2 = \sum_{i=1}^{14} E_i \times NCV_i \times CEF_i \times COF_i \times \frac{44}{12} \qquad (3-1)$$

其中，CO_2 表示估算的碳排放量；E_i 代表第 i 种能源的消费量，NCV_i 代表第 i 种能源的低位发热量；CEF 代表能源的排放系数，COF 代表能源的氧化系数。

本节采用以 2000 年为基准年调整的国内生产总值数据，根据碳排放的定义，计算中国能源产业 2000～2014 年的碳排放量（马涛等，

2011：19~43）。碳排放系数如表3-2所示。

表3-2　碳排放系数

燃料类别	碳排放系数	单位
原煤	1.9779	吨二氧化碳/吨
洗精煤	2.4921	吨二氧化碳/万千瓦时
其他洗煤	0.7911	吨二氧化碳/万千瓦时
焦炭	3.0426	吨二氧化碳/吨
焦炉煤气	0.0771	吨二氧化碳/万千瓦时
原油	3.0651	吨二氧化碳/吨
汽油	2.9848	吨二氧化碳/吨
煤油	3.0967	吨二氧化碳/吨
柴油	3.1605	吨二氧化碳/吨
燃料油	3.2366	吨二氧化碳/吨
液化石油气	3.1663	吨二氧化碳/万千瓦时
其他石油制品	3.0651	吨二氧化碳/万千瓦时
炼厂干气	2.6528	吨二氧化碳/吨
天然气	0.2184	吨二氧化碳/万立方米

由图3-20可知，电力、热力生产和供应业的能源消费量最大；其次是石油加工、煤炭及其他燃料加工业，煤炭开采和洗选业，石油和天

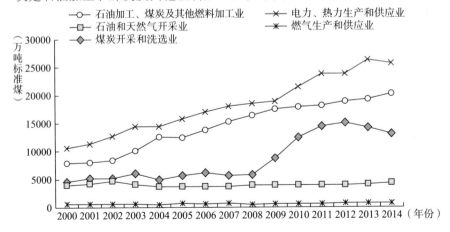

图3-20　2000~2014年中国能源各子产业的消费量

资料来源：历年《中国能源统计年鉴》。

然气开采业；燃气生产和供应业的能源消费量最小。

经过计算得到中国能源各子产业的二氧化碳排放量如图 3 – 21 所示，石油加工、煤炭及其他燃料加工业的二氧化碳排放量最大；其次是煤炭开采和洗选业，石油和天然气开采业，电力、热力生产和供应业；燃气生产和供应业的二氧化碳排放量最小。

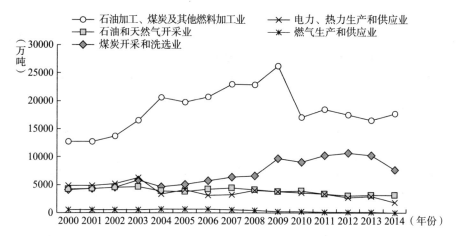

图 3 – 21　计算得到的 2000～2014 年中国能源各子产业二氧化碳排放量
资料来源：笔者整理。

3. 能源产业碳排放和能源脱钩分析

（1）碳排放脱钩分析

表 3 – 3 是 2001～2014 年能源产业产值与碳排放脱钩弹性的分析结果。由表 3 – 3 可知，碳排放在 2004 年、2011 年、2012 年、2013 年和 2014 年均出现负增长；并且，除 2014 年外，其余 13 年能源产业的产值变化率均为正值，碳排放与产值的脱钩状态主要有 4 种：弱脱钩、强脱钩、增长负脱钩、衰退脱钩。碳排放与能源产业发展的脱钩状态，体现了能源产业环境风险水平和低碳化的发展程度，也影响着产业调整的方向。能源产业的碳排放与产值的脱钩弹性在 14 年里有 8 年表现为弱脱钩状态，分别是 2001～2003 年、2005～2008 年、2010 年，占比为 57.14%，说明能源产业产值增长伴随碳排放增加，但碳排放量增加的幅度小于能源产业产值的增长幅度；2004 年、2011 年、2012 年、2013

年能源产业的碳排放与产值的脱钩弹性呈现强脱钩状态，占比28.57%，说明能源产业产值增长，同时碳排放量下降；2009年处于增长负脱钩状态，说明能源产业产值增长，碳排放量也增长，并且碳排放量增加的幅度大于能源产业产值的增长幅度；2014年处于衰退脱钩状态，说明能源产业产值衰退伴随碳排放量下降，且碳排放量下降的幅度大于能源产业产值衰退的幅度。

表3-3　2001～2014年中国能源产业碳排放脱钩状态分析

年份	$\%\Delta C$	$\%\Delta G$	$E_{cg}=\%\Delta C/\%\Delta G$	脱钩状态
2001	0.0110	0.0406	0.2704	弱脱钩
2002	0.0686	0.1033	0.6637	弱脱钩
2003	0.1856	0.2347	0.7910	弱脱钩
2004	-0.0254	0.7507	-0.0338	强脱钩
2005	0.0103	0.2518	0.0409	弱脱钩
2006	0.0357	0.2374	0.1504	弱脱钩
2007	0.0904	0.1995	0.4533	弱脱钩
2008	0.0110	0.2649	0.0417	弱脱钩
2009	0.1529	0.0154	9.9614	增长负脱钩
2010	0.0056	0.2920	0.0190	弱脱钩
2011	-0.1956	0.2397	-0.8157	强脱钩
2012	-0.0430	0.0497	-0.8646	强脱钩
2013	-0.0296	0.0344	-0.8607	强脱钩
2014	-0.0770	-0.0014	54.6725	衰退脱钩

资料来源：笔者整理。

弱脱钩属于不太理想的状态，即使碳排放量得到一定程度的控制，这种状态也随时可能恶化，进而演变为增长负脱钩的状态，如2008～2009年，就是从弱脱钩变为增长负脱钩状态。强脱钩是比较理想的状态，但要关注其变化趋势，谨防脱钩后的复钩。

（2）能源脱钩分析

表3-4是2001～2014年能源产业消费量与产值脱钩弹性的分析结

果。由表 3 - 4 可知，在 2001 ~ 2014 年的 14 年中，能源产业的消费量和产值除了 2014 年外，其余 13 年的变化率均为正值，能源产业的消费量与能源产业产值的脱钩弹性（即能源脱钩弹性）呈现 3 种脱钩状态：弱脱钩、增长负脱钩、衰退脱钩。

表 3 - 4　2001 ~ 2014 年中国能源产业能源脱钩状态分析

年份	% ΔE	% ΔG	E_{eg} = % ΔE/% ΔG	脱钩状态
2001	0.0575	0.0406	1.4168	增长负脱钩
2002	0.0785	0.1033	0.7598	弱脱钩
2003	0.1168	0.2347	0.4975	弱脱钩
2004	0.0266	0.7507	0.0354	弱脱钩
2005	0.0601	0.2518	0.2385	弱脱钩
2006	0.0730	0.2374	0.3073	弱脱钩
2007	0.0541	0.1995	0.2709	弱脱钩
2008	0.0421	0.2649	0.1589	弱脱钩
2009	0.1003	0.0154	6.5346	增长负脱钩
2010	0.1330	0.2920	0.4555	弱脱钩
2011	0.0831	0.2397	0.3465	弱脱钩
2012	0.0203	0.0497	0.4083	弱脱钩
2013	0.0349	0.0344	1.0158	弱脱钩
2014	- 0.0089	- 0.0014	6.2917	衰退脱钩

资料来源：笔者整理。

能源脱钩弹性在 14 年里有 11 年表现为弱脱钩状态，分别是 2002 ~ 2008 年、2010 ~ 2013 年，占比为 78.57%，说明能源产业产值增长，消费量增加，而消费量增加的幅度小于能源产业产值的增长幅度；2001 年和 2009 年处于增长负脱钩状态，说明能源产业产值增长，消费量也增长，并且消费量增加的幅度大于能源产业产值的增长幅度；2014 年处于衰退脱钩状态，说明能源产业产值衰退伴随消费量下降，且消费量下降的幅度大于能源产业产值衰退的幅度。

4. 各子产业碳排放和能源脱钩分析

（1）煤炭开采和洗选业

由表 3 - 5 可知，在 2001 ~ 2014 年的 14 年中，煤炭开采和洗选业的产值除了 2013 年和 2014 年外，其余 12 年的变化率均为正值，煤炭开采和洗选业的碳排放脱钩弹性主要呈现 6 种脱钩状态，并呈现弱脱钩—增长连接—强脱钩—弱脱钩—增长负脱钩—强脱钩—弱脱钩—增长连接—弱负脱钩—衰退脱钩的变化过程。煤炭开采和洗选业的碳排放和产值表现为弱脱钩状态的比例为 50.00%。在观察期内，只有 2004 年和 2010 年处于强脱钩状态，即较为理想的状态；2003 年和 2012 年处于增长连接状态，说明煤炭开采和洗选业的产值增长使得这 2 年碳排放量增长；2009 年处于增长负脱钩状态，说明煤炭开采和洗选业产值增长，碳排放量也增长，并且碳排放量增加的幅度大于产值的增长幅度；2013 年处于弱负脱钩状态，说明煤炭开采和洗选业产值衰退，伴随碳排放量下降，且其下降的幅度小于产值衰退的幅度；2014 年处于衰退脱钩状态，说明煤炭开采和洗选业产值衰退，伴随碳排放量下降，且其下降的幅度大于产值衰退的幅度。

表 3 - 5　2001 ~ 2014 年煤炭开采和洗选业碳排放和能源脱钩状态分析

年份	% ΔC	% ΔE	% ΔG	$E_{cg} =$ % $\Delta C /$ % ΔG	脱钩状态	$E_{eg} =$ % $\Delta E /$ % ΔG	脱钩状态
2001	0.0427	0.1296	0.1993	0.2144	弱脱钩	0.6504	弱脱钩
2002	0.0565	- 0.0003	0.2935	0.1926	弱脱钩	- 0.0010	强脱钩
2003	0.2800	0.1717	0.2416	1.1586	增长连接	0.7106	弱脱钩
2004	- 0.2154	- 0.1787	0.9254	- 0.2328	强脱钩	- 0.1931	强脱钩
2005	0.1158	0.1328	0.2086	0.5553	弱脱钩	0.6367	弱脱钩
2006	0.1234	0.0885	0.2595	0.4755	弱脱钩	0.3411	弱脱钩
2007	0.1049	- 0.0656	0.2767	0.3792	弱脱钩	- 0.2370	强脱钩
2008	0.0301	0.0143	0.5895	0.0510	弱脱钩	0.0243	弱脱钩
2009	0.4904	0.5091	0.1216	4.0330	增长负脱钩	4.1872	增长负脱钩

年份	%ΔC	%ΔE	%ΔG	$E_{cg} = $ %ΔC/%ΔG	脱钩状态	$E_{eg} = $ %ΔE/%ΔG	脱钩状态
2010	-0.0660	0.4179	0.3478	-0.1898	强脱钩	1.2016	增长负脱钩
2011	0.1252	0.1657	0.3080	0.4064	弱脱钩	0.5379	弱脱钩
2012	0.0386	0.0404	0.0457	0.8455	增长连接	0.8851	增长连接
2013	-0.0343	-0.0599	-0.0448	0.7659	弱负脱钩	1.3376	衰退脱钩
2014	-0.2508	-0.0776	-0.0991	2.5319	衰退脱钩	0.7832	弱负脱钩

资料来源：笔者整理。

　　煤炭开采和洗选业的能源脱钩弹性也出现6种脱钩状态。煤炭开采和洗选业的能源消费量与产值表现为弱脱钩状态的占比为42.86%，分别出现在2001年、2003年、2005年、2006年、2008年、2011年。在这种状态下，煤炭开采和洗选业产值增长，消费量也增加，而消费量增加的幅度小于能源产业产值的增长幅度。2002年、2004年、2007年这3年呈现强脱钩状态，此时煤炭开采和洗选业的能源消费量与产值处于理想状态；2009年和2010年呈现增长负脱钩状态，说明煤炭开采和洗选业产值增长，消费量也增长，并且消费量增加的幅度大于能源产业产值的增长幅度；2012年处于增长连接状态，说明该年煤炭开采和洗选业的产值增长使得消费量随之增长；2013年处于衰退脱钩状态，说明煤炭开采和洗选业产值衰退，伴随消费量下降，且消费量下降的幅度大于产值衰退的幅度；2014年处于弱负脱钩状态，说明煤炭开采和洗选业产值衰退，伴随消费量下降，且其下降的幅度小于产值衰退的幅度。

　　（2）石油和天然气开采业

　　由表3-6可知，石油和天然气开采业的碳排放脱钩弹性主要呈现5种脱钩状态，并呈现强负脱钩—弱脱钩—强脱钩—弱脱钩—强脱钩—弱负脱钩—弱脱钩—强脱钩—衰退连接—强负脱钩—强脱钩的变化过程。石油和天然气开采业的碳排放和产值表现为强脱钩状态的比例为35.71%，分别出现在2004年、2005年、2008年、2011年、2014年；呈现弱脱钩状态的比例为28.57%，分别出现在2003年、2006年、2007年、2010年；2001年、

2002 年、2013 年处于强负脱钩状态，占比 21.43%，说明石油和天然气开采业产值衰退的同时能源消费量增长；2009 年处于弱负脱钩状态，石油和天然气开采业产值衰退，伴随碳排放量下降，且其下降的幅度小于产值衰退的幅度；2012 年处于衰退连接状态，说明石油和天然气开采业的产值衰退导致碳排放量的下降。

表 3 - 6　2001 ~ 2014 年石油和天然气开采业碳排放和能源脱钩状态分析

年份	% ΔC	% ΔE	% ΔG	$E_{cg} =$ % ΔC/% ΔG	脱钩状态	$E_{eg} =$ % ΔE/% ΔG	脱钩状态
2001	0.0280	0.0623	- 0.1118	- 0.2503	强负脱钩	- 0.5566	强负脱钩
2002	0.0536	0.1169	- 0.0084	- 6.3449	强负脱钩	- 13.8470	强负脱钩
2003	0.0394	- 0.1305	0.2621	0.1501	弱脱钩	- 0.4978	强脱钩
2004	- 0.1809	- 0.1039	0.3309	- 0.5467	强脱钩	- 0.3139	强脱钩
2005	- 0.0252	0.0203	0.3577	- 0.0704	强脱钩	0.0567	弱脱钩
2006	0.1385	- 0.0227	0.2279	0.6077	弱脱钩	- 0.0995	强脱钩
2007	0.0382	0.0191	0.0753	0.5070	弱脱钩	0.2537	弱脱钩
2008	- 0.0672	0.0484	0.2790	- 0.2408	强脱钩	0.1733	弱脱钩
2009	- 0.0762	0.0075	- 0.2919	0.2612	弱负脱钩	- 0.0257	强负脱钩
2010	0.0144	0.0133	0.3193	0.0451	弱脱钩	0.0415	弱脱钩
2011	- 0.1250	- 0.0161	0.2996	- 0.4173	强脱钩	- 0.0537	强脱钩
2012	- 0.0990	- 0.0067	- 0.0844	1.1721	衰退连接	0.0791	弱负脱钩
2013	0.0412	0.0491	- 0.0407	- 1.0125	强负脱钩	- 1.2070	强负脱钩
2014	- 0.0266	0.0429	0.0303	- 0.8773	强脱钩	1.4142	增长负脱钩

资料来源：笔者整理。

石油和天然气开采业的能源脱钩弹性也呈现 5 种脱钩状态，分别是：强负脱钩、强脱钩、弱脱钩、弱负脱钩、增长负脱钩。石油和天然气开采业的能源消费量与产值表现为强负脱钩、强脱钩和弱脱钩状态的占比均为 28.57%，2003 年、2004 年、2006 年、2011 年这 4 年呈现强脱钩状态，此时该产业的能源消费量与产值处于理想状态。然而，2001 年、2002 年、2009 年、2013 年处于强负脱钩状态，说明石油和天然气开采业的产值衰退的同时能源消费量增长，这 4 年表现为最不理想的状态；2012 年处于弱负脱钩状态，说明此时该产业产值衰退伴随消费量下降，且其下降的幅度小于产值衰退的幅度；2014 年处于增长负脱钩状态，说明石油和天然气开采业产值增长，消费量也增长，并且消费量增加的幅度大于能源产业产值的增长幅度。

（3）石油加工、煤炭及其他燃料加工业

由表 3-7 可知，石油加工、煤炭及其他燃料加工业的产值除了2009 年外，其余 13 年的变化率均为正值，石油加工、煤炭及其他燃料加工业的碳排放脱钩弹性主要有 4 种脱钩状态，并呈现强脱钩—增长负脱钩—弱脱钩—强脱钩—弱脱钩—强脱钩—强负脱钩—强脱钩—弱脱钩—强脱钩—增长负脱钩的变化过程。

石油加工、煤炭及其他燃料加工业的碳排放和产值表现为强脱钩的比例为 42.86%，分别出现在 2001 年、2005 年、2008 年、2010 年、2012 年、2013 年，即较为理想的状态；表现为弱脱钩状态的比例为35.71%；2002 年和 2014 年处于增长负脱钩状态，说明石油加工、煤炭及其他燃料加工业的产值增长，碳排放量也增长，并且碳排放量增加的幅度大于产值的增长幅度；2009 年处于强负脱钩状态，即最不理想的状态，此时石油加工、煤炭及其他燃料加工业产值衰退的同时碳排放量增长。

表 3-7 2001~2014 年石油加工、煤炭及其他燃料加工业碳排放和
能源脱钩状态分析

年份	%ΔC	%ΔE	%ΔG	$E_{cg} =$ %ΔC/%ΔG	脱钩状态	$E_{eg} =$ %ΔE/%ΔG	脱钩状态
2001	-0.0020	0.0030	0.0358	-0.0561	强脱钩	0.0847	弱脱钩
2002	0.0791	0.0452	0.0430	1.8413	增长负脱钩	1.0514	增长连接
2003	0.2024	0.2151	0.3031	0.6678	弱脱钩	0.7096	弱脱钩
2004	0.2468	0.2434	0.4577	0.5392	弱脱钩	0.5318	弱脱钩
2005	-0.0408	-0.0095	0.3204	-0.1275	强脱钩	-0.0298	强脱钩
2006	0.0495	0.1031	0.2624	0.1886	弱脱钩	0.3930	弱脱钩
2007	0.1123	0.1126	0.1784	0.6298	弱脱钩	0.6311	弱脱钩
2008	-0.0048	0.0749	0.2677	-0.0178	强脱钩	0.2800	弱脱钩

年份	$\%\Delta C$	$\%\Delta E$	$\%\Delta G$	$E_{cg}=$ $\%\Delta C/\%\Delta G$	脱钩状态	$E_{eg}=$ $\%\Delta E/\%\Delta G$	脱钩状态
2009	0.1451	0.0677	−0.0502	−2.8897	强负脱钩	−1.3484	强负脱钩
2010	−0.3484	0.0167	0.3604	−0.9666	强脱钩	0.0464	弱脱钩
2011	0.0799	0.0173	0.2617	0.3053	弱脱钩	0.0660	弱脱钩
2012	−0.0533	0.0357	0.0579	−0.9208	强脱钩	0.6169	弱脱钩
2013	−0.0577	0.0225	0.0293	−1.9647	强脱钩	0.7668	弱脱钩
2014	0.0767	0.0500	0.0158	4.8555	增长负脱钩	3.1654	增长负脱钩

资料来源：笔者整理。

石油加工、煤炭及其他燃料加工业的能源脱钩弹性出现 5 种脱钩状态，分别是弱脱钩、增长连接、强脱钩、强负脱钩、增长负脱钩。石油加工、煤炭及其他燃料加工业的能源消费量与产值表现为弱脱钩状态的占比为 71.43%，分别出现在 2001 年、2003 年、2004 年、2006 ~ 2008 年、2010 ~ 2013 年。在这种状态下，石油加工、煤炭及其他燃料加工业的产值增长，消费量也增加，且消费量增加的幅度小于能源产业产值的增长幅度。2005 年，石油加工、煤炭及其他燃料加工业的能源消费量与产值呈现强脱钩状态，该产业的能源消费量与产值处于理想状态；2009 年，石油加工、煤炭及其他燃料加工业的能源消费量与产值呈现强负脱钩状态，即最不理想的状态，此时产值衰退的同时能源消费量增长；2014 年，石油加工、煤炭及其他燃料加工业的能源消费量与产值呈现增长负脱钩状态，说明石油加工、煤炭及其他燃料加工业的产值增长，消费量也增长，并且消费量增加的幅度大于能源产业产值的增长幅度。

（4）电力、热力生产和供应业

由表 3 - 8 可知，在观察期内，电力、热力生产和供应业产值的变化率均为正值，电力、热力生产和供应业的碳排放脱钩弹性主要有 4 种脱钩状态，并呈现强脱钩—弱脱钩—增长连接—强脱钩—增长连接—强脱钩—弱脱钩—增长负脱钩—强脱钩—增长连接—强脱钩的变化过程。

电力、热力生产和供应业的碳排放和产值表现为强脱钩状态的比例为57.14%，分别出现在2001年、2004年、2006年、2009~2012年、2014年，即较为理想的状态；2003年、2005年、2013年处于增长连接状态，说明电力、热力生产和供应业的产值增长使得这3年碳排放量增长；2008年处于增长负脱钩状态，说明电力、热力生产和供应业的产值增长，碳排放量也增长，并且碳排放量增加的幅度大于产值的增长幅度。

电力、热力生产和供应业的能源脱钩弹性呈现3种脱钩状态，分别是弱脱钩、强脱钩、增长连接。电力、热力生产和供应业的能源消费量与产值表现为弱脱钩状态的占比为78.57%，分别出现在2001~2011年，在这种状态下，电力、热力生产和供应业的产值增长，消费量也增加，且消费量增加的幅度小于能源产业产值的增长幅度；2012年和2014年呈现强脱钩状态，此时该产业的能源消费量与产值处于理想状态；2013年处于增长连接状态，说明2013年电力、热力生产和供应业的产值增长使得消费量随之增长。

表3-8 2001~2014年电力、热力生产和供应业碳排放和能源脱钩状态分析

年份	%ΔC	%ΔE	%ΔG	$E_{cg}=$ %ΔC/%ΔG	脱钩状态	$E_{eg}=$ %ΔE/%ΔG	脱钩状态
2001	-0.0001	0.0735	0.1033	-0.0012	强脱钩	0.7116	弱脱钩
2002	0.0800	0.1240	0.1575	0.5081	弱脱钩	0.7876	弱脱钩
2003	0.1970	0.1287	0.1646	1.1963	增长连接	0.7820	弱脱钩
2004	-0.4646	0.0011	1.1731	-0.3960	强脱钩	0.0010	弱脱钩
2005	0.2224	0.0980	0.1933	1.1504	增长连接	0.5071	弱脱钩
2006	-0.2241	0.0751	0.2116	-1.0590	强脱钩	0.3550	弱脱钩
2007	0.0341	0.0544	0.2280	0.1495	弱脱钩	0.2386	弱脱钩
2008	0.2260	0.0308	0.1360	1.6625	增长负脱钩	0.2262	弱脱钩
2009	-0.0469	0.0227	0.1123	-0.4177	强脱钩	0.2024	弱脱钩
2010	-0.0667	0.1346	0.2128	-0.3132	强脱钩	0.6326	弱脱钩
2011	-0.0712	0.1105	0.1677	-0.4246	强脱钩	0.6589	弱脱钩

续表

年份	% Δ C	% Δ E	% Δ G	$E_{cg} =$ % Δ C/% Δ G	脱钩状态	$E_{eg} =$ % Δ E/% Δ G	脱钩状态
2012	− 0.1841	− 0.0010	0.0828	− 2.2232	强脱钩	− 0.0121	强脱钩
2013	0.0909	0.1031	0.0910	0.9986	增长连接	1.1330	增长连接
2014	− 0.3789	− 0.0236	0.0102	− 36.9708	强脱钩	− 2.3053	强脱钩

资料来源：笔者整理。

（5）燃气生产和供应业

由表3-9可知，在观察期内，燃气生产和供应业产值的变化率均为正值，燃气生产和供应业的碳排放脱钩弹性主要有3种脱钩状态，并呈现弱脱钩—强脱钩—弱脱钩—强脱钩—增长负脱钩—强脱钩的变化过程。燃气生产和供应业的碳排放和产值表现为强脱钩状态的比例为64.29%，此时，碳排放量减少而产值增长，分别出现在2002年、2006~2011年、2013年、2014年，即最理想的状态；呈现弱脱钩状态的占比为28.57%，分别出现在2001年、2003~2005年，燃气生产和供应业产值增长，碳排放量也增加，且碳排放量增加的幅度小于能源产业产值的增长幅度；2012年处于增长负脱钩状态，说明燃气生产和供应业产值增长，碳排放量也增长，并且碳排放量增加的幅度大于产值的增长幅度。

燃气生产和供应业的能源脱钩弹性也呈现3种脱钩状态，分别是强脱钩、弱脱钩、增长负脱钩。燃气生产和供应业的能源消费量与产值表现为强脱钩状态的占比为35.71%，此时，能源消费量减少而产值增长，分别出现在2001年、2003年、2004年、2006年、2008年，即最理想的状态；表现为弱脱钩状态的占比为50.00%，分别出现在2002年、2007年、2009~2011年、2013年、2014年，在这种状态下，燃气生产和供应业产值增长，消费量也增加，且消费量增加的幅度小于能源产业产值的增长幅度；2005年、2012年处于增长负脱钩状态，说明燃气生产和供应业产值增长，能源消费量也增长，并且能源消费量增加的幅度大于产值的增长幅度。

表 3 - 9 2001～2014 年燃气生产和供应业碳排放和能源脱钩状态分析

年份	%ΔC	%ΔE	%ΔG	$E_{cg} =$ %ΔC/%ΔG	脱钩状态	$E_{eg} =$ %ΔE/%ΔG	脱钩状态
2001	0.0399	− 0.0798	0.0856	0.4660	弱脱钩	− 0.9329	强脱钩
2002	− 0.0570	0.0688	0.2149	− 0.2651	强脱钩	0.3201	弱脱钩
2003	0.0749	− 0.0375	0.2139	0.3500	弱脱钩	− 0.1752	强脱钩
2004	0.1101	− 0.0662	0.6065	0.1815	弱脱钩	− 0.1091	强脱钩
2005	0.0065	0.2670	0.1752	0.0371	弱脱钩	1.5240	增长负脱钩
2006	− 0.0385	− 0.1298	0.4223	− 0.0913	强脱钩	− 0.3072	强脱钩
2007	− 0.1243	0.1368	0.3505	− 0.3546	强脱钩	0.3902	弱脱钩
2008	− 0.1923	− 0.1979	0.5237	− 0.3672	强脱钩	− 0.3779	强脱钩
2009	− 0.4846	0.0291	0.2008	− 2.4130	强脱钩	0.1448	弱脱钩
2010	− 0.1087	0.1094	0.3230	− 0.3365	强脱钩	0.3386	弱脱钩
2011	− 0.6791	0.0099	0.3128	− 2.1712	强脱钩	0.0316	弱脱钩
2012	0.0927	0.0874	0.0432	2.1454	增长负脱钩	2.0212	增长负脱钩
2013	− 0.0320	0.0123	0.2097	− 0.1524	强脱钩	0.0585	弱脱钩
2014	− 0.3044	0.0171	0.2807	− 1.0845	强脱钩	0.0610	弱脱钩

资料来源：笔者整理。

第四章　低碳经济背景下的中国能源产业风险测量

第一节　供求风险测量

一　能源自给度

能源自给度（SR）是测度区域内能源充裕程度的重要指标，其数值越大说明风险越小，数值越小说明风险越大。2000~2017 年中国各能源自给度如表 4 - 1 所示，主要包括煤炭、石油、天然气、水电和核电。其计算公式为：

$$能源自给度(SR) = \frac{一次能源生产量}{可供本地区消费的能源量}$$

表 4 - 1　2000~2017 年中国各能源自给度

年份	煤炭	石油	天然气	水电	核电
2000	1.0034	0.7200	1.1143	1.0000	1.0000
2001	1.0119	0.7108	1.0663	1.0000	1.0000
2002	0.9835	0.6714	1.1219	1.0000	1.0000
2003	0.9756	0.6121	1.0227	1.0000	1.0000
2004	0.9779	0.5487	1.0507	1.0000	1.0000
2005	0.9368	0.5563	1.0589	1.0000	1.0000

续表

年份	煤炭	石油	天然气	水电	核电
2006	0.9146	0.5273	1.0126	1.0000	1.0000
2007	0.9102	0.5039	0.9896	1.0000	1.0000
2008	0.9294	0.5078	0.9925	1.0000	1.0000
2009	0.9130	0.4879	0.9727	1.0000	1.0000
2010	0.9530	0.4626	0.8871	1.0003	0.9966
2011	0.9741	0.4447	0.7834	1.0000	1.0000
2012	0.9711	0.4365	0.7456	1.0000	1.0000
2013	0.9627	0.4227	0.7144	1.0000	1.0000
2014	0.9535	0.4103	0.7007	1.0044	0.9348
2015	0.9523	0.3893	0.7089	0.9951	0.9951
2016	0.8944	0.3518	0.6617	1.0155	1.0371
2017	0.9200	0.3256	0.6265	1.0068	1.0068

资料来源：历年《中国能源统计年鉴》。

能源自给度越大说明风险越小，水电、煤炭、核电的风险较小，天然气和石油的自给度较小。能源自给度越大并不代表能源产业的效率就越高，资源配置越合理。总体来说，能源自给度越接近 1，风险越小，兼顾资源配置的合理性。

由表 4-1 可知，2000～2017 年，中国水电和核电的自给度水平较高，并且比较稳定，自给度水平趋近于 1；煤炭的自给度水平也接近 1；石油的自给度水平最低，并且自给度水平呈下降的趋势；天然气的自给度水平虽然也呈逐年下降的趋势，但由于其自给度维持在 0.6～0.8，暂时处于安全范围之内。相对来说，中国能源风险最大的是石油，需要引起能源产业部门的关注。

二　供需增速比

供需增速比能够反映一国能源供给保障需求的能力，若该指标大于 1，说明能源供给增长速度超过需求增长速度，能源产业风险程度小，安全程度高；反之，若该指标小于 1，说明能源产业风险程度大，安全程度低。其计算公式为：

供需增速比 = 能源生产增长速度/能源消费增长速度

由表 4 - 2 可知，煤炭、水电、核电的供需增速比较大，其中，水电的平均供需增速比为 1.0009，稳定性最强；核电的平均供需增速比为 0.9965；煤炭的平均供需增速比最大，为 1.1230，但煤炭的供需增速比波动比较大。2000 ~ 2017 年，2000 年煤炭供需增速比最大（2.4998），而 2013 年煤炭供需增速比最小（0.5686）。供需增速比是能源供给保障需求的体现，供需增速比大于 1，说明该能源产业的能源供给增长速度超过需求增长速度，此时的能源产业风险程度小。天然气的平均供需增速比为 0.7893，虽然其平均值在安全的范围内，但由于 2000 年、2003 年、2010 年、2011 年天然气的平均供需增速比的取值为 0.4 ~ 0.6，处于"值得关注"的风险水平，所以天然气的供需增速比也是需要能源产业部门关注的风险指标。石油的平均供需增速比是 0.4329，并且在 2009 年和 2011 年其供需增速比为负值，因此石油的供需增速比这个风险指标，也需要受到能源产业部门关注。

表 4 - 2　2000 ~ 2017 中国各能源供需增速比

年份	煤炭	石油	天然气	水电	核电
2000	2.4998	0.2822	0.5354	0.9987	0.9282
2001	1.1648	0.3515	0.7085	1.0000	1.0000
2002	0.7055	0.2655	2.1079	0.9999	1.0000
2003	0.9577	0.1381	0.4019	1.0000	1.0000
2004	1.0142	0.2630	1.1582	1.0000	1.0000
2005	0.7429	1.8961	1.0419	1.0000	1.0000
2006	0.7471	0.2908	0.8042	1.0000	0.9999
2007	0.9458	0.1742	0.8880	1.0000	1.0000
2008	2.3548	1.6684	1.0177	1.0000	1.0000
2009	0.6383	- 0.3813	0.7432	1.0000	0.9997
2010	2.1359	0.6050	0.5732	1.0018	0.8995
2011	1.2438	- 0.1114	0.4346	1.0064	1.0224
2012	0.7764	0.6334	0.3986	1.0000	1.0000

年份	煤炭	石油	天然气	水电	核电
2013	0.5686	0.2418	0.6983	1.0000	1.0000
2014	0.9521	0.4082	0.6993	0.9917	1.0489
2015	0.9523	0.3893	0.7089	0.9951	0.9951
2016	0.8944	0.3518	0.6617	1.0155	1.0371
2017	0.9200	0.3256	0.6265	1.0068	1.0068

资料来源：历年《中国能源统计年鉴》。

三　各能源消费占比

各能源在本国一次能源消费中所占比重越大，则该能源的重要性越高，也说明该能源的需求量越大，风险越高，安全程度越低。R_i表示第i种能源在能源消费总量中所占的比重，E_{ic}表示第i种能源的消费量，E_c表示能源的消费总量。该指标的计算公式为：

$$R_i = \frac{E_{ic}}{E_c}$$

由表4－3可知，2017年煤炭的消费量占整个能源产业的65.2%，近几年呈现逐年下降的趋势，石油的消费量占比相对来说较为稳定，天然气、水电的消费量占比呈现逐年增长的趋势，核电的消费量占比呈现较小幅度增长的趋势。由于中国的能源资源结构特点，短期内这种能源消费结构很难改变，只能通过长期的能源产业结构调整、可再生能源技术提高和成本的降低等措施，逐渐改变中国长期以来以煤炭等化石能源为主的消费结构。

表4－3　2000～2017年中国各能源消费占比

单位：%

年份	煤炭	石油	天然气	水电	核电
2000	68.5	22.0	2.2	5.7	0.4
2001	68.0	21.2	2.4	6.7	0.4

续表

年份	煤炭	石油	天然气	水电	核电
2002	68.5	21.0	2.3	6.3	0.5
2003	70.2	20.1	2.3	5.3	0.8
2004	70.2	19.9	2.3	5.5	0.8
2005	72.4	17.8	2.4	5.4	0.7
2006	72.4	17.5	2.7	5.4	0.7
2007	72.5	17.0	3.0	5.4	0.7
2008	71.5	16.7	3.4	6.1	0.7
2009	71.6	16.4	3.5	6.0	0.7
2010	69.2	17.4	4.0	6.4	0.7
2011	70.2	16.8	4.6	5.7	0.7
2012	68.5	17.0	4.8	6.8	0.8
2013	67.4	17.1	5.3	6.9	0.8
2014	69.8	18.5	6.0	3.3	0.4
2015	68.1	19.6	6.2	3.5	0.5
2016	66.7	19.9	6.7	3.6	0.6
2017	65.2	20.2	7.5	3.5	0.7

资料来源：历年《中国能源统计年鉴》。

第二节　资源风险测量

一　储采比（储产比）

储采比是能源剩余可采储量支持现有能源生产水平的能力。储采比越高，则能源的供求风险就越小，能源资源就越安全。2004～2018年中国主要能源储采比如表4－4所示。表4－5展示了2018年部分国家的能源储采比。

表4－4　2004～2018年中国主要能源储采比

年份	煤炭	石油	天然气
2004	58.54	13.97	54.70
2005	52.28	13.66	47.00

续表

年份	煤炭	石油	天然气
2006	48.00	11.00	41.80
2007	45.14	11.34	27.19
2008	41.16	11.00	32.00
2009	37.54	10.70	28.80
2010	35.34	10.00	29.00
2011	32.53	10.00	30.00
2012	31.37	11.00	29.00
2013	31.11	12.00	28.00
2014	29.56	12.00	26.00
2015	31.00	12.00	28.00
2016	72.00	17.50	38.80
2017	39.00	18.30	36.70
2018	38.00	18.70	37.60

资料来源：2005～2019 年《BP 世界能源统计年鉴》。

表 4－5　2018 年部分国家的能源储采比

能源	中国	美国	俄罗斯	澳大利亚	印度
煤炭	38.0	365.0	364.0	304.0	132.0
石油	18.7	11.0	25.4	30.8	14.1
天然气	37.6	14.3	58.2	18.4	46.9

资料来源：《BP 世界能源统计年鉴 2019》。

储采比计算公式为：$R/P = \dfrac{E_s}{E_p}$，其中，E_s 为年底能源剩余可采储量，E_p 为当年能源产量。

从资源总量上来说，中国是能源储量大国，但能源剩余可采储量支持现有能源生产水平的能力，即储采比低于世界平均水平。因此，不论是煤炭产业、石油产业，还是天然气产业的储采比都是重要的能源资源风险指标。

二 对外依存度

能源对外依存度反映了本国能源消费量对净进口量的依赖程度。对外依存度越高，说明该能源产业风险越大，安全程度越低；反之，风险越小，安全程度越高。

对外依存度计算公式为：对外依存度 $= \dfrac{E_{ii}}{E_{ic}}$，E_{ii} 表示第 i 种能源的年净进口量，E_{ic} 表示本国第 i 种能源的年消费量。

由表 4-6 可知，2009 年，煤炭的对外依存度开始出现正值，即煤炭从净出口变为净进口；石油的对外依存度呈逐年增加的趋势，2011 年以来石油的对外依存度维持在 60% 以上，2017 年石油的对外依存度达 67.43%；天然气的对外依存度从 2007 年开始出现正值，说明中国天然气从 2007 年开始从净出口变为净进口，并且天然气的对外依存度呈现较大幅度的增长。

表 4-6 2004～2017 年中国主要能源对外依存度

年份	煤炭	石油	天然气
2004	-0.0321	0.4693	-0.0615
2005	-0.0197	0.4386	-0.0637
2006	-0.0099	0.4817	-0.0340
2007	-0.0005	0.5040	0.0201
2008	-0.0018	0.5376	0.0167
2009	0.0350	0.5618	0.0494
2010	0.1355	0.5750	0.1152
2011	0.1472	0.6023	0.2085
2012	0.1525	0.6110	0.2616
2013	0.1569	0.6021	0.2920
2014	0.1622	0.6169	0.3024
2015	0.1574	0.6276	0.2997
2016	0.1785	0.6540	0.3425
2017	0.1946	0.6743	0.3803

资料来源：笔者根据历年《中国能源统计年鉴》计算得到。

对外依存度越高，说明该能源产业风险越大。煤炭的对外依存度处于"比较安全"的范围内。石油产业的资源风险最大。2019 年，我国原油进口量为 50572 万吨，对外依存度达 70.8%；天然气进口量为 9660 万吨，对外依存度达 43%。[①]

三　探明储量世界占比

探明储量世界占比是一国当年探明储备量占世界当年探明储备量的比率，反映了本国某能源总储备量的水平。探明储量世界占比越大，则能源的供求风险就越小，能源资源就越安全。其计算公式为：探明储量世界占比 = 当年国家探明储备量/当年世界探明储备量。

由表 4-7 和表 4-8 可知，中国石油和天然气的探明储量世界占比较小。从资源风险角度来说，中国石油的资源风险最大，其次是天然气；中国煤炭的探明储量世界占比虽然不及美国、俄罗斯和澳大利亚，但相对而言，中国煤炭的资源风险较小。

表 4 - 7　2004 ~ 2018 年中国主要能源探明储量世界占比

单位：%

年份	煤炭	石油	天然气
2004	12.6	1.4	1.2
2005	12.6	1.1	1.4
2006	12.6	1.1	1.4
2007	13.5	1.3	1.1
2008	13.9	1.2	1.3
2009	13.9	1.1	1.3
2010	13.3	1.0	1.5
2011	13.3	1.0	1.5
2012	13.3	1.0	1.7
2013	12.8	1.1	1.8
2014	12.8	1.1	1.8

---

① 数据来源于《中国油气产业发展分析与展望报告蓝皮书（2019—2020）》。

续表

年份	煤炭	石油	天然气
2015	12.8	1.1	2.1
2016	21.4	1.5	2.9
2017	13.4	1.5	2.8
2018	13.2	1.5	3.1

资料来源：2005～2019 年《BP 世界能源统计年鉴》。

表 4-8 2018 年各国探明储量世界占比

单位：%

能源	中国	美国	俄罗斯	澳大利亚	印度
煤炭	13.2	23.7	15.2	14.0	9.6
石油	1.5	3.5	6.1	0.2	0.3
天然气	3.1	6.0	19.8	1.2	0.7

资料来源：《BP 世界能源统计年鉴 2019》。

第三节 市场风险测量

一 价格风险

1. 价格

以国际通行的参考报价地点的某一时段的平均价格作为该时段的国际能源价格，这一指标可以直接表征能源进口成本的高低。对于能源进口国而言，价格越高，成本越高，风险越大；反之，则风险越小。

根据历年《BP 世界能源统计年鉴》的数据统计，得到 2000～2018 年中国主要能源价格如表 4-9 所示，主要能源价格的波动幅度都比较大，面对波动如此剧烈的能源价格，尤其是能源价格大幅度上涨，对于中国这样的能源进口大国来说无疑会使风险增大，特别对于石油产业来说，其对外依存度在 60% 以上。在石油对外依存度如此高的情况下，当国际石油价格大幅度上涨的时候，中国石油产业的市场风险凸显，从而引起整个石油产业链的上下游产业风险都随之增大。

表4-9 2000~2018年中国主要能源价格

年份	煤炭（美元/吨）	石油（美元/桶）	天然气（美元/百万英热单位）
2000	27.52	28.50	4.72
2001	31.78	24.44	4.64
2002	33.19	25.02	4.27
2003	31.74	28.83	4.77
2004	42.76	38.27	5.18
2005	51.34	54.52	6.05
2006	53.53	65.14	7.14
2007	61.23	72.39	7.73
2008	104.97	97.26	12.55
2009	87.86	61.67	9.06
2010	110.08	79.50	10.91
2011	127.27	111.26	14.73
2012	111.89	111.67	16.75
2013	95.42	108.66	16.17
2014	84.12	98.95	16.33
2015	67.53	52.39	10.31
2016	71.35	43.73	6.94
2017	94.72	54.19	8.10
2018	99.45	71.13	10.05

资料来源：历年《BP世界能源统计年鉴》。

2. 价格波动率

价格波动率是体现能源价格波动的指标，该指标反映了在观察期内能源价格的波动水平。本书以当年的能源价格来计算，选择在一年中某能源的最高价、最低价及平均价作为统计指标，计算公式为：

能源价格波动率 =（某一期间某能源的最高价 - 同期同种能源的最低价）/同期同种能源的平均价

由表4-10计算可得，2000~2019年，煤炭的平均价格波动率为

18.70%，石油和天然气的平均价格波动率分别为 29.23% 和 27.07%，都大于 15%，说明存在一定的市场风险。对于市场风险而言，煤炭产业的市场风险 < 天然气产业的市场风险 < 石油产业的市场风险。

表 4 - 10   2000 ~ 2019 年中国主要能源价格波动率

年份	煤炭	石油	天然气
2000	0.0335	0.3695	0.3347
2001	0.0890	0.1661	0.0172
2002	0.0287	0.0232	0.0867
2003	0.0622	0.1322	0.1048
2004	0.3233	0.2467	0.0792
2005	0.1839	0.2981	0.1438
2006	0.0021	0.1630	0.1527
2007	0.0976	0.1002	0.0763
2008	0.4312	0.2557	0.3841
2009	0.1153	0.5771	0.3852
2010	0.0468	0.2243	0.1696
2011	0.2277	0.2855	0.2593
2012	0.0195	0.0037	0.1206
2013	0.2020	0.0277	0.0359
2014	0.1384	0.0981	0.0098
2015	0.2288	0.8887	0.5839
2016	0.8032	0.7317	0.8500
2017	0.3332	0.3708	0.3898
2018	0.2122	0.5333	0.6434
2019	0.1622	0.3495	0.5878

资料来源：Wind 数据库。

二　贸易风险

1. 进口集中度

进口集中度主要反映能源进口来源地的集中程度，用来分析能源进口来源多元化的问题。通常用本国进口某能源最多的前 3 位或前 5 位国家的能源进口之和与该能源进口总量的比值来表示。进口集中度越高，风险越高；进口集中度越低，风险越低。

进口集中度的计算公式为：能源进口集中度 = 本国进口能源最多的前 3 位或前 5 位国家的能源净进口量之和/本国该能源净进口总量，笔者用前 5 位国家的净进口量来计算，结果如表 4 - 11 所示。

表 4 - 11　2004 ~ 2018 年中国石油和天然气的进口集中度

年份	石油	天然气
2004	0.9733	—
2005	0.9614	—
2006	0.8902	1.0000
2007	0.9327	0.8734
2008	0.8788	0.9977
2009	0.9092	0.9371
2010	0.8431	0.8873
2011	0.8659	1.0000
2012	0.8864	0.9396
2013	0.8950	0.8740
2014	0.9091	0.8134
2015	0.9368	0.8311
2016	0.7381	0.8271
2017	0.7297	0.6000
2018	0.7051	0.7636

资料来源：笔者根据历年《BP 世界能源统计年鉴》计算得到。

由于煤炭的净进口量比石油和天然气少，并且是从 2009 年开始煤炭的对外依存度才为正值，2009 年之前煤炭的净进口量为负值，因此本书仅对石油和天然气的进口集中度和进口份额进行分析。

由表 4 - 11 可知，中国石油和天然气的进口集中度都较高，石油的平均进口集中度为 87.03%，天然气的平均进口集中度为 87.26%，两者的平均进口集中度都在 80% 以上，进口集中度越高风险越高，说明两个产业的市场风险都很大，然而，最近 3 年，石油和天然气的进口集中度呈下降的趋势。

2. 进口份额

能源进口份额是某能源进口量在国际上同种能源贸易量中所占的份额，若是某能源进口份额较大，说明该能源的风险较大，国际市场上的任何一次小的波动都会对其产生不小的影响。其计算公式是：能源进口份额 = 能源进口量/国际市场上同种能源贸易量。

由表4-12可知，中国石油和天然气的进口份额呈递增趋势，进口份额越大，说明该能源风险越大。目前，石油进口份额风险要大于天然气进口份额风险。

表4-12 2004～2018年中国石油和天然气进口份额

年份	石油	天然气
2004	0.0684	—
2005	0.0657	—
2006	0.0725	0.0047
2007	0.0737	0.0050
2008	0.0795	0.0060
2009	0.0939	0.0119
2010	0.1063	0.0222
2011	0.1123	0.0384
2012	0.1177	0.0520
2013	0.1187	0.0655
2014	0.1247	0.0747
2015	0.1333	0.0759
2016	0.1323	0.0877
2017	0.1471	0.1026
2018	0.1547	0.1286

资料来源：笔者根据历年《BP世界能源统计年鉴》计算得到。

三 基于泡沫模型的价格风险测量实证分析

价格指标敏感性特别强，不仅影响能源产业的短期供求状况，也是能源产业风险中最敏锐的指标。因此，需要对价格风险进行深入的分析，由于年度数据反映长期供求关系，而月度数据对于研究中短期供求关系更具有现实意义。

本节的煤炭价格选取澳大利亚 BJ 煤炭指数，原油价格选取纽约商业交易所（New York Mercantile Exchange）美原油（CONC）连续合约的原油期货价格，天然气价格选取纽约商业交易所天然气连续合约的天然气期货价格。在全球能源期货市场中，澳大利亚 BJ 煤炭指数具有代表性；纽约商业交易所的"西得克萨斯中质油"期货合约处于主导地位；纽约商业交易所的天然气期货自推出以来受到全球各国的重视，其对全球天然气价格具有一定程度的影响。本书选取的样本区间为 2000 年 1 月至 2016 年 5 月，共包含 197 个月度价格数据，采用 GAUSS 软件对各能源数据样本进行分析。

能源价格风险是市场风险的最重要的因素，也是能源产业风险的重要影响因素之一。研究能源价格的结构性泡沫，对规避能源价格风险、调整产业结构及分析宏观经济动态，具有一定的理论和现实意义。

1. 理论模型与方法

（1）泡沫模型

泡沫模型的原理为考虑递归最小二乘估计自回归。

$$x_t = \mu + \rho x_{t-1} + \sum_{i=1}^{N} \alpha N \Delta x_{t-i} + \varepsilon_t \qquad (4-1)$$

其中，式（4-1）中的 ε_t 服从 NID（0，σ^2），NID 表示服从独立正态分布，x_t 表示能源价格，ε_t 为误差项，N 表示滞后期，μ 是常数。r_0 代表初始样本比例，根据 BIC 准则选择最优的 r_0，第一次估计有 $\omega_0 = [nr_0]$ 个观察值，在每一次的重复检验中，子样本的样本量 $\omega = [nr_w]$，其中，$r_0 \leq r_w \leq 1$。

假定 r_e 和 r_f 是泡沫生成和破灭的时间，那么通过式（4-2）、式（4-3）就可以准确估计泡沫生成和破灭的时间。

$$\hat{r}_e = \inf_{q \geq r_0} \{ q : ADF_q > cv_{\beta_n}^{adf}(q) \} \qquad (4-2)$$

$$\hat{r}_f = \inf_{q \geq \hat{r}_e} \{ q : ADF_q < cv_{\beta_n}^{adf}(q) \} \qquad (4-3)$$

其中，$cv_{\beta_n}^{adf}(q)$ 表示在显著性水平 β_n 下，ADF_q 右尾检验的临界值，置信区间为 ［1%，5%］。为了得到泡沫生成和破灭时间的估计量 $\{\hat{r}_e，\hat{r}_f\}$ 的一致性估计，显著性水平 β_n 需要渐近趋于 0，$cv_{\beta_n}^{adf}(q)$ 随着 n 逐渐发散到无限大。样本序列统计量的概率值越小，对泡沫爆破行为的实证越有说服力。

（2）SADF 检验

本书采用 Phillips 等 （2011：201 - 226）提出的 sup ADF 方法以克服资产价格周期性泡沫的问题。传统的单位根泡沫检验的原假设有固定替代假设 H_1：$\rho = 1$，而 sup ADF 检验则有备选假设 H_1：$\rho > 1$，其中，$\rho = 1 + c/k_n$，$c > 0$，$k_n \rightarrow \infty$。当单位根之前或之后出现轻微爆炸时，sup ADF 方法防范检测的敏感性强于传统的单位根检验，并且可以确定价格泡沫生成与破灭的具体时间，价格泡沫生成的时间为 t 统计量超过单位根检验临界值的时刻，而价格泡沫破灭的时间为 t 统计量再次下降到临界值以下的时刻。

W 是标准的 Wiener 过程，根据原假设，真实过程是一个不漂移的随机游走过程，sup ADF 统计量的渐进分布可以表示为式（4 - 4）。

$$\sup_{r_w \in [r_0, 1]} \left\{ \frac{r_w \left(\int_0^{r_w} W dW - \frac{1}{2} r_w \right) - \int_0^{r_w} W dr W(r_w)}{r_w^{1/2} \left\{ r_w \int_0^{r_w} W^2 dr - \left[\int_0^{r_w} W(r) dr \right]^2 \right\}^{1/2}} \right\} \tag{4 - 4}$$

（3）GSADF 检验

随后 Phillips 等 （2012：1043 - 1077）又提出了 GSADF 检验 （the Generalized sup ADF Test）。GSADF 检验与 sup ADF 检验相比扩大了样本窗口 r_w，同时，允许起始点 r_1 在 0 至 $1 - r_w$ 之间变动，整个回归从 $r_1 = 0$ 开始，到 $r_1 = 1 - r_w$ 结束。根据原假设，真实过程是一个不漂移的随机游走过程，Wiener 过程具有独立增量 $W(r_2) - W(r_1) \sim N(0, r_w)$，GSADF 统计量的渐进分布表达式为：

$$\sup_{\substack{r_w \in [r_0, 1] \\ r_2 = r_1 + r_w}} \sup_{r_1 \in [0, 1-r_w]} \left\{ \frac{r_w \left(\int_{r_1}^{r_2} W dW - \frac{1}{2} r_w \right) - \int_{r_1}^{r_2} W(r) dr [W(r_2) - W(r_1)]}{r_w^{1/2} \left[r_w \int_{r_1}^{r_2} W^2 dr - \left(\int_{r_1}^{r_2} W dr \right)^2 \right]^{1/2}} \right\}.$$

$$(4-5)$$

Phillips 等（2012：1043－1077）认为 GSADF 检验扩大了检测的子样本，因此，GSADF 检验在检验多重连续价格泡沫时比 sup ADF 检验更出色，即使是对波动温和的样本数据也依然有效。

2. 实证部分

（1）煤炭价格泡沫检验

在进行 SADF 和 GSADF 检验之前，根据 Diba 和 Grossman（1988：520－530）提出的 ADF 泡沫检验的原理，先对煤炭价格做平稳性检验。当资产价格对数的一阶差分序列 Δp_t 平稳时，就可以排除价格中存在泡沫的可能性。表 4－13 表明，煤炭价格序列的一阶差分是平稳的，在观察期内，通过传统的 ADF 检验，得出中国煤炭价格不存在泡沫。

表 4－13　煤炭价格的单位根检验

检验序列	检验形式	t 统计量	右尾概率	结论
原序列	$(c, t, 0)$	－2.1391	0.2297	非平稳
差分序列	$(c, t, 0)$	－10.6090	0.0000	平稳

注：检验形式中第一个元素 c 表示常数项，第二个元素 t 表示时间趋势，最后一个值表示 ADF 检验的滞后阶数，采用 SIC 准则确定其最优阶数。

运用 SADF 和 GSADF 方法对煤炭价格进行泡沫检验，由于统计样本为 2000 年 1 月至 2016 年 5 月的 197 个月度数据，根据 Phillips 等（2012：1043－1077）对最小有效窗口的说明，选择 $r_0 = 20/197 \approx 0.1015$。

SADF 和 GSADF 统计量及其临界值如表 4－14 所示，计算结果皆由 1000 次蒙特卡洛模拟法（Monte Carlo Simulation）得出。煤炭价格的 SADF 和 GSADF 检验的统计量分别为 5.3907 和 7.6231，两者的统计量均大于 95% 的临界值（5.3907 > 1.4667；7.6231 > 2.2050），说明在 2000 年 1 月至 2016 年 5 月煤炭价格存在泡沫。

表4-14　煤炭价格 SADF 和 GSADF 检验

检验方法	SADF	GSADF
统计量	5.3907**	7.6231**
临界水平	SADF 临界值	GSADF 临界值
90%	1.1726	1.9765
95%	1.4667	2.2050
99%	2.1332	2.7770

注：** 表示显著性水平 p < 0.05。

由图4-1可知，煤炭价格出现3个泡沫区间，即2003年11月～2004年8月、2005年10～11月、2007年10月～2008年9月。

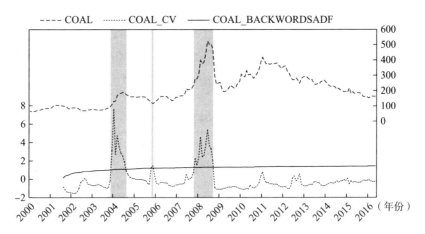

图4-1　2000年1月～2016年5月煤炭价格的泡沫区间

注：COAL 表示煤炭价格，COAL_CV 表示 SADF 统计量，COAL_BACKWORD-SADF 表示 95% 临界值。

（2）原油价格泡沫检验

在进行原油价格泡沫的 SADF 和 GSADF 检验（Chen et al.，2020：1-11）之前，先对原油价格做平稳性检验。由表4-15可知，原油价格序列的一阶差分是平稳的，在观察期内，采用传统的 ADF 检验法（张凤荣、陈明，2016：75～82），得出中国原油价格不存在泡沫。

表 4 - 15　原油价格的单位根检验

检验序列	检验形式	t 统计量	右尾概率	结论
原序列	$(c, t, 0)$	-1.8608	0.3503	非平稳
差分序列	$(c, t, 0)$	-10.3683	0.0000	平稳

注：检验形式中第一个元素 c 表示常数项，第二个元素 t 表示时间趋势，最后一个值表示 ADF 检验的滞后阶数，采用 SIC 准则确定其最优阶数。

运用 SADF 和 GSADF 方法对原油价格进行泡沫检验，依然选择 $r_0 =$ $20/197 \approx 0.1015$。表 4 - 16 列出了 SADF 和 GSADF 统计量及其临界值，结果皆由 1000 次蒙特卡洛模拟法得出。原油价格的 SADF 和 GSADF 检验的统计量分别为 3.3492 和 3.3770，两者的统计量均大于 95% 的临界值（3.3492 > 1.4667；3.3770 > 2.2050），说明在 2000 年 1 月至 2016 年 5 月原油价格存在泡沫。

表 4 - 16　原油价格 SADF 和 GSADF 检验

检验方法	SADF	GSADF
统计量	3.3492**	3.3770**
临界水平	SADF 临界值	GSADF 临界值
90%	1.1726	1.9765
95%	1.4667	2.2050
99%	2.1332	2.7770

注：** 表示显著性水平 p < 0.05。

由图 4 - 2 可知，原油价格出现 4 个泡沫区间，即 2005 年 7 ~ 8 月、2008 年 3 ~ 7 月、2011 年 4 月、2014 年 10 月 ~ 2015 年 1 月。

（3）天然气价格泡沫检验

在进行 SADF 和 GSADF 检验之前，根据 ADF 泡沫检验的原理，先对天然气价格做平稳性检验。由表 4 - 17 可知，天然气价格的原序列在 5% 的显著性水平下平稳，且其一阶差分也是平稳的，在观察期内，采用传统的 ADF 检验法，得出中国天然气价格不存在泡沫。

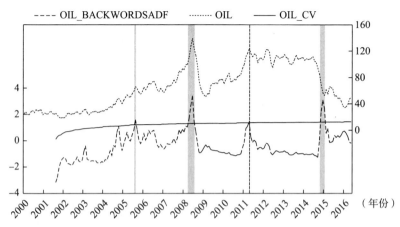

图 4 - 2　2000 年 1 月 ~ 2016 年 5 月原油价格的泡沫区间

注：OIL 表示原油价格，OIL_CV 表示 SADF 统计量，OIL_BACKWORDSADF 表示 95% 临界值。

表 4 - 17　天然气价格的单位根检验

检验序列	检验形式	t 统计量	右尾概率	结论
原序列	$(c, t, 0)$	- 2.9562	0.0410 **	平稳
差分序列	$(c, t, 0)$	- 14.1649	0.0000 ***	平稳

注：检验形式中第一个元素 c 表示常数项，第二个元素 t 表示时间趋势，最后一个值表示 ADF 检验的滞后阶数，采用 SIC 准则确定其最优阶数。** 表示显著性水平为 5%，*** 表示显著性水平为 1%。

再运用 SADF 和 GSADF 方法对天然气价格进行泡沫检验，选择 $r_0 = 20/197 \approx 0.1015$。表 4 - 18 列出了 SADF 和 GSADF 统计量及其临界值，结果皆由 1000 次蒙特卡洛模拟法得出。天然气价格的 SADF 和 GSADF 检验的统计量分别为 - 0.6316 和 1.8704，结果均小于 95% 的临界值（- 0.6316 < 1.4667；1.8704 < 2.2050），说明在 2000 年 1 月至 2016 年 5 月天然气价格不存在泡沫。

表 4 - 18　天然气价格 SADF 和 GSADF 检验

检验方法	SADF	GSADF
统计量	- 0.6316	1.8704
临界水平	SADF 临界值	GSADF 临界值
90%	1.1726	1.9765

续表

检验方法	SADF	GSADF
95%	1.4667	2.2050
99%	2.1332	2.7770

研究发现，运用 SADF 和 GSADF 方法的泡沫检验结果从理论上看，在样本区间内天然气价格不存在泡沫，仅仅是在 2003 年 1 ～ 2 月出现了短暂的类似泡沫的波动区间（见图 4 - 3）。

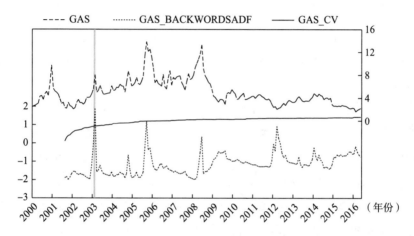

图 4 - 3　2000 年 1 月 ～ 2016 年 5 月天然气价格的泡沫区间

注：GAS 表示天然气价格，GAS_CV 表示 SADF 统计量，GAS_BACKWORDSADF 表示 95% 临界值。

至此，通过 SADF 和 GSADF 方法检验出了标准 ADF 无法发现的泡沫现象，由此证明了 SADF 和 GSADF 在检验周期性爆炸泡沫上有更高的检验势。由于 GSADF 检验在发现连续泡沫时比 SADF 检验更敏感（Phillips et al.，2012：1043 - 1077），而样本数据已经通过了 GSADF 检验，因此在确定泡沫区间的时候，可以将 GSADF 检验的统计量序列与 95% 的临界值序列相对比，得出实时的价格泡沫产生和破灭时点的一致性估计。

3. 实证结果分析

研究发现，煤炭价格在 2000 年 1 月至 2016 年 5 月的样本区间内出现了 3 次价格泡沫，分别是 2003 年 11 月 ~ 2004 年 8 月、2005 年 10 ~ 11 月、2007 年 10 月 ~ 2008 年 9 月；原油价格出现 4 个泡沫区间，分别是 2005 年 7 ~ 8 月、2008 年 3 ~ 7 月、2011 年 4 月、2014 年 10 月 ~ 2015 年 1 月；天然气价格在样本区间内理论上不存在价格泡沫，只是出现了类似价格泡沫的短暂区间，即 2003 年 1 ~ 2 月。

煤炭的价格泡沫和原油价格泡沫存在共同的区间，即 2008 年 3 ~ 7 月，也就是 2008 年的国际金融危机期间，这段时间内煤炭价格和原油价格都大幅度上涨，而此时对于天然气价格来说，虽然其价格也受到全球性金融资产泡沫的影响，价格上涨，但并没有产生价格泡沫。煤炭价格泡沫持续的时间要比原油价格泡沫持续的时间更持久，而原油价格比煤炭价格产生泡沫的频率高。

煤炭价格泡沫产生的原因主要包括：美元贬值、美联储利率政策和汇率变动，石油供需不平衡，ETF 持仓行为。在能源市场中，投机基金始终起到引领行情的作用，煤炭 ETF 大规模持仓或是抛仓行为，引起了煤炭价格的剧烈波动。

原油价格泡沫产生的原因如下。一是，美元贬值、美联储利率政策和汇率变动。二是，地缘政治因素。产油国的政治动向对石油市场影响巨大。伊朗及伊拉克等部分产油国地缘政治引起的紧张态势，以及由此带来的战争恐慌和物价变动造成了石油及其他资源类商品价格的剧烈波动和价格泡沫的产生。三是，ETF 持仓行为。在能源市场中，投机基金始终起到引领行情的作用，原油 ETF 大规模持仓或是抛仓行为，进一步推动了原油价格的剧烈波动和价格泡沫的产生。四是，石油供需不平衡。五是，资本市场结构性的变化。

第四节　技术风险测量

一　基于超效率 DEA 模型的能源效率实证分析

能源效率是指单位能源所带来的经济效益，反映了能源的利用效率。能源效率越高则能源产业风险越小，能源效率越低则能源产业风险越大。

1. 超效率 DEA 模型

在 DEA 分析结果中，通常会出现多个决策单元（DMU）有效，当其效率值都为 1 时无法进一步比较，超效率模型可以解决这一问题。采用超效率模型的有效 DMU 的效率值可能会大于 1，而且值越大越有效。本节采用超效率规模收益不变的产出导向模型，即 Super-CCR-O 模型作为分析模型。模型的最优解为 φ^*，由于 $\varphi^* \geqslant 1$，一般采用 $1/\varphi^*$ 表示效率值，这里用 θ^* 来表示，λ 表示 DMU 的线性组合系数，由此求得最优解为 λ^*、s^{*-}、s^{*+}、θ^*。

加入松弛变量和剩余变量后，超效率 DEA 模型如下：

$$
\begin{cases}
\max \varphi \\
\text{s. t.} \sum\limits_{\substack{j=1 \\ j \neq k}}^{n} \lambda_j x_{ij} + s^- = x_{ik} \\
\sum\limits_{\substack{j=1 \\ j \neq k}}^{n} \lambda_j x_{ij} - s^+ = \varphi yrk \\
\sum\limits_{\substack{j=1 \\ j \neq k}}^{n} \lambda_j = 1 \\
\lambda \geqslant 0 \\
i = 1,2,\cdots,m; r = 1,2,\cdots,q \\
j = 1,2,\cdots,n(j \neq k) \\
s^+ \geqslant 0, s^- \geqslant 0
\end{cases}
\tag{4-6}
$$

2. 能源产业的相对效率判定准则

根据超效率 DEA 模型求出能源产业的相对效率 θ，以及对应的剩余变量 s^- 和松弛变量 s^+，进而求出总投入冗余率 α_j 与总产出不足率 β_j：

$$
\alpha_j = \frac{x_j - \hat{x}_j}{x_j} = \frac{x_j - (\theta x_j - s^-)}{x_j} = (1 - \theta) + \frac{s^-}{x_j}
\tag{4-7}
$$

$$
\beta_j = \frac{y_j - \hat{y}_j}{\hat{y}_j} = \frac{y_j + s^+ - y_j}{y_j} = \frac{s^+}{y_j}
\tag{4-8}
$$

第 j 时期的总投入冗余率 $\hat{\alpha}_j = \sum_{i=1}^{m} \alpha_{ij}$ ，总产出不足率 $\hat{\beta}_j = \sum_{i=1}^{s} \beta_{ij}$ 。能源产业相对效率的判定准则如下。

（1）处于"提高"状态的判定

当 $\theta \geq 1$ ，且 $\hat{\alpha}_j - \hat{\beta}_j \neq 0$ 时，表明第 j 时期该能源产业的能源效率是 DEA 有效的，能源效率良好，但各要素的能源效率尚未达到最优，有待进一步优化，说明该能源产业的经营环境正处于提高阶段。

（2）处于"最佳"状态的判定

当 $\theta \geq 1$ ，且 $\hat{\alpha}_j - \hat{\beta}_j = 0$ 时，表明第 j 时期该能源产业的能源效率是 DEA 有效的，且该时期的能源产业发展与其资源配置相对最优，说明该时期能源产业效率处于相对最优状态、处于最佳竞争力状态。

（3）处于"过度"状态的判定

当 $\theta < 1$ ，且 $\hat{\alpha}_j > \hat{\beta}_j$ 时，表明第 j 时期该能源产业的能源效率是非 DEA 有效的，且由于投入过剩，该能源产业的能源效率受到影响。此时各要素之间配合并不协调，应发展集约型产业提高其能源效率。

（4）处于"不足"状态的判定

当 $\theta < 1$ ，且 $\hat{\alpha}_j < \hat{\beta}_j$ 时，表明第 j 时期该能源产业的能源效率是非 DEA 有效的，且由于投入不足，能源效率总体低下。

3. 实证分析

本节的研究以 2000～2014 年中国能源产业的各主要子产业为研究对象，以《中国工业统计年鉴》、《中国统计年鉴》、《中国能源统计年鉴》、Wind 数据库的统计数据作为分析样本。在参考已有研究的基础上，将资产负债率、固定资产投资总额、主营业务成本、流动资产周转次数作为投入指标，将利润总额、主营业务收入、总资产贡献率、工业成本费用利润率作为产出指标。

取得原始数据后，需要进行标准化处理。

正向标准化处理的公式为：$b_{ij} = \dfrac{a_{ij} - a_{\min}}{a_{\max} - a_{\min}}$

反向标准化处理的公式为：$b_{ij} = \dfrac{a_{max} - a_{ij}}{a_{max} - a_{min}}$

其中，a_{ij} 是每个指标的原始值，b_{ij} 是标准化后的指标值。对资产负债率和主营业务成本采用反向标准化处理的方法进行标准化处理，而对固定资产投资总额、流动资产周转次数、利润总额、主营业务收入、总资产贡献率、工业成本费用利润率进行正向标准化处理。

（1）煤炭开采和洗选业

①基于 Super-DEA 模型的煤炭开采和洗选业能源效率分析

在 DEA 分析的基础上采用超效率模型，当 DEA 效率都为 1 时，可以进一步对煤炭开采和洗选业各年度的能源效率进行比较分析。

根据超效率 DEA 分析结果（见表 4-19），能源效率最高的年份为 2008 年（1.3584），其余能源效率超过 1 的年份包括 2004 年（1.3447）、2010 年（1.2563）、2011 年（1.2555）、2002 年（1.2274）、2005 年（1.0794），能源效率最低的年份是 2006 年（0.8053）。

表 4-19　2000~2014 年煤炭开采和洗选业的能源效率

年份	θ	$s^-(1)$	$s^-(2)$	$s^-(3)$	$s^-(4)$	$s^+(1)$	$s^+(2)$	$s^+(3)$	$s^+(4)$
2000	1.0000	0.0000	0.0000	0.0000	0.0000	0.0000	0.0000	0.0000	0.0000
2001	1.0000	0.0000	0.0000	0.0000	0.0000	0.0000	0.0000	0.0000	0.0000
2002	1.2274	0.0644	0.5911	0.0000	0.0000	0.0076	0.0042	0.0106	0.0000
2003	0.9982	0.0000	0.1602	0.0000	0.0169	0.0283	0.0201	0.0340	0.0000
2004	1.3447	0.0742	0.0000	0.0000	0.0000	0.0251	0.0208	0.0000	0.0422
2005	1.0794	0.1686	0.0000	0.0000	0.0774	0.1556	0.0986	0.0000	0.0290
2006	0.8053	0.0000	0.0000	0.0000	0.0736	0.1293	0.0442	0.0000	0.0085
2007	0.9618	0.0295	0.0000	0.0000	0.0457	0.0587	0.0341	0.0311	0.0000
2008	1.3584	0.3210	0.0434	0.0000	0.0000	0.0573	0.0907	0.0216	0.0000
2009	0.9320	0.0000	0.0759	0.0000	0.0446	0.1036	0.0277	0.0148	0.0000
2010	1.2563	0.0000	0.2327	0.0379	0.0000	0.0000	0.1173	0.0010	0.0000
2011	1.2555	0.0696	0.2343	0.0000	0.8094	0.0000	0.1133	0.0382	0.0834
2012	1.0000	1.02E-05	0.0000	1.17E-05	0.0000	0.0000	0.0000	0.0000	0.0000
2013	1.0000	0.0000	0.0000	0.0000	0.0000	0.0000	0.0000	0.0000	0.0000
2014	1.0000	0.0000	0.0000	0.0000	0.0000	0.0000	0.0000	0.0000	0.0000

根据数据包络分析的要求，在标准模型 CCR-O 条件下，当 $\theta^* = 1$，且 s^{*-}、s^{*+} 同时为 0 时，被评价单元的 DEA 有效；当 $\theta^* < 1$ 时，被评价单元的 DEA 无效；当 $\theta^* = 1$，但 s^{*-}、s^{*+} 不同时为 0 时，被评价单元的 DEA 弱有效。在超效率模型 Super-CCR-O 条件下，当 $\theta^* \geq 1$，且 s^{*-}、s^{*+} 同时为 0 时，被评价单元的 DEA 有效；当 $\theta^* \geq 1$，但 s^{*-}、s^{*+} 不同时为 0 时，被评价单元的 DEA 弱有效。

由煤炭开采和洗选业分析结果可知，2000 年、2001 年、2013 年和 2014 年，煤炭开采和洗选业的能源效率 $\theta^* = 1$，且 s^{*-}、s^{*+} 同时为 0，为 DEA 有效；2002 年、2004 年、2005 年、2008 年、2010 年、2011 年和 2012 年，煤炭开采和洗选业的能源效率 $\theta^* \geq 1$，但 s^{*-}、s^{*+} 不同时为 0，为 DEA 弱有效；2003 年、2006 年、2007 年和 2009 年，煤炭开采和洗选业的能源效率 $\theta^* < 1$，为 DEA 无效。

②相对效率判定分析

在掌握产业总体情况的基础上，需要了解煤炭开采和洗选业各年度能源效率所处的阶段，以期达到煤炭开采和洗选业能源效率长期均衡的目标。相对能源效率是假定长期均衡的前提下，对现阶段能源效率情况的判定。对煤炭开采和洗选业各年度能源效率进行判定分析，其结果如表 4 - 20 所示。

表 4 - 20　2000 ~ 2014 年煤炭开采和洗选业能源效率判定

年份	θ	$\hat{\alpha}$	$\hat{\beta}$	$\hat{\alpha} - \hat{\beta}$	判定
2000	1.0000	0.0000	0.0000	0.0000	最佳
2001	1.0000	0.0000	0.0000	0.0000	最佳
2002	1.2274	0.0210	- 0.0021	0.0231	提高
2003	0.9982	0.1847	0.3677	- 0.1830	不足
2004	1.3447	- 1.2356	- 2.2697	1.0341	提高
2005	1.0794	0.0029	- 0.1470	0.1499	提高
2006	0.8053	0.8675	1.5404	- 0.6729	不足
2007	0.9618	0.2475	0.4211	- 0.1736	不足
2008	1.3584	- 1.0502	- 2.0631	1.0129	提高
2009	0.9320	0.4526	0.8372	- 0.3846	不足

年份	θ	$\hat{\alpha}$	$\hat{\beta}$	$\hat{\alpha} - \hat{\beta}$	判定
2010	1.2563	-0.6791	-1.1019	0.4228	提高
2011	1.2555	0.2356	0.6422	-0.4066	提高
2012	1.0000	2.48E-05	0.0000	2.48E-05	提高
2013	1.0000	0.0000	0.0000	0.0000	最佳
2014	1.0000	0.0000	0.0000	0.0000	最佳

由表 4-20 可知，在 2000 年、2001 年、2013 年和 2014 年，煤炭开采和洗选业的能源效率处于"最佳"状态，当 $\theta \geq 1$，而 $\hat{\alpha}_j - \hat{\beta}_j = 0$ 时，表明在这 4 年中煤炭开采和洗选业的能源效率是 DEA 有效的，且煤炭开采和洗选业发展与其资源配置相对最优，处于最佳竞争力状态。2002 年、2004 年、2005 年、2008 年、2010 年、2011 年和 2012 年，煤炭开采和洗选业的能源效率处于"提高"状态，当 $\theta \geq 1$，而 $\hat{\alpha}_j - \hat{\beta}_j \neq 0$ 时，表明这 7 年煤炭开采和洗选业的能源效率是 DEA 有效的，能源效率良好，但各要素的能源效率尚未达到最优，有待进一步优化，说明这 7 年煤炭开采和洗选业的经营环境正处于改善阶段。2003 年、2006 年、2007 年和 2009 年，煤炭开采和洗选业的能源效率处于"不足"状态，当 $\theta < 1$ 且 $\hat{\alpha}_j < \hat{\beta}_j$ 时，表明这 4 年煤炭开采和洗选业的能源效率是非 DEA 有效的，且由于某些领域的投入不足，总体效率较低。

（2）石油和天然气开采业

①基于 Super-DEA 模型的石油和天然气开采业能源效率分析

在 DEA 分析的基础上采用超效率模型，当 DEA 效率都为 1 时，可以进一步对石油和天然气开采业各年度的能源效率进行比较分析。

根据超效率 DEA 分析结果（见表 4-21），能源效率最高的年份为 2001 年（1.3134），能源效率为 1 的年份包括 2000 年、2002 年、2005 年、2006 年、2007 年、2008 年、2009 年、2010 年和 2011 年，能源效率最低的年份是 2003 年（0.7747）。

表 4 - 21　2000 ~ 2014 年石油和天然气开采业的能源效率

年份	θ	s^- (1)	s^- (2)	s^- (3)	s^- (4)	s^+ (1)	s^+ (2)	s^+ (3)	s^+ (4)
2000	1.0000	1.16E - 05	0.0000	0.0000	1.69E - 05	1.58E - 06	4.53E - 06	0.0000	0.0000
2001	1.3134	0.0000	0.0000	0.0428	0.0694	0.0311	0.0545	0.0000	0.0124
2002	1.0000	0.0000	0.0000	0.0000	0.0000	0.0000	0.0000	0.0000	0.0000
2003	0.7747	0.0000	0.0000	0.0000	0.0107	0.0655	0.0131	0.0043	0.0000
2004	0.9043	0.0000	0.1537	0.0000	0.0830	0.2238	0.1179	0.0000	0.0089
2005	1.0000	0.0001	0.0001	0.0000	0.0000	9.62E - 06	1.34E - 05	0.0000	0.0000
2006	1.0000	3.16E - 05	0.0000	0.0000	0.0000	0.0000	0.0000	0.0000	0.0000
2007	1.0000	0.0000	0.0000	0.0000	0.0000	2.83E - 05	2.98E - 05	0.0000	1.43E - 05
2008	1.0000	2.27E - 05	1.05E - 05	0.0000	0.0000	0.0000	0.0000	0.0000	0.0000
2009	1.0000	0.0000	0.0000	4.39E - 06	0.0000	0.0000	0.0000	0.0000	0.0000
2010	1.0000	0.0000	0.0015	0.0000	0.0000	0.0006	0.0000	0.0003	0.0004
2011	1.0000	0.0000	0.0000	0.0000	0.0000	0.0000	0.0000	0.0000	0.0000
2012	0.9739	0.5180	0.0000	0.0786	0.1195	0.0186	0.0200	0.0459	0.0000
2013	0.8837	0.6744	0.2174	0.1858	0.0909	0.0760	0.0000	0.0111	0.0095
2014	0.8577	0.8663	0.1479	0.1858	0.0823	0.2223	0.0000	0.1331	0.1867

由石油和天然气开采业分析结果可知，在 2002 年和 2011 年，石油和天然气开采业的能源效率 $\theta^* = 1$，且 s^{*-}、s^{*+} 同时为 0，为 DEA 有效；2000 年、2001 年、2005 年、2006 年、2007 年、2008 年、2009 年和 2010 年，石油和天然气开采业的能源效率 $\theta^* \geq 1$，但 s^{*-}、s^{*+} 不同时为 0，为 DEA 弱有效；2003 年、2004 年、2012 年、2013 年和 2014 年，石油和天然气开采业的能源效率 $\theta^* < 1$，为 DEA 无效。

②相对效率判定分析

在掌握产业总体情况的基础上，需要了解石油和天然气开采业各年度能源效率所处的阶段，以期达到石油和天然气开采业能源效率长期均衡的目标。相对能源效率是假定长期均衡的前提下，对现阶段能源效率情况的判定。对石油和天然气开采业各年度能源效率进行判定分析，结果如表 4 - 22 所示。

表 4 - 22　2000 ~ 2014 年石油和天然气开采业能源效率判定

年份	θ	$\hat{\alpha}$	$\dot{\beta}$	$\dot{\alpha} - \dot{\beta}$	判定
2000	1.0000	0.0001	0.0002	- 0.0001	提高
2001	1.3134	- 0.6839	33.6815	- 34.3654	提高
2002	1.0000	0.0000	0.0000	0.0000	最佳
2003	0.7747	0.9127	0.9767	- 0.0640	不足
2004	0.9043	0.6372	1.6551	- 1.0179	不足
2005	1.0000	0.0002	0.0001	0.0001	提高
2006	1.0000	3.6921E - 05	0.0000	3.6921E - 05	提高
2007	1.0000	0.0000	0.0001	- 0.0001	提高
2008	1.0000	3.8654E - 05	0.0000	3.8654E - 05	提高
2009	1.0000	1.0000E - 05	0.0000	1.0000E - 05	提高
2010	1.0000	0.0043	0.0045	- 0.0002	提高
2011	1.0000	0.0000	0.0000	0.0000	最佳
2012	0.9739	1.4711	0.1431	1.3280	过度
2013	0.8837	3.5088	0.1628	3.3460	过度
2014	0.8577	3.6434	2.1736	1.4698	过度

由表 4 - 22 可知，在 2002 年和 2011 年，石油和天然气开采业的能源效率处于"最佳"状态，当 $\theta \geqslant 1$，而 $\hat{\alpha}_j - \dot{\beta}_j = 0$ 时，表明在这两年中石油和天然气开采业的能源效率是 DEA 有效的，且石油和天然气开采业发展与其资源配置相对最优，处于最佳竞争力状态。2000 年、2001 年、2005 年、2006 年、2007 年、2008 年、2009 年和 2010 年，石油和天然气开采业的能源效率处于"提高"状态，当 $\theta \geqslant 1$，而 $\hat{\alpha}_j - \dot{\beta}_j \neq 0$ 时，表明这 8 年其能源效率是 DEA 有效的，能源效率良好，但各要素的能源效率尚未达到最优，有待进一步优化，石油和天然气开采业的经营环境正处于改善阶段。在 2003 年和 2004 年，石油和天然气开采业的能源效率处于"不足"状态，当 $\theta < 1$ 且 $\hat{\alpha}_j < \dot{\beta}_j$ 时，表明这 2 年石油和天然气开采业的能源效率是非 DEA 有效的，且由于某些领域的投入不足，总体效率较低。在 2012 年、2013 年和 2014 年，石油和天然气开采业的能源效率处于"过度"状态，当 $\theta < 1$，且 $\hat{\alpha}_j > \dot{\beta}_j$ 时，表明这 3 年

石油和天然气开采业的能源效率是非 DEA 有效的，且由于投入过剩，该能源产业的能源效率受到影响，此时，各要素之间配合并不协调，应发展集约型产业提高其能源效率。

（3）石油加工、煤炭及其他燃料加工业

①基于 Super-DEA 模型的石油加工、煤炭及其他燃料加工业能源效率分析

在 DEA 分析的基础上采用超效率模型，当 DEA 效率都为 1 时，可以进一步对石油加工、煤炭及其他燃料加工业各年度的能源效率进行比较分析。

根据超效率 DEA 分析结果（见表 4-23），能源效率最高的年份为 2010 年（1.3236），其余能源效率超过 1 的年份包括 2004 年（1.1002）和 2009 年（1.2301），能源效率最低的年份是 2006 年（0.5061）。

表 4-23　2000~2014 年石油加工、煤炭及其他燃料加工业的能源效率

年份	θ	s^- (1)	s^- (2)	s^- (3)	s^- (4)	s^+ (1)	s^+ (2)	s^+ (3)	s^+ (4)
2000	1.0000	0.0000	0.0000	0.0000	1.00E-05	0.0000	1.13E-07	0.0000	0.0000
2001	1.0000	0.0000	0.0000	0.0000	0.0000	0.0000	0.0000	0.0000	0.0000
2002	1.0000	0.0000	9.21E-06	0.0000	9.99E-06	0.0000	2.25E-07	0.0000	0.0000
2003	1.0000	0.0000	0.0000	0.0000	0.0000	0.0000	0.0000	0.0000	0.0000
2004	1.1002	0.2917	0.0000	0.0000	0.0000	0.0726	0.0526	0.0268	0.0000
2005	0.5761	0.2336	0.0000	0.0000	0.0880	0.0000	0.0000	0.2861	0.1487
2006	0.5061	0.3005	0.1428	0.0000	0.2238	0.0000	0.0000	0.3732	0.1885
2007	0.6043	0.3754	0.3061	0.0000	0.1710	0.0489	0.0000	0.3808	0.0000
2008	0.4946	0.3893	0.2918	0.1100	0.4345	0.4861	0.0000	0.6134	0.4737
2009	1.2301	0.0179	0.0000	0.0000	0.3395	0.1450	0.4025	0.0928	0.0000
2010	1.3236	0.1263	0.1709	0.0000	0.0000	0.0000	0.1478	0.1087	0.0882
2011	0.9820	0.1991	0.0849	0.0000	0.0058	0.0761	0.0000	0.0000	0.0728
2012	1.0000	0.0000	3.41E-06	0.0000	0.0000	0.0000	1.17E-05	0.0000	0.0000
2013	1.0000	0.0000	1.04E-06	1.60E-05	0.0000	0.0000	0.0000	0.0000	0.0000
2014	1.0000	0.0000	0.0000	0.0000	0.0000	0.0000	0.0000	0.0000	0.0000

由石油加工、煤炭及其他燃料加工业的分析结果可知，2001 年、2003 年和 2014 年，石油加工、煤炭及其他燃料加工业的能源效率 $\theta^* = 1$，且 s^{*-}、s^{*+} 同时为 0，为 DEA 有效；2000 年、2002 年、2004 年、2009 年、2010 年、2012 年和 2013 年，石油加工、煤炭及其他燃料加工业的能源效率 $\theta^* \geqslant 1$，但 s^{*-}、s^{*+} 不同时为 0，为 DEA 弱有效；2005 年、2006 年、2007 年、2008 年和 2011 年，石油加工、煤炭及其他燃料加工业的能源效率 $\theta^* < 1$，为 DEA 无效。

②相对效率判定分析

在掌握产业总体情况的基础上，需要了解石油加工、煤炭及其他燃料加工业各年度能源效率所处的阶段，以期达到石油加工、煤炭及其他燃料加工业能源效率长期均衡的目标。相对能源效率是假定长期均衡的前提下，对现阶段能源效率情况的判定。对石油加工、煤炭及其他燃料加工业各年度能源效率进行判定分析，得出如下结论。

由表 4－24 可知，在 2001 年、2003 年和 2014 年，石油加工、煤炭及其他燃料加工业的能源效率处于"最佳"状态，当 $\theta \geqslant 1$，而 $\dot{\alpha}_j - \dot{\beta}_j = 0$ 时，表明在这 3 年中石油加工、煤炭及其他燃料加工业的能源效率是 DEA 有效的，且石油加工、煤炭及其他燃料加工业发展与其资源配置相对最优，处于最佳竞争力状态。2000 年、2002 年、2004 年、2009 年、2010 年、2012 年和 2013 年，石油加工、煤炭及其他燃料加工业的能源效率处于"提高"状态，当 $\theta \geqslant 1$，而 $\dot{\alpha}_j - \dot{\beta}_j \neq 0$ 时，表明这 7 年石油加工、煤炭及其他燃料加工业的能源效率是 DEA 有效的，能源效率良好，但各要素的能源效率尚未达到最优，有待进一步优化，说明这 7 年石油加工、煤炭及其他燃料加工业的经营环境正处于改善阶段。2006 年，石油加工、煤炭及其他燃料加工业的能源效率处于"不足"状态，当 $\theta < 1$ 且 $\dot{\alpha}_j < \dot{\beta}_j$ 时，表明 2006 年石油加工、煤炭及其他燃料加工业的能源效率是非 DEA 有效的，且由于某些领域的投入不足，总体效率较低。在 2005 年、2007 年、2008 年和 2011 年，石油加工、煤炭及其他燃料加工业的能源效率处于"过度"状态，当 $\theta < 1$，且

$\dot{\alpha}_j > \dot{\beta}_j$ 时，表明这4年石油加工、煤炭及其他燃料加工业的能源效率是非 DEA 有效的，且由于投入过剩，该能源产业的能源效率受到影响，此时，各要素之间配合并不协调，应发展集约型产业提高其能源效率。

表 4 - 24　2000 ~ 2014 年石油加工、煤炭及其他燃料加工业的能源效率判定

年份	θ	$\dot{\alpha}$	$\dot{\beta}$	$\dot{\alpha} - \dot{\beta}$	判定
2000	1.0000	1.00E - 05	0.0000	1.00E - 05	提高
2001	1.0000	0.0000	0.0000	0.0000	最佳
2002	1.0000	2.40E - 05	2.55E - 05	- 1.49E - 06	提高
2003	1.0000	0.0000	0.0000	0.0000	最佳
2004	1.1002	- 0.1090	0.6085	- 0.7175	提高
2005	0.5761	2.0732	1.8256	0.2476	过度
2006	0.5061	2.8809	3.6850	- 0.8040	不足
2007	0.6043	2.7171	1.1316	1.5856	过度
2008	0.4946	4.6235	0.0000	4.6235	过度
2009	1.2301	- 0.3207	1.1428	- 1.4635	提高
2010	1.3236	- 0.6102	0.4189	- 1.0290	提高
2011	0.9820	0.8613	0.2441	0.6172	过度
2012	1.0000	4.03E - 05	1.23E - 05	2.80E - 05	提高
2013	1.0000	3.32E - 05	0.0000	3.32E - 05	提高
2014	1.0000	0.0000	0.0000	0.0000	最佳

（4）电力、热力生产和供应业

①基于 Super-DEA 模型的电力、热力生产和供应业能源效率分析

在 DEA 分析的基础上采用超效率模型，当 DEA 效率都为1时，可以进一步对电力、热力生产和供应业各年度的能源效率进行比较分析。

根据超效率 DEA 分析结果（见表 4 - 25），能源效率最高的年份为2008 年（1.6673），其余能源效率超过 1 的年份包括 2001 年（1.2193）、2007 年（1.1319）、2011 年（1.3515），能源效率最低的年份是 2005 年（0.7401）。

表 4 – 25 2000～2014 年电力、热力生产和供应业的能源效率

年份	θ	s^- (1)	s^- (2)	s^- (3)	s^- (4)	s^+ (1)	s^+ (2)	s^+ (3)	s^+ (4)
2000	1.0000	0.0000	0.0000	0.0000	0.0000	0.0000	0.0000	0.0000	0.0000
2001	1.2193	0.0000	0.0718	0.0000	0.0026	0.0120	0.0264	0.0000	0.1022
2002	0.9179	0.0000	0.0318	0.0000	0.0000	0.0202	0.0264	0.0000	0.0000
2003	1.0000	0.0000	0.0000	0.0000	0.0000	3.40E – 06	6.98E – 06	0.0000	2.02E – 05
2004	1.0000	0.0000	0.0000	0.0000	2.86E – 05	1.11E – 05	1.57E – 05	2.35E – 05	0.0000
2005	0.7401	0.0000	0.7377	0.0000	0.1571	0.0616	0.0673	0.0000	0.0000
2006	0.9404	0.0000	0.1587	0.0000	0.0221	0.0000	0.0071	0.0000	0.0263
2007	1.1319	0.0000	0.3785	0.0000	0.2830	0.2308	0.3145	0.0000	0.1107
2008	1.6673	0.0000	0.0794	0.0000	0.0000	0.2119	0.2141	0.2192	0.0000
2009	0.8555	0.0775	0.0442	0.0000	0.1192	0.0000	0.0235	0.2149	0.0000
2010	0.8644	0.0000	0.0000	0.0000	0.1137	0.0000	0.0114	0.1720	0.0000
2011	1.3515	0.0027	0.0000	0.0000	0.0743	0.2906	0.2993	0.4320	0.0000
2012	1.0000	0.0000	0.0000	0.0000	0.0000	0.0000	0.0000	0.0000	0.0000
2013	1.0000	1.29E – 05	0.0000	0.0000	0.0000	0.0000	1.05E – 05	0.0000	6.76E – 06
2014	1.0000	0.0000	0.0000	0.0000	0.0000	0.0000	0.0000	0.0000	0.0000

由电力、热力生产和供应业分析结果可知，2000 年、2012 年和 2014 年，电力、热力生产和供应业的能源效率 $\theta^* = 1$，且 s^{*-}、s^{*+} 同时为 0，为 DEA 有效；2001 年、2003 年、2004 年、2007 年、2008 年、2011 年和 2013 年，电力、热力生产和供应业的能源效率 $\theta^* \geq 1$，但 s^{*-}、s^{*+} 不同时为 0，为 DEA 弱有效；2002 年、2005 年、2006 年、2009 年和 2010 年，电力、热力生产和供应业的能源效率 $\theta^* < 1$，为 DEA 无效。

②相对效率判定分析

在掌握产业总体情况的基础上，需要了解电力、热力生产和供应业各年度能源效率所处的阶段，以达到电力、热力生产和供应业能源效率长期均衡的目标。对电力、热力生产和供应业各年度能源效率进行判定

分析，得出如下结论。

由表 4 - 26 可知，在 2000 年、2012 年和 2014 年，电力、热力生产和供应业的能源效率处于"最佳"状态，当 $\theta \geq 1$，而 $\hat{\alpha}_j - \hat{\beta}_j = 0$ 时，表明在这 3 年中电力、热力生产和供应业的能源效率是 DEA 有效的，且电力、热力生产和供应业发展与其资源配置相对最优，处于最佳竞争力状态。2001 年、2003 年、2004 年、2007 年、2008 年、2011 年和 2013 年，电力、热力生产和供应业的能源效率处于"提高"状态，当 $\theta \geq 1$，而 $\hat{\alpha}_j - \hat{\beta}_j \neq 0$ 时，表明这 7 年电力、热力生产和供应业的能源效率是 DEA 有效的，能源效率良好，但各要素的能源效率尚未达到最优，有待进一步优化，说明这 7 年电力、热力生产和供应业的经营环境正处于改善阶段。在 2002 年、2005 年、2006 年、2009 年和 2010 年，电力、热力生产和供应业的能源效率处于"过度"状态，当 $\theta < 1$，且 $\hat{\alpha}_j > \hat{\beta}_j$ 时，表明这 5 年电力、热力生产和供应业的能源效率是非 DEA 有效的，且由于投入过剩，该能源产业的能源效率受到影响，此时，各要素之间配合并不协调，应发展集约型产业提高其能源效率。

表 4 - 26　2000 ~ 2014 年电力、热力生产和供应业的能源效率判定

年份	θ	$\hat{\alpha}$	$\hat{\beta}$	$\hat{\alpha} - \hat{\beta}$	判定
2000	1.0000	0.0000	0.0000	0.0000	最佳
2001	1.2193	- 0.7084	0.7963	- 1.5047	提高
2002	0.9179	0.3892	0.0000	0.3892	过度
2003	1.0000	0.0000	9.08E - 05	9.08E - 05	提高
2004	1.0000	3.13E - 05	0.0000	3.13E - 05	提高
2005	0.7401	1.9674	0.0000	1.9674	过度
2006	0.9404	0.4382	0.0000	0.4382	过度
2007	1.1319	0.2246	0.0000	0.2246	提高
2008	1.6673	- 2.5828	0.0000	- 2.5828	提高
2009	0.8555	1.1457	0.0000	1.1457	过度
2010	0.8644	0.9230	0.0000	0.9230	过度
2011	1.3515	- 0.9174	0.0000	- 0.9174	提高

年份	θ	$\hat{\alpha}$	$\hat{\beta}$	$\hat{\alpha}-\hat{\beta}$	判定
2012	1.0000	0.0000	0.0000	0.0000	最佳
2013	1.0000	1.30E - 05	3.29E - 05	- 1.99E - 05	提高
2014	1.0000	0.0000	0.0000	0.0000	最佳

（5）燃气生产和供应业

①基于 Super-DEA 模型的燃气生产和供应业能源效率分析

在 DEA 分析的基础上采用超效率模型，当 DEA 效率都为 1 时，可以进一步对燃气生产和供应业各年度的能源效率进行比较分析。

根据超效率 DEA 分析结果（见表 4 - 27），能源效率最高的年份为 2000 年（1.6097），其余能源效率超过 1 的年份包括 2010 年（1.0395）、2011 年（1.0908）、2013 年（1.1663），能源效率最低的年份是 2001 年（0.0925）。

表 4 - 27　2000 ~ 2014 年燃气生产和供应业的能源效率

年份	θ	s^-（1）	s^-（2）	s^-（3）	s^-（4）	s^+（1）	s^+（2）	s^+（3）	s^+（4）
2000	1.6097	0.0000	0.8732	0.0000	0.3334	0.4482	0.3525	0.6239	0.0000
2001	0.0925	0.0000	0.8415	0.0000	0.2957	0.3277	0.2771	0.0000	0.0000
2002	0.1002	0.0000	0.7743	0.0000	0.3474	0.4171	0.2050	0.0000	0.0476
2003	0.2521	0.0000	0.6599	0.0000	0.3304	0.3918	0.2561	0.0000	0.0000
2004	0.2864	0.0000	0.6999	0.0000	0.3534	0.3958	0.2140	0.0000	0.0352
2005	0.2987	0.0000	0.5685	0.0000	0.2524	0.3108	0.0758	0.0000	0.0000
2006	0.4022	0.0000	0.2447	0.0000	0.2968	0.3722	0.1262	0.0000	0.0000
2007	0.7244	0.0000	0.1203	0.0000	0.3190	0.3797	0.2603	0.0000	0.0163
2008	0.8578	0.0000	0.0947	0.0000	0.2436	0.3029	0.2079	0.0000	0.0392
2009	1.0000	0.0000	0.0000	0.0000	0.0000	0.0000	0.0000	0.0000	0.0000
2010	1.0395	0.0000	0.0177	0.0000	0.0938	0.0850	0.0941	0.0000	0.0000
2011	1.0908	0.1548	0.0354	0.0000	0.0000	0.0573	0.0574	0.0000	0.0978
2012	0.9650	0.0000	0.0470	0.0000	0.0454	0.0000	0.0189	0.0000	0.0000
2013	1.1663	0.1096	0.0000	0.0000	0.0000	0.0575	0.1019	0.0000	0.0787
2014	1.0000	0.0000	0.0000	0.0000	0.0000	0.0000	0.0000	0.0000	0.0000

由燃气生产和供应业分析结果可知，2009 年和 2014 年，燃气生产和供应业的能源效率 $\theta^* = 1$，且 s^{*-}、s^{*+} 同时为 0，为 DEA 有效；2000 年、2010 年、2011 年、2013 年，燃气生产和供应业的能源效率 $\theta^* \geq 1$，但 s^{*-}、s^{*+} 不同时为 0，为 DEA 弱有效；2001 年、2002 年、2003 年、2004 年、2005 年、2006 年、2007 年、2008 年、2012 年，燃气生产和供应业的能源效率 $\theta^* < 1$，为 DEA 无效。

②相对效率判定分析

在掌握产业总体情况的基础上，需要了解燃气生产和供应业各年度能源效率所处的阶段，以期达到燃气生产和供应业能源效率长期均衡的目标。相对能源效率是假定长期均衡的前提下，对现阶段能源效率情况的判定。对燃气生产和供应业各年度能源效率进行判定分析，得出如下结论。

由表 4－28 可知，在 2009 年和 2014 年，燃气生产和供应业的能源效率处于"最佳"状态，当 $\theta \geq 1$，而 $\hat{\alpha}_j - \hat{\beta}_j = 0$ 时，表明在这 2 年中燃气生产和供应业的能源效率是 DEA 有效的，且燃气生产和供应业发展与其资源配置相对最优，处于最佳竞争力状态。2000 年、2010 年、2011 年、2013 年，燃气生产和供应业的能源效率处于"提高"状态，当 $\theta \geq 1$，而 $\hat{\alpha}_j - \hat{\beta}_j \neq 0$ 时，表明这 4 年燃气生产和供应业能源效率是 DEA 有效的，能源效率良好，但各要素的能源效率尚未达到最优，有待进一步优化，说明这 4 年燃气生产和供应业的经营环境正处于改善阶段。2001～2008 年，燃气生产和供应业的能源效率处于"不足"状态，当 $\theta < 1$ 且 $\hat{\alpha}_j < \hat{\beta}_j$ 时，表明这 8 年燃气生产和供应业的能源效率是非 DEA 有效的，且由于某些领域的投入不足，总体效率较低。2012 年，燃气生产和供应业的能源效率处于"过度"状态，当 $\theta < 1$，且 $\hat{\alpha}_j > \hat{\beta}_j$ 时，表明 2012 年燃气生产和供应业的能源效率是非 DEA 有效的，且由于投入过剩，燃气生产和供应业的能源效率受到影响，此时，各要素之间配合并不协调，应发展集约型产业提高其能源效率。

表 4 - 28 2000 ~ 2014 年燃气生产和供应业的能源效率判定

年份	θ	$\hat{\alpha}$	$\hat{\beta}$	$\hat{\alpha} - \hat{\beta}$	判定
2000	1.6097	-1.1873	0.0000	-1.1873	提高
2001	0.0925	4.7679	126.8322	-122.0643	不足
2002	0.1002	4.8535	80.6565	-75.8030	不足
2003	0.2521	4.1505	24.8466	-20.6961	不足
2004	0.2864	4.0344	13.3049	-9.2705	不足
2005	0.2987	3.6791	7.4540	-3.7750	不足
2006	0.4022	3.2206	5.7883	-2.5677	不足
2007	0.7244	1.7715	3.5424	-1.7709	不足
2008	0.8578	1.1222	1.8338	-0.7116	不足
2009	1.0000	0.0000	0.0000	0.0000	最佳
2010	1.0395	0.0428	0.3499	-0.3072	提高
2011	1.0908	-0.1299	0.2798	-0.4096	提高
2012	0.9650	0.3757	0.0302	0.3454	过度
2013	1.1663	-0.5351	0.2830	-0.8181	提高
2014	1.0000	0.0000	0.0000	0.0000	最佳

二 能源强度

能源强度（*EI*）是单位国内生产总值所消耗的能源总量，能源强度越低，说明能源的利用效率越高，风险就越小，反之则越大。

能源强度计算公式：$EI = \dfrac{E_c}{GDP}$，E_c 为能源消费总量，*GDP* 为当年国内生产总值。由图 4 - 4 可知，1978 ~ 2019 年，中国能源消费总量和国内生产总值呈现逐年增长的趋势。

由图 4 - 5 可知，1978 ~ 2019 年，中国能源强度总体上呈现逐年递减的趋势。1978 ~ 1995 年能源强度经历了大幅度下跌的过程，1996 ~ 2006 年能源强度变动幅度较小，2007 ~ 2019 年能源强度呈现小幅度的下降趋势。

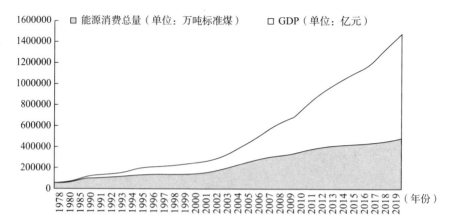

图 4 – 4　1978～2019 年中国能源消费总量和国内生产总值变化趋势

资料来源：历年《中国统计年鉴》。

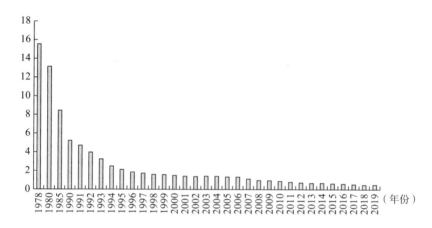

图 4 – 5　1978～2019 年中国能源强度变化趋势

资料来源：笔者根据历年《中国能源统计年鉴》计算得到。

由表 4 – 29 可知，能源强度大小按照产业排序为：煤炭产业 > 石油产业 > 水电产业 > 天然气产业 > 核电产业，能源强度越低，说明能源的技术风险就越小。2000～2017 年，中国煤炭产业和石油产业的能源强度下降幅度较大，并且呈逐年下降的趋势，水电产业的能源强度也呈现下降趋势，而天然气产业的能源强度变化幅度较小。中国能源产业的技术风险主要集中在煤炭和石油产业，而这种风险正在呈现减小的趋势，在一定程度上说明了中国煤炭和石油产业技术水平和能源利用效率的提高。

表 4 - 29　2000 ~ 2017 年中国各能源产业的能源强度

年份	煤炭	石油	天然气	水电	核电
2000	1.0147	0.3259	0.0326	0.0850	0.0064
2001	0.9646	0.3007	0.0340	0.0949	0.0060
2002	0.9653	0.2959	0.0324	0.0887	0.0077
2003	1.0186	0.2917	0.0334	0.0762	0.0116
2004	1.0111	0.2866	0.0331	0.0797	0.0114
2005	1.0232	0.2516	0.0339	0.0770	0.0103
2006	0.9588	0.2318	0.0358	0.0714	0.0090
2007	0.8495	0.1992	0.0352	0.0630	0.0081
2008	0.7299	0.1705	0.0347	0.0626	0.0073
2009	0.7060	0.1617	0.0345	0.0593	0.0068
2010	0.6221	0.1564	0.0360	0.0577	0.0059
2011	0.5743	0.1374	0.0376	0.0469	0.0058
2012	0.5303	0.1316	0.0372	0.0526	0.0059
2013	0.4779	0.1212	0.0376	0.0487	0.0059
2014	0.4393	0.1165	0.0382	0.0516	0.0067
2015	0.3976	0.1144	0.0362	0.0204	0.0003
2016	0.3620	0.1080	0.0364	0.0195	0.0003
2017	0.3261	0.1010	0.0375	0.0175	0.0004

资料来源：笔者根据历年《中国能源统计年鉴》计算得到。

第五节　环境风险测量

一　碳排放变动率

碳排放变动率是指一定时期内（通常为一年或一个月）一个国家（或是产业）因使用能源而产生的二氧化碳排放量的变动比率。碳排放变动率越小，风险就越小，反之则越大。其计算公式为：$\Delta c = \dfrac{c_1 - c_0}{c_1}$，$c_1$ 为观察期内消耗某类能源而产生的二氧化碳排放量，c_0 为基期内消耗该类能源而产生的二氧化碳排放量。

表 4 - 30 描述了中国 11 类主要能源碳排放变动率，根据第三章的碳排放系数表 3 - 2 计算出中国 2004~2017 年消耗各能源所产生的二氧化碳排放量，进而计算出碳排放变动率。其中，中国主要的能源——原煤、原油和天然气的平均碳排放变动率分别是 0.14、- 0.22 和 0.08。通过对比可以看到，液化石油气的平均碳排放变动率最大，为 3.32；其次是其他洗煤（2.67）；原油平均碳排放量变动率最小，为 - 0.22。

表 4 - 30   2004~2017 年中国各能源碳排放变动率

年份	原煤	洗精煤	其他洗煤	焦炭	原油	汽油	煤油	柴油	燃料油	液化石油气	天然气
2004	0.14	0.32	31.14	0.11	0.13	- 0.26	0.36	1.62	0.17	0.02	0.15
2005	0.13	- 5.78	- 3.12	- 0.45	0.04	0.02	- 0.45	1.89	- 0.14	- 0.02	0.16
2006	0.08	1.65	1.05	0.20	0.07	- 0.64	0.55	2.60	0.05	- 0.22	0.18
2007	0.08	1.20	0.93	0.20	0.05	0.12	- 0.66	0.45	- 0.18	- 0.35	0.20
2008	0.02	2.43	1.95	- 5.92	0.04	- 1.00	0.35	- 0.01	- 0.46	- 0.88	0.13
2009	0.05	0.62	2.55	1.83	0.07	0.82	5.10	1.26	- 0.02	0.39	0.09
2010	0.08	1.92	2.39	- 6.79	0.11	- 1.55	0.80	- 1.34	- 0.15	- 0.41	0.06
2011	0.11	0.64	1.50	1.04	0.02	0.14	- 0.56	- 2.51	0.08	0.01	0.18
2012	0.01	- 0.82	0.17	2.37	0.06	0.36	0.51	0.34	0.04	- 0.03	0.08
2013	0.02	0.27	0.63	1.39	0.04	- 0.75	0.39	0.43	- 0.25	0.30	0.11
2014	- 0.01	- 0.96	- 1.46	- 1.30	0.06	0.63	0.55	0.63	- 0.34	0.45	0.08
2015	0.60	- 2.92	0.24	4.23	0.43	2.22	0.93	1.01	- 22.00	3.26	- 0.44
2016	0.38	0.68	- 0.07	1.27	0.36	1.53	- 5.38	1.94	0.87	1.95	- 0.50
2017	0.27	- 2.00	- 0.59	7.53	- 4.50	12.07	2.43	0.47	2.88	42.00	0.67
平均	0.14	- 0.20	2.67	0.41	- 0.22	0.98	0.35	0.63	- 1.39	3.32	0.08

资料来源：笔者根据历年《中国能源统计年鉴》计算得到。

二　碳强度

碳强度是单位 GDP 的二氧化碳排放量，其计算公式为：$Ci = \dfrac{C}{G}$。

碳强度越低，环境风险越小，但碳强度低并不代表能源产业的效率高；碳强度越高，环境风险越大，但碳强度高并不代表能源产业的效率低。在本节中 C_i 表示碳强度，C 表示二氧化碳排放量，G 表示能源产业的产值。

2000～2014 年中国各能源产业的碳强度指标如表 4－31 所示。2014 年，碳强度最大的是石油加工、煤炭及其他燃料加工业（0.4346）；其次是煤炭开采和洗选业（0.2960），石油和天然气开采业（0.2647），电力、热力生产和供应业（0.0323）；碳强度最小的是燃气生产和供应业（0.0095）。针对碳强度这个环境风险指标，各能源子产业的碳强度按照环境风险大小排序如下：石油加工、煤炭及其他燃料加工业＞煤炭开采和洗选业＞石油和天然气开采业＞电力、热力生产和供应业＞燃气生产和供应业。

表 4－31　2000～2014 年中国各能源产业的碳强度指标

年份	煤炭开采和洗选业	石油和天然气开采业	石油加工、煤炭及其他燃料加工业	电力、热力生产和供应业	燃气生产和供应业
2000	3.2476	1.3292	2.8751	1.0420	3.2729
2001	2.8236	1.5384	2.7701	0.9443	3.1351
2002	2.3063	1.6346	2.8662	0.8811	2.4335
2003	2.3775	1.3462	2.6447	0.9055	2.1548
2004	0.9688	0.8285	2.2621	0.2231	1.4890
2005	0.8945	0.5949	1.6433	0.2286	1.2753
2006	0.7979	0.5516	1.3662	0.1464	0.8621
2007	0.6905	0.5325	1.2896	0.1233	0.5590
2008	0.4475	0.3884	1.0125	0.1330	0.2963
2009	0.5946	0.5066	1.2207	0.1140	0.1272
2010	0.4121	0.3896	0.5847	0.0877	0.0857
2011	0.3545	0.2623	0.5004	0.0698	0.0209
2012	0.3521	0.2581	0.4479	0.0526	0.0219
2013	0.3559	0.2802	0.4100	0.0526	0.0176
2014	0.2960	0.2647	0.4346	0.0323	0.0095

资料来源：笔者根据历年《中国能源统计年鉴》计算得到。

第五章 低碳经济背景下的能源产业风险评价

第一节 风险评价体系构建的原则

1. 客观性原则

风险评价体系要客观反映影响中国能源产业风险的各种因素，并且遵循能源产业发展的内在规律，客观地评价能源产业风险。统计数据获取也要保证客观性、科学性，并采用合理的测量、评价方法和数字模型等。

2. 重要性原则

在选择能源产业风险评价指标体系时，要选择与中国能源安全密切相关的指标，所选取的指标应具有重要的影响作用，其相关数据及其所表示的数量关系应在中国能源产业的安全保障中具有一定的影响力。

3. 低碳化原则

将低碳指标纳入中国能源产业的风险评价指标体系中，就是要将低碳化落实到未来能源产业发展中去，约束高碳能源产业，加快发展可再生能源产业、绿色能源产业。作为世界上最大的发展中国家，中国正处在后工业化转型的关键时期，但是经济发展不能以牺牲环境为代价。受到能源资源条件的限制，短期内中国能源产业还是以化石能源为主，低碳能源产业发展政策可以逐渐缓解中国的环境压力，因此，把低碳指标纳入评价体系中具有重要意义。

4. 系统性原则

能源作为重要的战略资源，能源产业的风险关系到中国的能源安全，能源安全是国家经济安全系统中的一个至关重要的子系统，并且与支柱产业之间存在重要的内在联系，因此所建立的能源风险评价体系要注重选取指标的系统性，形成一个完整的体系。

5. 动态性原则

随着经济的发展，能源产业也在不断地发展，并且国际经济、政治、军事、能源价格形势瞬息万变，能源产业具有动态变化性，因此所选取的指标应反映动态变化情况，以利于国家的能源部门依据国内外能源发展动态及时对中国能源产业的发展策略做出相应的调整。

6. 可行性原则

所选取的指标应该可以从官方或是世界能源统计的相关机构中方便获得，或是通过科学的计算方法计算得出，并且可以在各个评价对象间进行比较和分析，以保证评价结果的真实、可行、有效。

第二节　能源产业风险评价体系

由于引起能源产业风险的因素很多，主要包括供求因素、资源因素、市场因素、技术因素、政治因素、军事因素、运输因素、环境因素、社会因素等，既包括可控因素又包括不可控因素，既有自然因素也有人为因素；同时，结合数据的可获得性和可测量性，在广泛查阅文献资料并咨询专家意见的基础上，对能源产业风险评价指标进行了筛选和分类，并构建了低碳经济背景下的中国能源产业风险评价指标体系，该体系共包括 5 类 14 项指标，主要包括煤炭、石油、天然气三个化石能源品种，并在低碳约束条件下构建了中国能源产业的风险评价系统。

通过表 5 – 1 可以看到，风险评价指标体系主要包括 5 类 14 项指标，鉴于指标的重要程度、数据的可获得性和可测量性，本书把风险类别分为：供求风险、资源风险、市场风险、技术风险和环境风险。

表 5 - 1　低碳经济背景下的中国能源产业风险评价指标体系

煤炭产业风险评价指标			石油产业风险评价指标			天然气产业风险评价指标		
风险类别	风险名称	风险指标	风险类别	风险名称	风险指标	风险类别	风险名称	风险指标
供求风险	供求状况	自给度	供求风险	供需状况	自给度	供求风险	供求状况	自给度
		供需增速比			供需增速比			供需增速比
		各能源消费占比			各能源消费占比			各能源消费占比
资源风险	资源储备程度	储采比	资源风险	资源储备程度	储采比	资源风险	资源储备程度	储采比
	资源依存状况	对外依存度		资源依存状况	对外依存度		资源依存状况	对外依存度
	资源储备程度	探明储量世界占比		资源储备程度	探明储量世界占比		资源储备程度	探明储量世界占比
市场风险	价格变动情况（价格风险）	价格	市场风险	价格风险	价格	市场风险	价格风险	价格
					价格波动率			价格波动率
		价格波动率		贸易风险	进口集中度		贸易风险	进口集中度
					进口份额			进口份额
技术风险	能源产业效率	能源效率	技术风险	能源产业效率	能源效率	技术风险	能源产业效率	能源效率
		能源强度			能源强度			能源强度
环境风险	低碳约束指标	碳排放变动率	环境风险	低碳约束指标	碳排放变动率	环境风险	低碳约束指标	碳排放变动率
		碳强度			碳强度			碳强度

　　对风险等级的评级，通常是七级或五级评分法，根据能源风险的程度，将评价指标分值分为 5 个等级（见表 5 - 2），以 A 级、B 级、C 级、D 级、E 级来表示，分值越大，风险程度越大；分值越小，风险程度越小。

表 5 - 2　中国能源产业风险等级评分

等级	A 级	B 级	C 级	D 级	E 级
风险等级	非常安全	较安全	值得关注	低度风险	高度风险
等级分值	1	2	3	4	5

能源产业的风险问题涉及资源、经济、政治、技术、军事等多方面，因此需要构建一个综合指标体系来对其进行风险评价，为第六章的能源产业风险预警奠定基础。

第三节　能源产业风险评价

一　层次分析法

20 世纪 70 年代，著名的运筹学家 Saaty（1990：9 - 26）提出层次分析法（AHP），它是系统工程中经常使用的一种评价与决策方法，适用于处理多目标、多层次的复杂系统问题。使用层次分析法的关键是理清逻辑层次结构关系；然后建立判断矩阵，进行排序计算；最后得到决策结果。

层次分析法的算法步骤如下。

1. 建立层次结构模型

建立层次结构模型就是把复杂的系统细化分层为若干有序的层次结构模型，也称为结构模型树。在层次结构模型下，复杂的系统被分为若干层次，一般分为三个层次如表 5 - 3 所示。

表 5 - 3　层次分析结构

目标层	准则层	方案层（指标层）
A	B_1	C_{11}
		C_{12}

目标层	准则层	方案层（指标层）
A	B_2	C_{21}
		C_{22}
	B_3	C_{31}
		C_{32}
	...	...
	B_n	C_{nm}

目标层，又称最高层，是决策的目标。准则层，又称中间层，包含影响决策目标的各种因素。方案层（指标层），又称底层，指标层是准则层的具体细分因素和可以量化的指标。

2. 构造判断矩阵

假设 A 是目标层，如表 5 - 3 所示，A 对 B_1，B_2，B_3，$\cdots$，B_n 有支配关系，构造判断矩阵的目的是按它们的相对重要性赋予 B_1，B_2，B_3，$\cdots$，B_n 相应的权重；同理，B_k 是准则层中的一个元素，且 B_k 对 C_1，C_2，C_3，$\cdots$，C_n 有支配关系，也需要按它们的相对重要性赋予 C_1，C_2，C_3，$\cdots$，C_n 相应的权重，具体如表 5 - 4 所示。

表 5 - 4　构造判断矩阵

B_k	C_1	C_2	C_3	...	C_n
C_1	C_{11}	C_{12}	C_{13}	...	C_{1n}
C_2	C_{21}	C_{22}	C_{23}	...	C_{2n}
C_3	C_{31}	C_{32}	C_{33}	...	C_{3n}
...	...	...	...	...	...
C_n	C_{n1}	C_{n2}	C_{n3}	...	C_{nn}

在这一过程中，需要对同一层次的指标两两比较其相对重要性，从而得到重要性的比值 b_i/b_j，并建立判断矩阵，其形式为：

$$A = \begin{bmatrix} 1 & \dfrac{b_1}{b_2} & \cdots & \dfrac{b_1}{b_n} \\ \dfrac{b_2}{b_1} & 1 & \cdots & \dfrac{b_2}{b_n} \\ \cdots & \cdots & \cdots & \cdots \\ \dfrac{b_n}{b_1} & \dfrac{b_n}{b_2} & \cdots & 1 \end{bmatrix} = \begin{bmatrix} c_{11} & c_{12} & c_{13} & \cdots & c_{1n} \\ c_{21} & c_{22} & c_{23} & \cdots & c_{2n} \\ \cdots & \cdots & \cdots & \cdots & \cdots \\ c_{n1} & c_{n2} & c_{n3} & \cdots & c_{nn} \end{bmatrix} \qquad (5-1)$$

判断矩阵 A 为 $n \times n$ 的方阵，其主对角线为 1，c_{ij} 是 i 与 j 两个因素相对权重的比值，并且 $c_{ij} = 1/c_{ji}$，$i, j = 1, 2, 3, \cdots, n$，$c_{ij} > 0$，参照 1-9 标度法对其重要性进行赋值。

3. 进行权重值计算

首先，将矩阵 A 的列向量做归一化处理。

$$\bar{c}_{ij} = \frac{c_{ij}}{\sum\limits_{k=1}^{n} c_{ij}} (i = 1, 2, \cdots, n) \qquad (5-2)$$

其次，对归一化的判断矩阵，按照行进行求和。

$$\bar{B}_i = \sum_{j=1}^{n} \bar{c}_{ij} (i = 1, 2, \cdots, n) \qquad (5-3)$$

最后，将向量 $\bar{B} = [\bar{B}_1, \bar{B}_1, \cdots, \bar{B}_n]^T$ 做归一化处理。

$$\bar{B}_i = \frac{\bar{B}_i}{\sum\limits_{i=1}^{n} \bar{B}_i} (i = 1, 2, \cdots, n) \qquad (5-4)$$

表 5-5 反映了对各因素相对重要性的主观认识与评价，通常取 1、3、5、7、9 及其倒数作为标度，用 2、4、6、8 表示上述相邻判断的中间值。

表 5-5　"1-9 级" 判断矩阵标度

重要性标度	含义
1	两个元素相比，具有同等重要性
3	两个元素相比，前者比后者重要

续表

重要性标度	含义
5	两个元素相比，前者比后者明显重要
7	两个元素相比，前者比后者强烈重要
9	两个元素相比，前者比后者极端重要
2、4、6、8	表示上述相邻判断的中间值
倒数	若元素 i 与 j 的重要性比值为 c_{ij}，则 j 与 i 的重要性比值为 $1/c_{ij}$

4. 一致性检验

通过和积法计算判断矩阵的最大特征根，其计算公式为：$\lambda_{max} = \sum_{i=1}^{n} \frac{(AB)_i}{nB_i}$。

为了检验所构造的判断矩阵的特征根是否合理，需要进行一致性检验以及随机性检验。

首先，计算一致性指标：$CI = \frac{\lambda_{max} - n}{n - 1}$。

其次，计算平均随机一致性指标 RI。RI 是多次重复计算随机判断矩阵的特征值后取算术平均值的结果，可以看到，表 5-6 给出了 1~14 阶的 RI 取值。

表 5-6　一致性指标检验对照

阶数	1	2	3	4	5	6	7
RI	0.00	0.00	0.58	0.90	1.12	1.24	1.32
阶数	8	9	10	11	12	13	14
RI	1.41	1.45	1.49	1.52	1.54	1.56	1.58

最后，计算一致性比例：$CR = \frac{CI}{RI}$。

根据计算结果，当 $CR < 0.1$ 时，说明判断矩阵的一致性是可以接受的。

二　灰色关联分析

1. 灰色关联分析

灰色关联分析（Grey Relational Analysis，GRA）由著名专家邓聚龙

首创，通过对参考数列、比较数列几何形状相像度的确定，以及对数据列动态发展过程的量化分析，比较系统内部的几何关系，进而得出参考数列和各比较数列之间的灰色关联度。其中，与参考数列关联度越大的比较数列，其发展趋向同参考数列越接近。

2. 灰色关联分析的基本步骤

第一步：对数列进行定义，按照系统的行为特征将数列定义为参考数列和比较数列。

参考数列是表示系统行为特征的数列，而比较数列是影响系统行为的所有因素。由此，设参考数列（母序列）为 $P = \{P(k) \mid k = 1, 2, \cdots, n\}$；比较数列（子序列）为 $Q_i = \{Q_i(k) \mid k = 1, 2, \cdots, n; i = 1, 2, \cdots, m\}$。

第二步：将变量进行无量纲化处理，得到 $p(k)$ 与 $q_i(k)$。

第三步：计算关联系数。$q_0(k)$ 与 $q_i(k)$ 的关联系数为：

$$\psi_i(k) = \frac{\min\limits_{i}\min\limits_{k}|p(k) - q_i(k)| + \rho\max\limits_{i}\max\limits_{k}|p(k) - q_i(k)|}{|p(k) - q_i(k)| + \rho\max\limits_{i}\max\limits_{k}|p(k) - q_i(k)|} \quad (5-5)$$

记 $\Delta_i(k) = |p(k) - q_i(k)|$，则：

$$\psi_i(k) = \frac{\min\limits_{i}\min\limits_{k}\Delta_i(k) + \rho\max\limits_{i}\max\limits_{k}\Delta_i(k)}{\Delta_i(k) + \rho\max\limits_{i}\max\limits_{k}\Delta_i(k)}, \rho \in (0, \infty) \quad (5-6)$$

其中，ρ 表示分辨系数，ρ 越小，分辨力就越大，一般 ρ 取值区间是（0，1）。当 $\rho \leqslant 0.5463$ 时，分辨力处于最好的状态，本章取 $\rho = 0.5$。

三　传统 TOPSIS 法

第一步：构建初始判断矩阵。

假设有 m 个目标，n 个属性，并且专家对第 i 个目标的第 j 个属性的评估值为 x_{ij}，那么初始判断矩阵 V 可以表示为式（5-7）。

$$V = \begin{bmatrix} x_{11} & x_{12} & x_{13} & \cdots & x_{1n} \\ x_{21} & x_{22} & x_{23} & \cdots & x_{2n} \\ \cdots & \cdots & \cdots & \cdots & \cdots \\ x_{i1} & \cdots & \cdots & x_{ij} & \cdots \\ \cdots & \cdots & \cdots & \cdots & \cdots \\ x_{m1} & x_{m2} & x_{m3} & \cdots & x_{mn} \end{bmatrix} \qquad (5-7)$$

第二步：对初始判断矩阵做归一化处理，如式（5-8）所示。

$$V' = \begin{bmatrix} x'_{11} & x'_{12} & x'_{13} & \cdots & x'_{1n} \\ x'_{21} & x'_{22} & x'_{23} & \cdots & x'_{2n} \\ \cdots & \cdots & \cdots & \cdots & \cdots \\ x'_{i1} & \cdots & \cdots & x'_{ij} & \cdots \\ \cdots & \cdots & \cdots & \cdots & \cdots \\ x'_{m1} & x'_{m2} & x'_{m3} & \cdots & x'_{mn} \end{bmatrix} \qquad (5-8)$$

其中，$x'_{ij} = x_{ij} \Big/ \sqrt{\sum_{k=1}^{n} x_{ij}^2}$，$i = 1,2,3,\cdots,m$；$j = 1,2,3,\cdots,n$。

第三步：根据权重矩阵 M 和归一化处理后的矩阵 V'，构建判断矩阵 Z，形成加权判断矩阵 $V'M$。

$$Z = V'M = \begin{bmatrix} x'_{11} & x'_{12} & x'_{13} & \cdots & x'_{1n} \\ x'_{21} & x'_{22} & x'_{23} & \cdots & x'_{2n} \\ \cdots & \cdots & \cdots & \cdots & \cdots \\ x'_{i1} & \cdots & \cdots & x'_{ij} & \cdots \\ \cdots & \cdots & \cdots & \cdots & \cdots \\ x'_{m1} & x'_{m2} & x'_{m3} & \cdots & x'_{mn} \end{bmatrix} \begin{bmatrix} w_1 & 0 & \cdots & 0 \\ 0 & w_2 & \cdots & 0 \\ \cdots & \cdots & \cdots & \cdots \\ 0 & \cdots & w_j & \cdots \\ \cdots & \cdots & \cdots & \cdots \\ 0 & 0 & \cdots & w_n \end{bmatrix} = \begin{bmatrix} f_{11} & f_{12} & \cdots & f_{1n} \\ f_{21} & f_{22} & \cdots & f_{2n} \\ \cdots & \cdots & \cdots & \cdots \\ f_{i1} & f_{i2} & \cdots & f_{in} \\ \cdots & \cdots & \cdots & \cdots \\ f_{m1} & f_{m2} & \cdots & f_{mn} \end{bmatrix}$$

$$(5-9)$$

第四步：根据加权判断矩阵获取正负理想解。其中，H^* 代表效益型指标，H' 代表成本型指标。正负理想解表示形式如下：

正理想解：$f_j^* = \begin{cases} \max(f_{ij}), j \in H^* \\ \min(f_{ij}), j \in H' \end{cases}$，$j = 1,2,3,\cdots,n$

负理想解：$f'_j = \begin{cases} \min(f_{ij}), j \in H^* \\ \max(f_{ij}), j \in H' \end{cases}, j = 1,2,3,\cdots,n$

第五步：计算各目标值与理想解之间的欧氏距离。公式如式（5 - 10）所示。

$$S_i^* = \sqrt{\sum_{j=1}^{m}(f_{ij} - f_j^*)^2}, j = 1,2,3,\cdots,n; S'_i = \sqrt{\sum_{j=1}^{m}(f_{ij} - f'_j)^2}, j = 1,2,3,\cdots,n$$

$$(5 - 10)$$

第六步：计算各个目标的相对贴近度 C^*。

按照 C^* 的大小对目标进行排序，并为最终的决策提供依据。

四　AHP-GRA-TOPSIS 组合模型

1. 综合评价模型概述

运用层次分析法，计算出能源产业风险评价体系各指标的权重；灰色关联分析法能够确定各候选方案之间的关联程度；TOPSIS 法用来确定能源产业各项指标的正理想解和负理想解，通过计算各目标值与理想解之间的欧氏距离得出各候选方案与最优和最差方案的接近程度，最后按照各方案的优劣排序。综合评价模型基于层次分析法的指标权重、灰色关联分析法的灰色关联度以及 TOPSIS 法的欧氏距离，是一种多属性、综合决策方法，可以得到更加合理的评价结果。

2. AHP-GRA-TOPSIS 的评价步骤

能源产业风险评价体系是一个具有层次结构的多指标体系。本章选用 AHP-GRA-TOPSIS 方法对中国能源产业风险指标体系进行评价，其主要原理是：首先，采用层次分析法（AHP），计算出各风险指标的综合权重；其次，使用灰色关联分析（GRA）计算出候选方案之间的灰色关联度；最后，运用 TOPSIS 法确定各指标的正、负理想解，并计算各方案与最优方案的接近程度，进而得出各候选方案的优劣排序。具体步骤如下。

假设 $P = \{P_1, P_2, \cdots, P_m\}$ 表示评价年限，$E = \{E_1, E_2, \cdots, E_m\}$ 表示

评价指标，此外，$M = \{1,2,\cdots,m\}$，$N = \{1,2,\cdots,n\}$，决策矩阵 $X = (x_{ij})_{m \times n}$，$x_{ij}$ 表示第 i 个年度在第 j 个风险评价指标下的属性值，其中，$i \in M, j \in N$。

第一步：数据处理。采用极差法进行数据处理，处理后的矩阵为 $Y = (y_{ij})_{m \times n}$。

数值越大越优者采用公式：

$$y_{ij} = \frac{x_{ij} - \min_i \{x_{ij}\}}{\max_i \{x_{ij}\} - \min_i \{x_{ij}\}}$$

数值越小越优者采用公式：

$$y_{ij} = \frac{\max_i \{x_{ij}\} - x_{ij}}{\max_i \{x_{ij}\} - \min_i \{x_{ij}\}}$$

第二步：根据 AHP 确定各属性的权重 $\omega = \{\omega_1, \omega_1, \cdots, \omega_n\}$，计算加权规范化决策矩阵 $Z = (z_{ij})_{m \times n}, z_{ij} = \omega_j \times y_{ij}$，其中，$i \in M, j \in N$。

第三步：根据第二步确定加权规范化决策矩阵 Z 的正理想解 Z^+ 和负理想解 Z^-。

$$Z^+ = (z_1^+, z_2^+, \cdots, z_n^+) = \omega, Z^- = (z_1^-, z_2^-, \cdots, z_n^-) = 0$$

$$z_{ij}^+ = \max_i z_{ij} = \omega_j, z_{ij}^- = \min_i z_{ij} = 0$$

第四步：根据第二步和第三步计算各候选方案到正理想解 Z^+ 和负理想解 Z^- 的欧氏距离 d_i^+ 和 d_i^-。

$$d_i^+ = \sqrt{\sum_{j=1}^n (z_{ij} - Z_j^+)^2}, d_i^- = \sqrt{\sum_{j=1}^n (z_{ij} - Z_j^-)^2}, i \in M, j \in N$$

第五步：计算各候选方案与正理想解 Z^+ 和负理想解 Z^- 的灰色关联系数矩阵 R^+ 和 R^-。

$$R^+ = (r_{ij}^+)_{m \times n}, r_{ij}^+ = \frac{\min_i \min_j |Z_j^+ - z_{ij}| + \rho \max_i \max_j |Z_j^+ - z_{ij}|}{|Z_j^+ - z_{ij}| + \rho \max_i \max_j |Z_j^+ - z_{ij}|} = \frac{\rho \omega_j}{\omega_j - z_{ij} + \rho \omega_j}$$

$$R^- = (r_{ij}^-)_{m \times n}, r_{ij}^- = \frac{\min_i \min_j |Z_j^- - z_{ij}| + \rho \max_i \max_j |Z_j^- - z_{ij}|}{|Z_j^- - z_{ij}| + \rho \max_i \max_j |Z_j^- - z_{ij}|} = \frac{\rho \omega_j}{\omega_j - z_{ij} + \rho \omega_j}$$

$\rho \in (0, \infty)$ 称为分辨系数，ρ 越小，分辨力越大，ρ 的取值区间一般为 (0，1)，当 $\rho \leqslant 0.5463$ 时分辨力最好，通常取 $\rho = 0.5$。

第六步：计算各候选方案与正、负理想解的灰色关联度 r_i^+ 和 r_i^-。

$$r_i^+ = \frac{1}{n} \sum_{j=1}^n r_{ij}^+, r_i^- = \frac{1}{n} \sum_{j=1}^n r_{ij}^-$$

第七步：分别对第四步和第六步确定的欧氏距离 d_i^+、d_i^- 和关联度 r_i^+、r_i^- 进行无量纲化处理，得到 D_i^+、D_i^- 和 R_i^+、R_i^-。

$$D_i^+ = \frac{d_i^+}{\max_i d_i^+}, D_i^- = \frac{d_i^-}{\max_i d_i^-}, R_i^+ = \frac{r_i^+}{\max_i r_i^+}, R_i^- = \frac{r_i^-}{\max_i r_i^-}, i \in M$$

第八步：将第七步中确定的无量纲化距离和关联度合并。D_i^+ 和 R_i^- 数值越大，候选方案越远离正理想解；而 D_i^- 和 R_i^+ 数值越大，候选方案越接近正理想解。公式如下：

$$S_i^+ = \alpha D_i^+ + \beta R_i^-, S_i^- = \alpha D_i^- + \beta R_i^+, i \in M; \alpha + \beta = 1, 且 \alpha, \beta \in [0,1]$$

α 和 β 表示决策者对位置和形状的偏好程度，可根据实际情况确定 α 和 β 的值。S_i^- 表示候选方案与最优方案偏离程度，S_i^- 越小方案越优；S_i^+ 表示候选方案与最优方案的接近程度，S_i^+ 越大方案越优。

第九步：计算相对贴近度 $C_i^+ = S_i^+ / (S_i^+ + S_i^-), i \in M$。

最后，按照相对贴近度的大小对候选方案排序，贴近度越大方案越优，贴近度越小方案越差。

第四节　能源产业风险评价实证分析

一　基于层次分析法的实证分析

先通过层次分析法来确定中国主要能源产业各风险因素的权重。

表 5 -7 至表 5 -54，皆由笔者计算得到。

1. 煤炭产业风险总指标判断矩阵

通过 Matlab 软件，计算得到矩阵 $A - B_k$ 的最大特征值为 $\lambda_{max} =$ 5.0001，其特征向量经过归一化为 $w = ($ 0.4027，0.2013，0.1342，0.1611，0.1007$)^T$（见表 5 -7）。

表 5 -7　煤炭产业风险总指标判断矩阵

B_k	B_1	B_2	B_3	B_4	B_5	权重
B_1	1	2	3	5/2	4	0.4027
B_2	1/2	1	1/2	5/4	2	0.2013
B_3	1/3	2/3	1	5/6	4/3	0.1342
B_4	2/5	4/5	6/5	1	8/5	0.1611
B_5	1/4	1/2	3/4	5/8	1	0.1007

根据一致性指标公式可以计算得到：$CI = \dfrac{\lambda_{max} - n}{n - 1} = ($ 5.0001 - 5$)$ /4 = 0.000025，$RI = 1.12$，然后计算 $CR = \dfrac{CI}{RI} = 0.000025/1.12 \approx$ 2.2321 $\times 10^{-5} < 0.10$，可以通过一致性检验。

（1）煤炭产业供求风险判断矩阵

对于煤炭产业的供求风险，各风险因素判断矩阵如表 5 -8 所示。

表 5 -8　煤炭产业供求风险因素判断矩阵

C_k	C_{11}	C_{12}	C_{13}	权重
C_{11}	1	3/2	3	0.5000
C_{12}	2/3	1	2	0.3333
C_{13}	1/3	1/2	1	0.1667

（2）煤炭产业资源风险判断矩阵

对于煤炭产业的资源风险，各风险因素判断矩阵如表 5 -9 所示。

表 5 - 9　煤炭产业资源风险因素判断矩阵

C_k	C_{21}	C_{22}	C_{23}	权重
C_{21}	1	3	5	0.6522
C_{22}	1/3	1	5/3	0.2174
C_{23}	1/5	3/5	1	0.1304

（3）煤炭产业市场风险判断矩阵

对于煤炭产业的市场风险，各风险因素判断矩阵如表 5 - 10 所示。

表 5 - 10　煤炭产业市场风险因素判断矩阵

C_k	C_{31}	C_{32}	权重
C_{31}	1	3	0.7500
C_{32}	1/3	1	0.2500

（4）煤炭产业技术风险判断矩阵

对于煤炭产业的技术风险，各风险因素判断矩阵如表 5 - 11 所示。

表 5 - 11　煤炭产业技术风险因素判断矩阵

C_k	C_{41}	C_{42}	权重
C_{41}	1	2	0.6667
C_{42}	1/2	1	0.3333

（5）煤炭产业环境风险判断矩阵

对于煤炭产业的环境风险，各风险因素判断矩阵如表 5 - 12 所示。

表 5 - 12　煤炭产业环境风险因素判断矩阵

C_k	C_{51}	C_{52}	权重
C_{51}	1	2	0.6667
C_{52}	1/2	1	0.3333

应用 Matlab 软件，计算得到如下结果（见表 5 - 13）。

表 5 – 13 煤炭产业计算结果

准则层	最大特征值	对应的归一化后的特征向量	CI	RI	CR
B_1	3.0000	$[0.5000, 0.3333, 0.1667]^T$	0	0.58	0
B_2	3.0000	$[0.6522, 0.2174, 0.1304]^T$	0	0.58	0
B_3	1.9999	$[0.7500, 0.2500]^T$	0	—	0
B_4	3.0000	$[0.6667, 0.3333]^T$	0	0.58	0
B_5	2.0000	$[0.6667, 0.3333]^T$	0	—	0

由表 5 – 13 可知，煤炭产业判断矩阵的 CR 值都是小于 0.1 的，都通过了一致性检验。

（6）煤炭产业各因素指标的总排序和一致性检验

煤炭产业各风险评价指标的总排序如表 5 – 14 所示。

表 5 – 14 煤炭产业风险指标层对目标层的组合权重排序

产业	准则层			指标层		
	准则层	风险	准则层权重	指标层	指标	指标层权重
煤炭	B_1	供求	0.4027	C_{11}	自给度	0.2013
				C_{12}	供需增速比	0.1342
				C_{13}	各能源消费占比	0.0671
	B_2	资源	0.2013	C_{21}	储采比	0.1313
				C_{22}	对外依存度	0.0438
				C_{23}	探明储量世界占比	0.0263
	B_3	市场	0.1342	C_{31}	价格	0.1007
				C_{32}	价格波动率	0.0336
	B_4	技术	0.1611	C_{41}	能源效率	0.1074
				C_{42}	能源强度	0.0537
	B_5	环境	0.1007	C_{51}	碳排放变动率	0.0671
				C_{52}	碳强度	0.0336

再对层次总排序进行一致性检验，按照下列公式来进行计算。

$$CR = \frac{\sum_{i=1}^{m} CI(i) c_i}{\sum_{i=1}^{m} RI(i) c_i} = 0 < 0.1,可以通过一致性检验。$$

可以看到，在中国煤炭产业风险评价指标体系中供求风险所占比重最大，达到 40. 27%；其次是资源风险，所占比重为 20. 13%；再次是技术风险占比为 16. 11%，市场风险占比为 13. 42%，环境风险占比达到 10. 07%。

2. 石油产业风险总指标判断矩阵

通过 Matlab 软件，计算得到矩阵 $A - B_k$ 的最大特征值为 $\lambda_{max} =$ 5. 0000，其特征向量经过归一化为 $w = (0.3704, 0.2469, 0.1852, 0.1235, 0.0741)^{\mathrm{T}}$（见表 5 - 15）。

表 5 - 15　石油产业风险总指标判断矩阵

B_k	B_1	B_2	B_3	B_4	B_5	权重
B_1	1	3/2	2	3	5	0.3704
B_2	2/3	1	4/3	2	10/3	0.2469
B_3	1/2	3/4	1	3/2	5/2	0.1852
B_4	1/3	1/2	2/3	1	5/3	0.1235
B_5	1/5	3/10	2/5	3/5	1	0.0741

根据公式可以计算得到：$CI = \frac{\lambda_{max} - n}{n - 1} = 0$，$RI = 1.12$，然后计算

$CR = \frac{CI}{RI} = 0 < 0.10$，可以通过一致性检验。

（1）石油产业供求风险判断矩阵

对于石油产业的供求风险，各风险因素判断矩阵如表 5 - 16 所示。

表 5 - 16　石油产业供求风险因素判断矩阵

C_k	C_{11}	C_{12}	C_{13}	权重
C_{11}	1	3	5	0.6522

C_k	C_{11}	C_{12}	C_{13}	权重
C_{12}	1/3	1	5/3	0.2174
C_{13}	1/5	3/5	1	0.1304

（2）石油产业资源风险判断矩阵

对于石油产业的资源风险，各风险因素判断矩阵如表 5-17 所示。

表 5-17　石油产业资源风险因素判断矩阵

C_k	C_{21}	C_{22}	C_{23}	权重
C_{21}	1	3/2	3	0.5000
C_{22}	2/3	1	2	0.3333
C_{23}	1/3	1/2	1	0.1667

（3）石油产业市场风险判断矩阵

对于石油产业的市场风险，各风险因素判断矩阵如表 5-18 所示。

表 5-18　石油产业市场风险因素判断矩阵

C_k	C_{31}	C_{32}	C_{33}	C_{34}	权重
C_{31}	1	3	4	5	0.5607
C_{32}	1/3	1	4/3	5/3	0.1869
C_{33}	1/4	3/4	1	5/4	0.1402
C_{34}	1/5	3/5	4/5	1	0.1121

（4）石油产业技术风险判断矩阵

对于石油产业的技术风险，各风险因素判断矩阵如表 5-19 所示。

表 5-19　石油产业技术风险因素判断矩阵

C_k	C_{41}	C_{42}	权重
C_{41}	1	2	0.7500
C_{42}	1/2	1	0.2500

（5）石油产业环境风险判断矩阵

对于石油产业的环境风险，各风险因素判断矩阵如表 5 - 20 所示。

表 5 - 20　石油产业环境风险因素判断矩阵

C_k	C_{51}	C_{52}	权重
C_{51}	1	3	0.7500
C_{52}	1/3	1	0.2500

应用 Matlab 软件，计算得到表 5 - 21。

表 5 - 21　石油产业计算结果

准则层	最大特征值	对应的归一化后的特征向量	CI	RI	CR
B_1	3.0000	$[0.6522, 0.2174, 0.1304]^T$	0	0.58	0
B_2	3.0000	$[0.5000, 0.3333, 0.1667]^T$	0	0.58	0
B_3	4.0000	$[0.5607, 0.1869, 0.1402, 0.1121]^T$	0	0.90	0
B_4	3.0000	$[0.7500, 0.2500]^T$	0	0.58	0
B_5	2.0000	$[0.7500, 0.2500]^T$	0	—	0

由表 5 - 21 可知，石油产业判断矩阵的 *CR* 值都是小于 0.1 的，因此都通过了一致性检验。

（6）石油产业各因素指标的总排序和一致性检验

通过计算各风险因素对于目标层的组合权重，经过标准化处理后再进行比较，可以得到各个风险评价指标的总排序如表 5 - 22 所示。

表 5 - 22　石油产业风险指标层对目标层的组合权重排序

产业	准则层			指标层		
	准则层	风险	准则层权重	指标层	指标	指标层权重
石油	B_1	供求	0.3704	C_{11}	自给度	0.2415
				C_{12}	供需增速比	0.0805
				C_{13}	各能源消费占比	0.0483
	B_2	资源	0.2469	C_{21}	储采比	0.1235
				C_{22}	对外依存度	0.0823
				C_{23}	探明储量世界占比	0.0412

续表

产业	准则层			指标层		
	准则层	风险	准则层权重	指标层	指标	指标层权重
石油	B_3	市场	0.1852	C_{31}	价格	0.1038
				C_{32}	价格波动率	0.0346
				C_{33}	进口集中度	0.0260
				C_{34}	进口份额	0.0208
	B_4	技术	0.1235	C_{41}	能源效率	0.0926
				C_{42}	能源强度	0.0309
	B_5	环境	0.0741	C_{51}	碳排放变动率	0.0556
				C_{52}	碳强度	0.0185

再对层次总排序进行一致性检验，按照下列公式来进行计算。

$$CR = \frac{\sum_{i=1}^{m} CI(i) c_i}{\sum_{i=1}^{m} RI(i) c_i} = 0 < 0.1，可以通过一致性检验。$$

可以看到，在中国石油产业风险评价指标体系中供求风险所占比重最大，达到 37.04%；其次是资源风险，所占比重为 24.69%；再次是市场风险占比为 18.52%，技术风险占比为 12.35%，环境风险占比达到 7.41%。

3. 天然气产业风险总指标判断矩阵

通过 Matlab 软件，计算得到矩阵 $A - B_k$ 的最大特征值 $\lambda_{max} = 5.0001$，其特征向量经过归一化为 $w = (0.4595, 0.2298, 0.1532, 0.0919, 0.0656)^T$（见表 5 - 23）。

表 5 - 23　天然气产业风险总指标判断矩阵

B_k	B_1	B_2	B_3	B_4	B_5	权重
B_1	1	2	3	5	7	0.4595
B_2	1/2	1	3/2	5/2	7/2	0.2298

B_k	B_1	B_2	B_3	B_4	B_5	权重
B_3	1/3	2/3	1	5/3	7/3	0.1532
B_4	1/5	2/5	3/5	1	7/5	0.0919
B_5	1/7	2/7	3/7	5/7	1	0.0656

根据公式可以计算得到：$CI = \dfrac{\lambda_{max} - n}{n - 1} = (5.0001 - 5)/4 = 0.000025$，$RI = 1.12$，然后计算 $CR = \dfrac{CI}{RI} = 0.000025/1.12 \approx 2.2321 \times 10^{-5} < 0.10$，可以通过一致性检验。

（1）天然气产业供求风险判断矩阵

对于天然气产业的供求风险，各风险因素判断矩阵如表 5 - 24 所示。

表 5 - 24　天然气产业供求风险因素判断矩阵

C_k	C_{11}	C_{12}	C_{13}	权重
C_{11}	1	3	5	0.6522
C_{12}	1/3	1	5/3	0.2174
C_{13}	1/5	3/5	1	0.1304

（2）天然气产业资源风险判断矩阵

对于天然气产业的资源风险，各风险因素判断矩阵如表 5 - 25 所示。

表 5 - 25　天然气产业资源风险因素判断矩阵

C_k	C_{21}	C_{22}	C_{23}	权重
C_{21}	1	2	4	0.5714
C_{22}	1/2	1	2	0.2857
C_{23}	1/4	1/2	1	0.1429

（3）天然气产业市场风险判断矩阵

对于天然气产业的市场风险，各风险因素判断矩阵如表 5 - 26 所示。

表 5 - 26　天然气产业市场风险因素判断矩阵

C_k	C_{31}	C_{32}	C_{33}	C_{34}	权重
C_{31}	1	3	4	5	0.5607
C_{32}	1/3	1	4/3	5/3	0.1869
C_{33}	1/4	3/4	1	5/4	0.1402
C_{34}	1/5	3/5	4/5	1	0.1121

（4）天然气产业技术风险判断矩阵

对于天然气产业的技术风险，各风险因素判断矩阵如表 5 - 27 所示。

表 5 - 27　天然气产业技术风险因素判断矩阵

C_k	C_{41}	C_{42}	权重
C_{41}	1	2	0.7500
C_{42}	1/2	1	0.2500

（5）天然气产业环境风险判断矩阵

对于天然气产业的环境风险，各风险因素判断矩阵如表 5 - 28 所示。

表 5 - 28　天然气产业环境风险因素判断矩阵

C_k	C_{51}	C_{52}	权重
C_{51}	1	3	0.7500
C_{52}	1/3	1	0.2500

再应用 Matlab 软件，计算得到表 5 - 29。

表 5 - 29　天然气产业计算结果

准则层	最大特征值	对应的归一化后的特征向量	CI	RI	CR
B_1	3.0000	$[0.6522, 0.2174, 0.1304]^T$	0	0.58	0
B_2	3.0000	$[0.5714, 0.2857, 0.1429]^T$	0	0.58	0
B_3	4.0000	$[0.5607, 0.1869, 0.1402, 0.1121]^T$	0	0.90	0
B_4	3.0000	$[0.7500, 0.2500]^T$	0	0.58	0
B_5	2.0000	$[0.7500, 0.2500]^T$	0	—	0

从计算结果可以看到，天然气产业判断矩阵的 CR 值都是小于 0.1 的，因此都通过了一致性检验。

（6）天然气产业各因素指标的总排序和一致性检验

通过计算各风险因素对于目标层的组合权重，经过标准化处理后再进行比较，可以得到各个风险评价指标的总排序如表 5 - 30 所示。

表 5 - 30　天然气产业风险指标层对目标层的组合权重排序

产业	准则层			指标层		
	准则层	风险	准则层权重	指标层	指标	指标层权重
天然气	B_1	供求	0.4595	C_{11}	自给度	0.2997
				C_{12}	供需增速比	0.0999
				C_{13}	各能源消费占比	0.0599
	B_2	资源	0.2298	C_{21}	储采比	0.1313
				C_{22}	对外依存度	0.0656
				C_{23}	探明储量世界占比	0.0328
	B_3	市场	0.1532	C_{31}	价格	0.0859
				C_{32}	价格波动率	0.0286
				C_{33}	进口集中度	0.0215
				C_{34}	进口份额	0.0172
	B_4	技术	0.0919	C_{41}	能源效率	0.0689
				C_{42}	能源强度	0.0230
	B_5	环境	0.0656	C_{51}	碳排放变动率	0.0492
				C_{52}	碳强度	0.0164

再对层次总排序进行一致性检验，按照下列公式来进行计算。

$$CR = \frac{\sum\limits_{i=1}^{m} CI(i)c_i}{\sum\limits_{i=1}^{m} RI(i)c_i} = 0 < 0.1，可以通过一致性检验。$$

可以看到，在中国天然气产业风险评价指标体系中供求风险所占比重最大，达到 45.95%；其次是资源风险，所占比重为 22.98%；再次是市场风险占比为 15.32%，技术风险占比为 9.19%，环境风险占比达到 6.56%。

二 基于灰色关联分析和 TOPSIS 法的实证分析

根据第五章第三节的计算步骤，进行如下计算。

1. 煤炭产业风险评价

第一步，采用极差法对原始数据（见表 5-31）进行标准化处理，标准化处理后的矩阵如表 5-32 所示，为了便于比较将各项指标分别用 $D_1 \sim D_{12}$ 来表示。

表 5-31　2004~2014 年煤炭产业风险评价指标原始数据

年份	自给度	供需增速比	各能源消费占比	储采比	对外依存度	探明储量世界占比	价格	价格波动率	能源效率	能源强度	碳排放变动率	碳强度
2004	0.98	1.01	70.20	58.54	-0.03	12.60	51.34	0.32	1.34	1.01	0.14	0.97
2005	0.94	0.74	72.40	52.28	-0.02	12.60	62.91	0.18	1.08	1.02	0.13	0.89
2006	0.91	0.75	72.40	48.00	-0.01	12.60	63.04	0.00	0.81	0.96	0.08	0.80
2007	0.91	0.95	72.50	45.14	-0.00	13.50	69.86	0.10	0.96	0.85	0.08	0.69
2008	0.93	2.35	71.50	41.16	-0.00	13.90	122.81	0.43	1.36	0.73	0.02	0.45
2009	0.91	0.64	71.60	37.54	0.03	13.90	110.71	-0.12	0.93	0.71	0.05	0.59
2010	0.95	2.14	69.20	35.34	0.05	13.50	105.19	-0.05	1.26	0.62	0.08	0.41
2011	0.97	1.24	70.20	32.53	0.05	13.30	136.21	0.23	1.26	0.57	0.11	0.35
2012	0.97	0.78	68.50	31.37	0.07	13.30	133.61	-0.02	1.00	0.53	0.01	0.35
2013	0.96	0.57	67.40	31.11	0.08	12.80	111.16	-0.20	1.00	0.48	0.02	0.36
2014	0.95	2.63	65.60	29.56	0.07	12.80	97.65	-0.14	1.00	0.44	-0.01	0.30

表 5 - 32　2004～2014 年煤炭产业风险评价指标标准化后的数据

年份	D_1	D_2	D_3	D_4	D_5	D_6	D_7	D_8	D_9	D_{10}	D_{11}	D_{12}
2004	1.0000	0.2161	0.3333	1.0000	1.0000	0.0000	1.0000	0.1704	0.9753	0.0207	0.0000	0.0000
2005	0.3929	0.0845	0.0145	0.7840	0.8752	0.0000	0.8637	0.3906	0.4956	0.0000	0.0667	0.1104
2006	0.0650	0.0866	0.0145	0.6363	0.7877	0.0000	0.8621	0.6777	0.0000	0.1103	0.4000	0.2540
2007	0.0000	0.1830	0.1449	0.5376	0.7058	0.6923	0.7818	0.5268	0.2829	0.2975	0.4000	0.4136
2008	0.2836	0.8664	0.1304	0.4003	0.7076	1.0000	0.1579	0.0000	1.0000	0.5023	0.8000	0.7748
2009	0.0414	0.0338	0.4783	0.2754	0.3873	1.0000	0.3075	0.8631	0.2291	0.5432	0.6000	0.5562
2010	0.6322	0.7602	0.3333	0.1994	0.2635	0.5385	0.3655	0.7549	0.8153	0.6869	0.4000	0.8274
2011	0.9439	0.3275	0.5797	0.1025	0.2039	0.5385	0.0000	0.3214	0.8141	0.7688	0.2000	0.9130
2012	0.8996	0.1008	0.7391	0.0625	0.0698	0.5385	0.0306	0.7118	0.3520	0.8442	0.8667	0.9166
2013	0.7755	0.0000	0.7391	0.0535	0.0000	0.1538	0.2952	1.0000	0.3520	0.9339	0.8000	0.9110
2014	0.6396	1.1542	1.0000	0.0000	0.0549	0.1538	0.4543	0.8996	0.3520	1.0000	1.0000	1.0000

第二步，根据前文的层次分析法确定煤炭产业风险各指标的权重。

$\omega = (0.2013, 0.1342, 0.0671, 0.1313, 0.0438, 0.0263, 0.1007, 0.0336, 0.1074,$
$0.0537, 0.0671, 0.0336)^{\mathrm{T}}$。

计算加权规范化的决策矩阵，其结果如表 5 - 33 所示。

表 5 - 33　2004～2014 年煤炭产业加权规范化的数据

年份	D_1	D_2	D_3	D_4	D_5	D_6	D_7	D_8	D_9	D_{10}	D_{11}	D_{12}
2004	0.2013	0.029	0.0224	0.1313	0.0438	0.0000	0.1007	0.0057	0.1047	0.0022	0.0000	0.0000
2005	0.0791	0.0113	0.0010	0.1029	0.0383	0.0000	0.0869	0.0131	0.0532	0.0000	0.0045	0.0037
2006	0.0131	0.0116	0.0010	0.0836	0.0345	0.0000	0.0868	0.0227	0.0000	0.0118	0.0268	0.0085
2007	0.0000	0.0246	0.0097	0.0706	0.0309	0.0182	0.0787	0.0177	0.0304	0.0319	0.0268	0.0139
2008	0.0571	0.1163	0.0088	0.0526	0.0310	0.0263	0.0159	0.0000	0.1074	0.0539	0.0537	0.0260
2009	0.0083	0.0045	0.0321	0.0362	0.0170	0.0263	0.0310	0.0290	0.0246	0.0583	0.0403	0.0187
2010	0.1273	0.102	0.0224	0.0262	0.0115	0.0141	0.0368	0.0253	0.0876	0.0738	0.0268	0.0278
2011	0.1900	0.044	0.0389	0.0135	0.0089	0.0141	0.0000	0.0108	0.0874	0.0826	0.0134	0.0306
2012	0.1811	0.0135	0.0496	0.0082	0.0031	0.0141	0.0031	0.0239	0.0378	0.0906	0.0582	0.0308
2013	0.1561	0.0000	0.0496	0.0070	0.0000	0.0040	0.0297	0.0336	0.0378	0.1003	0.0537	0.0306
2014	0.1288	0.1342	0.0671	0.0000	0.0024	0.0040	0.0457	0.0302	0.0378	0.1074	0.0671	0.0336

第三步，确定加权规范化决策矩阵的正理想解 Z^+ 和负理想解 Z^-，结果如表 5 - 34 所示。

表 5 - 34　煤炭产业加权规范化的正、负理想解

理想解	D_1	D_2	D_3	D_4	D_5	D_6	D_7	D_8	D_9	D_{10}	D_{11}	D_{12}
Z^+	0.2013	0.1342	0.0671	0.1313	0.0438	0.0263	0.1007	0.0336	0.1074	0.0537	0.0671	0.0336
Z^-	0.0000	0.0000	0.0000	0.0000	0.0000	0.0000	0.0000	0.0000	0.0000	0.0000	0.0000	0.0000

第四步，计算各候选方案到正理想解 Z^+ 的欧氏距离 d^+ 和负理想解 Z^- 的欧氏距离 d^-（见表 5 - 35）。

表 5 - 35　煤炭产业欧氏距离

d^+	0.1689	0.2316	0.2835	0.2732	0.2026	0.2890	0.1633	0.2000	0.2237	0.2288	0.2445
d^-	0.2838	0.1663	0.1277	0.1224	0.2026	0.0952	0.2122	0.2289	0.2141	0.1964	0.2445

第五步，计算各候选方案与正理想解 Z^+ 的灰色关联系数 R^+（见表 5 - 36）以及各候选方案与负理想解 Z^- 的灰色关联系数 R^-（见表 5 - 37）。

表 5 - 36　2004 ~ 2014 年煤炭产业灰色关联系数矩阵 R^+

年份	D_1	D_2	D_3	D_4	D_5	D_6	D_7	D_8	D_9	D_{10}	D_{11}	D_{12}
2004	0.4020	0.9058	0.7085	0.3555	0.3411	1.0000	0.3757	0.8334	0.4213	1.0000	0.8751	1.0000
2005	0.8150	0.9663	1.0000	0.4261	0.3736	1.0000	0.4180	0.6151	0.6634	0.9607	1.0000	0.9227
2006	0.2808	0.9704	1.0000	0.4931	0.4004	1.0000	0.4185	0.4584	1.0000	0.9554	0.5841	0.7344
2007	0.3045	0.9682	0.9537	0.5510	0.4291	0.4451	0.4483	0.5292	0.8904	0.7059	0.5841	0.5986
2008	0.2562	0.4002	0.9798	0.6586	0.4284	0.3513	1.0000	1.0000	0.4135	0.5491	0.3893	0.4220
2009	0.2901	0.8744	0.5915	0.8008	0.5955	0.3513	0.7721	0.3937	0.9748	0.5257	0.4672	0.5138
2010	0.3586	0.4404	0.7085	0.9218	0.7011	0.5136	0.9529	0.4290	0.4797	0.4575	0.5841	0.4046
2011	0.4218	0.7447	0.5302	1.0000	0.7666	0.5136	0.9210	0.6702	0.4802	0.4259	0.7790	0.3792
2012	0.4388	1.0000	0.4559	0.9205	0.9705	0.5136	0.9753	0.4449	0.8014	0.4005	0.3688	0.3782
2013	0.4947	0.8223	0.4559	0.9034	0.9375	0.8351	0.7869	0.3565	0.8014	0.3740	0.3893	0.3798
2014	0.5750	0.3591	0.3709	0.8188	1.0000	0.8351	0.6310	0.3830	0.8014	0.3566	0.3337	0.3565

表 5 – 37　2004～2014 年煤炭产业灰色关联系数矩阵 R^-

年份	D_1	D_2	D_3	D_4	D_5	D_6	D_7	D_8	D_9	D_{10}	D_{11}	D_{12}
2004	0.3333	0.6982	0.6000	0.3333	0.3333	1.0000	0.3333	0.7458	0.3389	0.9602	1.0000	1.0000
2005	0.5600	0.8554	0.9718	0.3894	0.3636	1.0000	0.3667	0.5614	0.5022	1.0000	0.8824	0.8191
2006	0.8850	0.8524	0.9718	0.4400	0.3883	1.0000	0.3671	0.4246	1.0000	0.8193	0.5556	0.6631
2007	1.0000	0.7321	0.7753	0.4819	0.4147	0.4194	0.3901	0.4869	0.6386	0.6270	0.5556	0.5473
2008	0.6381	0.3659	0.7931	0.5554	0.4140	0.3333	0.7600	1.0000	0.3333	0.4988	0.3846	0.3922
2009	0.9236	0.9367	0.5111	0.6449	0.5635	0.3333	0.6192	0.3668	0.6858	0.4793	0.4545	0.4734
2010	0.4416	0.3968	0.6000	0.7148	0.6549	0.4815	0.9645	0.3984	0.3801	0.4213	0.5556	0.3767
2011	0.3463	0.6042	0.4631	0.8299	0.7103	0.4815	1.0000	0.6087	0.3805	0.3941	0.7143	0.3538
2012	0.3573	0.8322	0.4035	0.8890	0.8775	0.4815	0.9423	0.4126	0.5869	0.3720	0.3659	0.3530
2013	0.3920	1.0000	0.4035	0.9034	1.0000	0.7647	0.6288	0.3333	0.5869	0.3487	0.3846	0.3544
2014	0.4388	0.3333	0.3333	1.0000	0.9010	0.7647	0.5239	0.3573	0.5869	0.3333	0.3333	0.3333

第六步，计算煤炭产业各候选方案与正理想解和负理想解的灰色关联度 r^+ 和 r^-。

$r^+ = \{0.5983, 0.6156, 0.6793, 0.6904, 0.6629, 0.7943, 0.7026, 0.6920, 0.7723,$ $0.7563, 0.7372\}$

$r^- = \{0.5374, 0.5492, 0.5366, 0.5942, 0.5938, 0.6098, 0.5835, 0.5570, 0.5226,$ $0.5144, 0.5595\}$

第七步，分别对第四步和第六步确定的距离 $d_i{}^+$、$d_i{}^-$ 和关联度 $r_i{}^+$、$r_i{}^-$ 进行无量纲化处理，可以得到 $D_i{}^+$、$D_i{}^-$、$R_i{}^+$、$R_i{}^-$。

$D_i{}^+ = \{0.6159, 0.8234, 0.9926, 0.9566, 0.7158, 1, 0.5759, 0.6978, 0.7600,$ $0.7662, 0.6291\}$

$D_i{}^- = \{1, 0.5940, 0.4609, 0.4445, 0.6937, 0.3528, 0.7421, 0.8159, 0.7748,$ $0.7335, 0.8596\}$

$R_i{}^+ = \{0.7532, 0.7750, 0.8552, 0.8692, 0.8346, 1, 0.8846, 0.8712, 0.9723,$ $0.9522, 0.9281\}$

$R_i{}^- = \{0.8813, 0.9006, 0.8800, 0.9744, 0.9738, 1, 0.9569, 0.9134, 0.8570,$ $0.8436, 0.9175\}$

第八步，当 $\alpha = \beta = 0.5$ 时，可以得到：

$$S_i^+ = \alpha D_i^+ + \beta R_i^- = \{0.7486, 0.8620, 0.9363, 0.9655, 0.8448, 1, 0.7664, 0.8056,$$

$$0.8085, 0.8049, 0.7733\}$$

$$S_i^- = \alpha D_i^- + \beta R_i^+ = \{0.8766, 0.6848, 0.6568, 0.6568, 0.7641, 0.6764, 0.8133,$$

$$0.8435, 0.8735, 0.8428, 0.8938\}$$

第九步，根据相对贴近度 C^+ 计算公式得到表 5-38。

表 5-38　2004~2014 年煤炭产业相对贴近度计算结果

年份	2004	2005	2006	2007	2008	2009	2010	2011	2012	2013	2014
C^+	0.4606	0.5573	0.5872	0.5951	0.5251	0.5965	0.4851	0.4885	0.4807	0.4885	0.4638
排序	11	4	3	2	5	1	9	6	8	6	10
风险等级	值得关注	值得关注	值得关注	值得关注	值得关注	值得关注	值得关注	值得关注	值得关注	值得关注	值得关注

低碳经济背景下，煤炭产业在 2009 年风险状况最好，相对贴近度是 0.5965，在 2004~2014 年煤炭产业的风险等级都处于"值得关注"的范围内。风险水平最差的年份是 2004 年，主要是由探明储量世界占比、碳排放变动率、碳强度这 3 个风险指标造成的。其中，碳排放变动率达到 0.1400、碳强度达到 0.9688，这 2 个指标都属于环境风险，并且数值越大风险越大，说明 2004 年煤炭产业的环境风险最大，即在 2004 年资源风险和环境风险最终导致煤炭产业风险在观察期内最大。

2. 石油产业风险评价

第一步，采用极差法对原始数据（见表 5-39）进行标准化处理，标准化处理后的矩阵如表 5-40 所示，为了便于比较将各项指标分别用 $D_1 \sim D_{14}$ 来表示。

表 5-39　2004~2014 年石油产业风险评价指标原始数据

年份	自给度	供需增速比	各能源消费占比	储采比	对外依存度	探明储量世界占比	价格	价格波动率	进口集中度	进口份额	能源效率	能源强度	碳排放变动率	碳强度
2004	0.55	0.26	19.90	13.97	0.47	1.40	38.27	0.25	0.97	0.07	1.00	0.29	0.13	1.55
2005	0.56	1.90	17.80	13.66	0.44	1.14	54.52	0.30	0.96	0.07	0.79	0.25	0.04	1.12

续表

年份	自给度	供需增速比	各能源消费占比	储采比	对外依存度	探明储量世界占比	价格	价格波动率	进口集中度	进口份额	能源效率	能源强度	碳排放变动率	碳强度
2006	0.53	0.29	17.50	11.00	0.48	1.13	65.14	0.16	0.89	0.07	0.75	0.23	0.07	0.96
2007	0.50	0.17	17.00	11.34	0.50	1.25	72.39	0.10	0.93	0.07	0.80	0.20	0.05	0.91
2008	0.51	1.67	16.70	11.00	0.54	1.20	97.26	0.26	0.88	0.08	0.75	0.17	0.04	0.70
2009	0.49	-0.38	16.40	10.70	0.56	1.13	61.67	-0.58	0.91	0.10	1.12	0.16	0.07	0.86
2010	0.46	0.61	17.40	10.00	0.58	0.99	79.50	0.22	0.84	0.11	1.16	0.16	0.11	0.49
2011	0.44	-0.11	16.80	10.00	0.60	0.99	111.26	0.29	0.87	0.11	0.99	0.14	0.02	0.38
2012	0.44	0.63	17.00	11.00	0.61	1.00	111.67	0.00	0.89	0.12	0.99	0.13	0.06	0.35
2013	0.42	0.24	17.10	12.00	0.60	1.10	108.66	-0.03	0.90	0.12	0.94	0.12	0.04	0.35
2014	0.41	0.23	17.40	12.00	0.62	1.10	98.95	-0.10	0.91	0.13	0.93	0.12	0.06	0.35

表 5 - 40　2004 ~ 2014 年石油产业风险评价指标标准化后的数据

年份	D_1	D_2	D_3	D_4	D_5	D_6	D_7	D_8	D_9	D_{10}	D_{11}	D_{12}	D_{13}	D_{14}
2004	0.9479	0.2829	0.0000	1.0000	0.8278	1.0000	1.0000	0.0587	0.0000	0.9561	0.6150	0.0000	0.0000	0.0000
2005	1.0000	1.0000	0.6000	0.9219	1.0000	0.3537	0.7786	0.0000	0.0914	1.0000	0.0983	0.2058	0.8182	0.3551
2006	0.8014	0.2951	0.6857	0.2519	0.7583	0.3317	0.6339	0.1544	0.6382	0.8894	0.0138	0.3222	0.5455	0.4886
2007	0.6411	0.2439	0.8286	0.3375	0.6332	0.6341	0.5351	0.2261	0.3118	0.8699	0.1324	0.5138	0.7273	0.5285
2008	0.6678	0.9000	0.9143	0.2519	0.4448	0.5122	0.1963	0.0484	0.7258	0.7577	0.0000	0.6825	0.8182	0.7039
2009	0.5315	0.0000	1.0000	0.1763	0.3090	0.3293	0.6812	1.0000	0.4923	0.5171	0.8871	0.7343	0.5455	0.5679
2010	0.3582	0.4331	0.7143	0.0000	0.2350	0.0000	0.4383	0.0843	1.0000	0.3073	1.0000	0.7654	0.1818	0.8816
2011	0.2356	0.1185	0.8857	0.0000	0.0819	0.0000	0.0056	0.0144	0.8249	0.2130	0.5879	0.8771	1.0000	0.9698
2012	0.1795	0.4456	0.8286	0.2519	0.0331	0.0244	0.3364	0.6674	0.1236	0.5781	0.9112	0.6364	0.6364	0.9934
2013	0.0849	0.2736	0.8000	0.5038	0.0830	0.2683	0.0410	0.3723	0.6014	0.1106	0.4693	0.9724	0.8182	1.0000
2014	0.0000	0.2664	0.7143	0.5038	0.0000	0.2683	0.1733	0.4527	0.4931	0.0000	0.4380	1.0000	0.6364	0.9962

第二步，根据前文的层次分析法确定石油产业风险各指标的权重。

$$\omega = (0.2415, 0.0805, 0.0483, 0.1235, 0.0823, 0.0412, 0.1038, 0.0346, 0.0260,$$
$$0.0208, 0.0926, 0.0309, 0.0556, 0.0185)^T。$$

计算加权规范化的决策矩阵，其结果如表 5 - 41 所示。

表5-41　2004～2014年石油产业加权规范化的数据

年份	D_1	D_2	D_3	D_4	D_5	D_6	D_7	D_8	D_9	D_{10}	D_{11}	D_{12}	D_{13}	D_{14}
2004	0.2290	0.0228	0.0000	0.1235	0.0681	0.0412	0.1038	0.0020	0.0000	0.0199	0.0569	0.0000	0.0000	0.0000
2005	0.2415	0.0805	0.0290	0.1138	0.0823	0.0146	0.0809	0.0000	0.0024	0.0208	0.0091	0.0064	0.0455	0.0066
2006	0.1936	0.0238	0.0331	0.0311	0.0624	0.0137	0.0658	0.0053	0.0166	0.0185	0.0013	0.0099	0.0303	0.0090
2007	0.1549	0.0196	0.0400	0.0417	0.0521	0.0261	0.0556	0.0078	0.0081	0.0181	0.0123	0.0159	0.0404	0.0098
2008	0.1613	0.0725	0.0442	0.0311	0.0366	0.0211	0.0204	0.0017	0.0188	0.0157	0.0000	0.0211	0.0455	0.0130
2009	0.1284	0.0000	0.0483	0.0218	0.0254	0.0136	0.0707	0.0346	0.0128	0.0107	0.0821	0.0227	0.0303	0.0105
2010	0.0865	0.0349	0.0345	0.0000	0.0193	0.0000	0.0455	0.0029	0.0260	0.0064	0.0926	0.0236	0.0101	0.0163
2011	0.0569	0.0095	0.0428	0.0000	0.0067	0.0006	0.0005	0.0214	0.0044	0.0544	0.0271	0.0556	0.0180
2012	0.0433	0.0359	0.0400	0.0311	0.0027	0.0010	0.0000	0.0116	0.0173	0.0026	0.0535	0.0281	0.0354	0.0184
2013	0.0205	0.0220	0.0386	0.0622	0.0068	0.0110	0.0043	0.0129	0.0156	0.0023	0.0435	0.0300	0.0455	0.0185
2014	0.0000	0.0215	0.0345	0.0622	0.0000	0.0110	0.0180	0.0157	0.0128	0.0000	0.0406	0.0309	0.0354	0.0184

第三步，确定加权规范化决策矩阵的正理想解 Z^+ 和负理想解 Z^-（见表5-42）。

表5-42　石油产业加权规范化的正、负理想解

理想解	D_1	D_2	D_3	D_4	D_5	D_6	D_7	D_8	D_9	D_{10}	D_{11}	D_{12}	D_{13}	D_{14}
Z^+	0.2415	0.0805	0.0483	0.1235	0.0823	0.0412	0.1038	0.0346	0.0260	0.0208	0.0569	0.0309	0.0556	0.0185
Z^-	0.0000	0.0000	0.0000	0.0000	0.0000	0.0000	0.0000	0.0000	0.0000	0.0000	0.0000	0.0000	0.0000	0.0000

第四步，计算各候选方案到正理想解 Z^+ 的欧氏距离 d^+ 和负理想解 Z^- 的欧氏距离 d^-（见表5-43）。

表5-43　石油产业欧氏距离

d^+	0.0948	0.0926	0.1379	0.1469	0.1744	0.1766	0.2305	0.2638	0.2607	0.2657	0.2814
d^-	0.2982	0.3079	0.2242	0.1918	0.1992	0.1868	0.1502	0.1131	0.1069	0.1099	0.1028

第五步，计算石油产业各候选方案与正理想解 Z^+ 的灰色关联系数 R^+（见表5-44）以及各候选方案与负理想解 Z^- 的灰色关联系数 R^-（见表5-45）。

表 5 – 44 2004 ~ 2014 年石油产业灰色关联系数矩阵 R^+

年份	D_1	D_2	D_3	D_4	D_5	D_6	D_7	D_8	D_9	D_{10}	D_{11}	D_{12}	D_{13}	D_{14}
2004	0.3548	0.7517	1.0000	0.3735	0.3813	0.3450	0.3801	0.9797	1.0000	0.3582	0.4982	1.0000	1.0000	1.0000
2005	0.3385	0.3609	0.5101	0.3971	0.3336	0.6266	0.4550	0.9598	0.9285	0.3475	1.0000	0.7816	0.4274	0.6147
2006	0.4102	0.7381	0.4708	0.8667	0.4047	0.6444	0.5223	0.8242	0.4666	0.3758	0.9966	0.6643	0.5486	0.5291
2007	0.4946	0.7988	0.4173	0.7529	0.4548	0.4627	0.5810	0.7365	0.6637	0.3812	0.9377	0.5327	0.4614	0.5080
2008	0.4782	0.3891	0.3906	0.8667	0.5592	0.5220	0.9452	1.0000	0.4322	0.4161	0.9705	0.4536	0.4274	0.4321
2009	0.5756	0.9213	0.3672	1.0000	0.6699	0.6465	0.4982	0.3429	0.5381	0.5177	0.3940	0.4339	0.5486	0.4887
2010	0.7767	0.6127	0.4591	0.8743	0.7510	0.9531	0.6529	0.9326	0.3511	0.6576	0.3626	0.4228	0.8819	0.3753
2011	1.0000	1.0000	0.3991	0.8743	1.0000	0.9531	0.9352	0.9873	0.3989	0.7485	0.5116	0.3873	0.3725	0.3523
2012	0.8727	0.6035	0.4173	0.8667	0.9040	1.0000	0.9257	0.6330	0.4546	0.8615	0.5167	0.3776	0.5012	0.3466
2013	0.7188	0.7624	0.4270	0.6000	0.9994	0.7023	1.0000	0.6053	0.4828	0.8809	0.5802	0.3614	0.4274	0.3451
2014	0.6204	0.7709	0.4591	0.6000	0.8487	0.7023	0.9872	0.5512	0.5376	1.0000	0.6015	0.3546	0.5012	0.3460

表 5 – 45 2004 ~ 2014 年石油产业灰色关联系数矩阵 R^-

年份	D_1	D_2	D_3	D_4	D_5	D_6	D_7	D_8	D_9	D_{10}	D_{11}	D_{12}	D_{13}	D_{14}
2004	0.3453	0.6386	1.0000	0.3333	0.3766	0.3333	0.3333	0.8949	1.0000	0.3434	0.4484	1.0000	1.0000	1.0000
2005	0.3333	0.3333	0.4545	0.3516	0.3333	0.5857	0.3910	1.0000	0.8455	0.3333	0.8357	0.7085	0.3793	0.5847
2006	0.3842	0.6288	0.4217	0.6650	0.3974	0.6012	0.4409	0.7641	0.4393	0.3599	0.9731	0.6082	0.4783	0.5058
2007	0.4382	0.6721	0.3763	0.5970	0.4412	0.4409	0.4830	0.6886	0.6159	0.3650	0.7907	0.4932	0.4074	0.4862
2008	0.4282	0.3571	0.3535	0.6650	0.5292	0.4940	0.7181	0.9117	0.4079	0.3975	1.0000	0.4228	0.3793	0.4153
2009	0.4847	1.0000	0.3333	0.7393	0.6180	0.6029	0.4233	0.3333	0.5039	0.4916	0.3605	0.4051	0.4783	0.4682
2010	0.5826	0.5359	0.4118	1.0000	0.6803	1.0000	0.5329	0.8557	0.3333	0.6193	0.3333	0.3951	0.7333	0.3619
2011	0.6797	0.8084	0.3608	1.0000	0.8593	1.0000	0.9890	0.9720	0.3774	0.7013	0.4596	0.3631	0.3333	0.3402
2012	0.7359	0.5288	0.3763	0.6650	0.9379	0.9535	1.0000	0.5978	0.4283	0.8018	0.4638	0.3543	0.4400	0.3348
2013	0.8548	0.6463	0.3846	0.4981	0.8576	0.6508	0.9242	0.5732	0.4540	0.8189	0.5158	0.3396	0.3793	0.3333
2014	1.0000	0.6524	0.4118	0.4981	1.0000	0.6508	0.7426	0.5248	0.5035	1.0000	0.5331	0.3333	0.4400	0.3342

第六步，计算石油产业各候选方案与正理想解和负理想解的灰色关联度 r^+ 和 r^-。

$r^+ = \{0.6317, 0.6419, 0.7218, 0.7142, 0.7704, 0.7378, 0.7257, 0.7285, 0.7503,$
$0.7309, 0.7340\}$

$r^- = \{0.5545, 0.6009, 0.6105, 0.6085, 0.5953, 0.6692, 0.6065, 0.5572, 0.5716,$
$0.6244, 0.6420\}$

第七步，分别对第四步和第六步确定的距离 d_i^+、d_i^- 和关联度 r_i^+、r_i^- 进行无量纲化处理，可以得到 D_i^+、D_i^-、R_i^+、R_i^-。

$D_i^+ = \{0.3368, 0.3292, 0.4901, 0.5220, 0.6197, 0.6277, 0.8191, 0.9375, 0.9265, 0.9443, 1\}$

$D_i^- = \{0.9686, 1, 0.7281, 0.6228, 0.6469, 0.6066, 0.4878, 0.3673, 0.3472, 0.3568, 0.3338\}$

$R_i^+ = \{0.8200, 0.8332, 0.9369, 0.9271, 1, 0.9577, 0.9420, 0.9456, 0.9739, 0.9487, 0.9528\}$

$R_i^- = \{0.8286, 0.8979, 0.9123, 0.9093, 0.8896, 1, 0.9063, 0.8326, 0.8542, 0.9331, 0.9594\}$

第八步，当 $\alpha = \beta = 0.5$ 时，可以得到：

$S_i^+ = \alpha D_i^+ + \beta R_i^- = \{0.6130, 0.6312, 0.7398, 0.7492, 0.7643, 0.8250, 0.8517, 0.8875, 0.8858, 0.9387, 0.9797\}$

$S_i^- = \alpha D_i^- + \beta R_i^+ = \{0.8943, 0.9166, 0.8325, 0.7749, 0.8234, 0.7822, 0.7149, 0.6565, 0.6606, 0.6527, 0.6433\}$

第九步，根据相对贴近度 C^+ 计算公式得到表 5 – 46。

表 5 – 46 2004 ~ 2014 年石油产业相对贴近度计算结果

年份	2004	2005	2006	2007	2008	2009	2010	2011	2012	2013	2014
C^+	0.4067	0.4078	0.4705	0.4916	0.4811	0.5133	0.5437	0.5748	0.5728	0.5901	0.6036
排序	11	10	9	7	8	6	5	3	4	2	1
风险等级	值得关注	值得关注	值得关注	值得关注	值得关注	值得关注	值得关注	值得关注	值得关注	值得关注	较安全

低碳经济背景下，石油产业在 2014 年风险状况最好，相对贴近度是 0.6036，处于"较安全"的风险等级范围内，2004 ~ 2013 年石油产业风险等级都处于"值得关注"的范围内。风险水平最差的年份是 2004 年，主要是由各能源消费占比、能源强度、碳排放变动率、碳强度这 4 个指标造成的。其中，2004 年的各能源消费占比达到 19.9%，

该指标是观察期内的最大值，能源强度达到 0.2866，碳排放变动率达到 0.13，碳强度达到 1.5453，这 4 个指标都是数值越大风险越大。因此，在 2004 年，石油产业的供求风险、技术风险、环境风险，最终导致石油产业风险在观察期内最大。

3. 天然气产业风险评价

第一步，采用极差法对天然气产业的原始数据（见表 5 - 47）进行标准化处理，标准化处理后的矩阵如表 5 - 48 所示，为了便于比较将各项指标分别用 $D_1 \sim D_{14}$ 来表示。

表 5 - 47 2006 ~ 2014 年天然气产业风险评价指标原始数据

年份	自给度	供需增速比	各能源消费占比	储采比	对外依存度	探明储量世界占比	价格	价格波动率	进口集中度	进口份额	能源效率	能源强度	碳排放变动率	碳强度
2006	1.01	0.80	2.70	41.80	- 0.03	1.35	7.14	0.15	1.00	0.00	0.40	0.04	0.18	0.86
2007	0.99	0.89	3.00	27.19	0.02	1.06	7.73	0.08	0.87	0.01	0.72	0.04	0.20	0.56
2008	0.99	1.02	3.40	32.00	0.02	1.30	12.55	0.38	1.00	0.01	0.86	0.03	0.13	0.30
2009	0.97	0.74	3.50	28.80	0.05	1.31	9.06	- 0.39	0.94	0.01	1.00	0.03	0.09	0.13
2010	0.89	0.57	4.00	29.00	0.12	1.50	10.91	0.17	0.89	0.02	1.04	0.04	0.06	0.09
2011	0.78	0.43	4.60	30.00	0.21	1.50	14.73	0.26	1.00	0.02	1.09	0.04	0.18	0.02
2012	0.75	0.40	4.80	29.00	0.26	1.70	16.75	0.12	0.94	0.04	0.97	0.04	0.08	0.02
2013	0.71	0.70	5.30	28.00	0.29	1.80	16.17	- 0.04	0.87	0.05	1.17	0.04	0.11	0.02
2014	0.70	0.80	5.70	26.00	0.30	1.80	16.33	0.01	0.81	0.06	1.00	0.04	0.08	0.01

表 5 - 48 2006 ~ 2014 年天然气产业风险评价指标标准化后的数据

年份	D_1	D_2	D_3	D_4	D_5	D_6	D_7	D_8	D_9	D_{10}	D_{11}	D_{12}	D_{13}	D_{14}
2006	1.0000	0.6551	1.0000	1.0000	1.0000	0.3919	1.0000	0.3008	0.0000	1.0000	0.0000	0.6486	0.1429	0.0000
2007	0.9263	0.7905	0.9000	0.0753	0.8392	0.0000	0.9386	0.4001	0.6785	0.9944	0.4216	0.8108	0.0000	0.3555
2008	0.9356	1.0000	0.7667	0.3797	0.8493	0.3243	0.4370	0.0000	0.0123	0.9870	0.5963	0.9459	0.5000	0.6636
2009	0.8721	0.5566	0.7333	0.1772	0.7521	0.3378	0.8002	1.0000	0.3371	0.9258	0.7823	1.0000	0.7857	0.8620
2010	0.5976	0.2820	0.5667	0.1899	0.5565	0.5946	0.6077	0.2788	0.6040	0.7755	0.8340	0.5946	1.0000	0.9106
2011	0.2651	0.0581	0.3667	0.2532	0.2791	0.5946	0.2102	0.1622	0.0000	0.7050	0.9012	0.1622	0.1429	0.9866

续表

年份	D_1	D_2	D_3	D_4	D_5	D_6	D_7	D_8	D_9	D_{10}	D_{11}	D_{12}	D_{13}	D_{14}
2012	0.1440	0.0000	0.3000	0.1899	0.1213	0.8649	0.0000	0.3425	0.3237	0.3340	0.7365	0.2703	0.8571	0.9855
2013	0.0439	0.4841	0.1333	0.1266	0.0309	1.0000	0.0604	0.5460	0.6752	0.1577	1.0000	0.1622	0.6429	0.9905
2014	0.0000	0.6506	0.0000	0.0000	0.0000	1.0000	0.0437	0.4865	1.0000	0.0000	0.7823	0.0000	0.8571	1.0000

第二步，根据前文的层次分析法确定天然气产业风险各指标的权重。

$\omega = (0.2997, 0.0999, 0.0599, 0.1313, 0.0656, 0.0328, 0.0859, 0.0286, 0.0215,$
$0.0172, 0.0689, 0.0230, 0.0492, 0.0164)^{\text{T}}$。

计算加权规范化的决策矩阵，结果如表 5 - 49 所示。

表 5 - 49　2006～2014 年天然气产业加权规范化的数据

年份	D_1	D_2	D_3	D_4	D_5	D_6	D_7	D_8	D_9	D_{10}	D_{11}	D_{12}	D_{13}	D_{14}
2006	0.2997	0.0654	0.0599	0.1313	0.0656	0.0129	0.0859	0.0086	0.0000	0.0172	0.0000	0.0149	0.0070	0.0000
2007	0.2776	0.0790	0.0539	0.0099	0.0551	0.0000	0.0806	0.0115	0.0146	0.0171	0.0291	0.0186	0.0000	0.0058
2008	0.2804	0.0999	0.0460	0.0499	0.0558	0.0106	0.0375	0.0000	0.0003	0.0170	0.0411	0.0217	0.0246	0.0109
2009	0.2613	0.0556	0.0440	0.0233	0.0494	0.0111	0.0687	0.0286	0.0072	0.0159	0.0539	0.0230	0.0387	0.0141
2010	0.1791	0.0282	0.0340	0.0249	0.0365	0.0195	0.0522	0.0080	0.0130	0.0133	0.0575	0.0137	0.0492	0.0149
2011	0.0795	0.0058	0.0220	0.0332	0.0183	0.0195	0.0181	0.0046	0.0000	0.0121	0.0621	0.0037	0.0070	0.0162
2012	0.0431	0.0000	0.0180	0.0249	0.0080	0.0284	0.0000	0.0098	0.0070	0.0057	0.0508	0.0062	0.0422	0.0162
2013	0.0132	0.0484	0.0080	0.0166	0.0020	0.0328	0.0052	0.0156	0.0145	0.0027	0.0689	0.0037	0.0317	0.0163
2014	0.0000	0.0650	0.0000	0.0000	0.0000	0.0328	0.0038	0.0139	0.0215	0.0000	0.0539	0.0000	0.0422	0.0164

第三步，确定加权规范化决策矩阵的正理想解 Z^+ 和负理想解 Z^-（见表 5 - 50）。

表 5 - 50　天然气产业加权规范化的正、负理想解

理想解	D_1	D_2	D_3	D_4	D_5	D_6	D_7	D_8	D_9	D_{10}	D_{11}	D_{12}	D_{13}	D_{14}
Z^+	0.2997	0.0999	0.0599	0.1313	0.0656	0.0328	0.0859	0.0286	0.0215	0.0172	0.0689	0.0230	0.0492	0.0164
Z^-	0.0000	0.0000	0.0000	0.0000	0.0000	0.0000	0.0000	0.0000	0.0000	0.0000	0.0000	0.0000	0.0000	0.0000

第四步，计算各候选方案到正理想解 Z^+ 的欧氏距离 d^+ 和负理想解 Z^- 的欧氏距离 d^-，结果如表 5-51 所示。

表 5-51 天然气产业欧氏距离

d^+	0.0946	0.1453	0.1104	0.1310	0.1849	0.2796	0.3172	0.3348	0.3522	0.0946	0.1453
d^-	0.3570	0.3126	0.3178	0.2957	0.2136	0.1155	0.0923	0.1022	0.1045	0.3570	0.3126

第五步，计算天然气产业各候选方案与正理想解 Z^+ 的灰色关联系数 R^+（见表 5-52）以及各候选方案与负理想解 Z^- 的灰色关联系数 R^-（见表 5-53）。

表 5-52 天然气产业灰色关联系数矩阵 R^+

年份	D_1	D_2	D_3	D_4	D_5	D_6	D_7	D_8	D_9	D_{10}	D_{11}	D_{12}	D_{13}	D_{14}
2006	0.3662	0.4892	0.3758	0.3369	0.3581	0.6128	0.3520	0.6787	0.9759	0.3450	1.0000	0.4591	0.9220	1.0000
2007	0.3939	0.4312	0.4045	0.8954	0.4045	1.0000	0.3685	0.6000	0.4348	0.3463	0.6532	0.4007	1.0000	0.6116
2008	0.3901	0.3643	0.4504	0.6430	0.4013	0.6663	0.5971	1.0000	1.0000	0.3481	0.5383	0.3624	0.5665	0.4462
2009	0.4170	0.5424	0.4635	0.9142	0.4351	0.6548	0.4120	0.3530	0.6192	0.3633	0.4533	0.3490	0.4329	0.3800
2010	0.5936	0.7779	0.5426	0.8907	0.5239	0.4940	0.4930	0.6989	0.4650	0.4070	0.4343	0.4825	0.3679	0.3667
2011	1.0000	1.0000	0.6823	0.7894	0.7374	0.4940	0.8301	0.8305	0.9759	0.4313	0.4118	0.8149	0.9220	0.3476
2012	0.7604	0.8943	0.7463	0.8907	0.9600	0.3925	0.8888	0.6432	0.6297	0.6293	0.4717	0.6951	0.4088	0.3479
2013	0.6349	0.5895	0.9752	1.0000	1.0000	0.3560	1.0000	0.5128	0.4360	0.8048	0.3827	0.8149	0.4908	0.3467
2014	0.5920	0.4914	1.0000	0.7762	0.9420	0.3560	0.9667	0.5451	0.3396	1.0000	0.4533	1.0000	0.4088	0.3445

表 5-53 天然气产业灰色关联系数矩阵 R^-

年份	D_1	D_2	D_3	D_4	D_5	D_6	D_7	D_8	D_9	D_{10}	D_{11}	D_{12}	D_{13}	D_{14}
2006	0.3333	0.4328	0.3333	0.3333	0.3333	0.5606	0.3333	0.6244	1.0000	0.3333	1.0000	0.4353	0.7778	1.0000
2007	0.3506	0.3874	0.3571	0.8691	0.3734	1.0000	0.3476	0.5555	0.4243	0.3346	0.5425	0.3814	1.0000	0.5845
2008	0.3483	0.3333	0.3947	0.5683	0.3706	0.6066	0.5336	1.0000	0.9759	0.3362	0.4561	0.3458	0.5000	0.4297
2009	0.3644	0.4732	0.4054	0.7383	0.3993	0.5968	0.3846	0.3333	0.5973	0.3507	0.3899	0.3333	0.3889	0.3671
2010	0.4555	0.6394	0.4688	0.7248	0.4733	0.4568	0.4514	0.6420	0.4529	0.3920	0.3748	0.4568	0.3333	0.3545
2011	0.6535	0.8958	0.5769	0.6639	0.6417	0.4568	0.7040	0.7550	1.0000	0.4149	0.3568	0.7551	0.7778	0.3363

年份	D_1	D_2	D_3	D_4	D_5	D_6	D_7	D_8	D_9	D_{10}	D_{11}	D_{12}	D_{13}	D_{14}
2012	0.7765	1.0000	0.6250	0.7248	0.8048	0.3663	1.0000	0.5935	0.6070	0.5996	0.4044	0.6491	0.3684	0.3366
2013	0.9192	0.5081	0.7895	0.7980	0.9418	0.3333	0.8923	0.4780	0.4254	0.7602	0.3333	0.7551	0.4375	0.3355
2014	1.0000	0.4345	1.0000	1.0000	1.0000	0.3333	0.9196	0.5068	0.3333	1.0000	0.3899	1.0000	0.3684	0.3333

第六步，计算天然气产业各候选方案与正理想解和负理想解的灰色关联度 r^+ 和 r^-。

$r^+ = \{0.6577, 0.7317, 0.7400, 0.7898, 0.7754, 0.7280, 0.7113, 0.6986, 0.6873\}$

$r^- = \{0.6343, 0.6404, 0.6809, 0.7012, 0.7170, 0.6616, 0.6408, 0.6200, 0.6035\}$

第七步，分别对第四步和第六步确定的距离 $d_i{}^+$、$d_i{}^-$ 和关联度 $r_i{}^+$、$r_i{}^-$ 进行无量纲化处理，可以得到 $D_i{}^+$、$D_i{}^-$、$R_i{}^+$、$R_i{}^-$。

$D_i{}^+ = \{0.2738, 0.4151, 0.3211, 0.3692, 0.5275, 0.7959, 0.9014, 0.9506, 1\}$

$D_i{}^- = \{1, 0.8756, 0.8903, 0.8283, 0.5985, 0.3235, 0.2584, 0.2864, 0.2929\}$

$R_i{}^+ = \{0.8327, 0.9264, 0.9369, 1, 0.9818, 0.9218, 0.9006, 0.8845, 0.8702\}$

$R_i{}^- = \{0.8847, 0.8932, 0.9497, 0.9780, 1, 0.9227, 0.8937, 0.8647, 0.8417\}$

第八步，当 $\alpha = \beta = 0.5$ 时，可以得到：

$S_i{}^+ = \alpha D_i{}^+ + \beta R_i{}^- = \{0.5792, 0.6541, 0.6354, 0.6736, 0.7637, 0.8593, 0.8976, 0.9077, 0.9209\}$

$S_i{}^- = \alpha D_i{}^- + \beta R_i{}^+ = \{0.9164, 0.9010, 0.9136, 0.9141, 0.7901, 0.6226, 0.5795, 0.5855, 0.5815\}$

第九步，根据相对贴近度 C^+ 计算公式得到表 5 - 54。

表 5 - 54　2006～2014 年天然气产业相对贴近度计算结果

年份	2006	2007	2008	2009	2010	2011	2012	2013	2014
C^+	0.3873	0.4206	0.4102	0.4242	0.4915	0.5799	0.6077	0.6079	0.6129
排序	9	7	8	6	5	4	3	2	1
风险等级	低度风险	值得关注	值得关注	值得关注	值得关注	值得关注	较安全	较安全	较安全

　　低碳经济背景下，天然气产业在 2014 年风险状况最好，相对贴近度是 0.6129，并且在 2012 年、2013 年、2014 年都处于"较安全"的风险等级范围内；2007～2011 年，其风险等级都处于"值得关注"的范围内，只有 2006 年处于"低度风险"的风险等级范围内。风险水平最差的年份是 2006 年，主要是由进口集中度、能源效率、碳强度这 3 个指标造成的。其中，2006 年进口集中度达到观察期内的最大值，能源效率是 0.4022，碳强度达 0.8621，进口集中度和碳强度这 2 个指标都是数值越大风险越大，而能源效率是数值越小风险越大。因此，在 2006 年，天然气产业的市场风险、技术风险、环境风险，最终导致天然气产业风险在观察期内最大。

第六章 低碳经济背景下的中国能源产业风险预警

能源产业预警是通过各种方法或措施将能源产业的风险和危机降到最低。从某种程度上说，能源产业预警是指对能源产业风险的演变趋势进行预测和评价，并及时做好应对风险的措施。

第一节 能源产业风险预警的构成

能源产业风险预警主要由以下几方面要素组成：确定警义、寻找警源、警兆（警情）分析、预报警度、采取预警措施排除警患。

一 确定警义

确定警义即确定预警的目标。能源产业风险预警的警义是能源产业风险的影响和变化因素。中国能源产业的风险主要包括供求风险、资源风险、市场风险、技术风险和环境风险。因此，影响中国能源产业供求变化、能源资源变动、能源市场价格剧烈波动、能源技术效率和技术进步、碳排放量变动等都可以纳入能源产业风险警义的研究范畴。

二 寻找警源

警源是风险产生的源头，警源可分为内生和外生两种。能源产业风险预警的警源是指能源产业风险产生的根源。内生警源是指能源产业系统内部因素，例如，能源资源、供求情况、能源价格波动、能源技术、环境污染等；外生警源是指能源产业系统外部因素，例如，能源供应国政局震荡、外交关系变动等。然而，并不是所有警源都会成为警情，这不仅需要量变积累的过程，也需要某些客观外部条件的诱发。能源产业部门应对容易产生警情的主要警源指标进行深入分析，重点关注这些警源指标，并找到导致能源风险产生的根源。

三　警兆（警情）分析

警兆（警情）是风险出现之前的各种异常情况。每种警兆通常对应不同的警源指标，一旦明确了警兆，就要认真分析原因，并及时发出相应级别的警报。根据低碳经济背景下的能源产业风险评价和预警系统，能源产业部门应对能源产业的风险进行测量、评价、预测，并根据不同的警情进行预警。

能源产业风险预警的警兆是指能源产业系统中的各种异常情况，主要包括以下内容。

（1）能源产业的供求情况异常

例如，世界主要能源生产大国由于政治或是战争等原因，主要能源供应出现短缺；世界主要能源消费大国由于政策变化等原因，能源需求发生变化。因此，能源产业部门可以通过对能源产业供求因素进行预测，主要是能源自给度、供需增速比、各能源消费占比这3个供求风险指标，从而对能源产业的供求风险进行预警。

（2）能源资源情况异常

例如，基于能源资源结构的现状，以及对某种主要能源需求量的增长，某种主要能源的对外依存度持续扩大，从而引起资源风险不断增加。能源产业部门可以通过对能源产业资源因素进行预测，主要是能源储采比（储产比）、对外依存度、探明储量世界占比这3个资源风险指标，从而对能源产业的资源风险进行预警。

（3）能源市场变动异常

例如，世界能源市场供需不平衡或能源供应国政局震荡而引起的能源价格剧烈波动。能源产业部门可以通过对能源产业市场因素进行预测，主要是价格、价格波动率、进口集中度、进口份额这4个市场风险指标，从而对能源产业的市场风险进行预警。

（4）能源产业的技术情况异常

例如，某能源产业效率不高，存在严重生产浪费；由于能源终端管理相对落后，能源在消费环节出现低效率、粗放利用的现象。能源产业部门可以通过对能源产业技术因素进行预测，主要是能源效率、能源强度这2个技术风险指标，从而对能源产业的技术风险进行预警。

（5）低碳环境要素变动异常

例如，某能源产业在生产过程中存在严重的环境污染或碳排放高的情况，从而对环境造成巨大的发展成本，难以达到绿色、低碳经济发展要求。能源产业部门可以通过对能源产业低碳环境因素进行预测，主要是碳排放变动率、碳强度这2个环境风险指标，从而对能源产业的环境风险进行预警。

四 预报警度

警度是警情的严重程度，能源产业风险预警的最终目的是预报警度。当警度按照一系列方法分析和计算后，还要根据警兆和警源指标之间的关系，确定相应的警兆阈值，最后根据阈值对应的预警级别发出警报信号。

本章采用相关数理模型对分析数据进行预测，根据预测结果匹配相应的警度，并征询专家意见和总结历史经验进行综合分析，进而提高预警的科学性和准确性。不同的警度代表不同等级的风险情况。本书将能源产业风险状态划分为五个等级，即高度安全、较安全、值得关注、低度风险和高度风险，并将其分别对应为绿灯、蓝灯、黄灯、橙灯和红灯，按照阈值对应的预警级别发出不同的警报信号，不同颜色的灯表示达到了相对应的警度。

五　采取预警措施排除警患

能源产业的风险预警措施是按照能源产业风险预警情况采取的相应的措施，目的是最大限度地减少风险对能源产业造成的损失，保证国家能源产业安全和国民经济稳定健康发展。能源产业风险预警是要寻找警源、发现警情，最大限度地预防和抑制能源产业风险的发生，及时针对出现的不同警情制定相应的排除警患的措施。排除警患是一项系统工作，需要利用有限的资源快速高效地解决出现的问题。

能源产业的风险排警措施分为短期排警和长期排警，前者侧重于应急性，后者侧重于政策方面。

短期排警的措施主要有开启应急预案、区域间的能源调配、使用能源库存或能源储备、使用替代品等，主要用于应对预料之外的风险或是突发情况。例如，国际能源价格剧烈波动、主要能源国家爆发的战争或是罢工等，目的是保证国家内部能源供求的短期均衡，保证能源价格在可接受的范围内波动，即使能源市场价格出现大幅度的波动也能采取措施迅速调整。

长期排警措施侧重于保证国家内部长期能源供求平衡的政策方面，主要包括：能源供求关系管理措施和政策，例如，能源运输或调配政策、消费政策等；与能源市场定价有关的政策，例如，价格补贴、价格调整机制等；可再生能源和新能源的扶持政策，例如，税收优惠、财政补贴、贴息政策等；与节能减排、环境保护有关的政策，例如，倡导低碳消费，对新型节能技术和设备的补贴政策等。

第二节　基于 GM（1，1）模型的能源产业风险预测实证分析

能源产业风险预警需要在风险识别、风险测量、风险评价、风险预测的基础上进行，针对前几章的分析结果，本节将对能源产业风险进行预测，在能源产业风险预测的基础上对能源产业风险进行预警。

GM（1，1）模型是灰色系统理论中用于数据预测的主要方法，即单序列一阶线性动态模型。能源产业的有些问题具有信息不确定、可供分析样本少的特点，而灰色系统理论可以用少量的数据进行精确的数据预测（吴振信、石佳，2012：803~809）。

一 GM（1，1）模型的基本步骤

第1步：对数据序列 $x^{(0)} = \{x^{(0)}(1), x^{(0)}(2), \cdots, x^{(0)}(N)\}$ 做一次累加，可得到：

$$x^{(1)} = \{x^{(1)}(1), x^{(1)}(2), \cdots, x^{(1)}(N)\} \qquad (6-1)$$

其中，$x^{(1)}(t) = \sum_{k=1}^{t} x^{(0)}(k)$。

第2步：构造累加矩阵 B 和常数项向量 Y_N：

$$B = \begin{bmatrix} -\frac{1}{2}[x^{(1)}(1) + x^{(1)}(2)] & 1 \\ -\frac{1}{2}[x^{(1)}(1) + x^{(1)}(2)] & 1 \\ \cdots\cdots & \\ -\frac{1}{2}[x^{(1)}(N-1) + x^{(1)}(N)] & 1 \end{bmatrix} \qquad (6-2)$$

$$Y_N = [x_1^{(0)}(2), x_1^{(0)}(3), \cdots, x_1^{(0)}(N)]^{\mathrm{T}} \qquad (6-3)$$

第3步：在累加矩阵 B 和常数项向量 Y_N 的基础上，用最小二乘法解灰色参数 $\hat{a}$，可以得到：

$$\hat{a} = \begin{bmatrix} a \\ u \end{bmatrix} = (B^{\mathrm{T}}B)^{-1}B^{\mathrm{T}}Y_N \qquad (6-4)$$

第4步：将上一步计算得到的灰色参数 $\hat{a}$ 代入时间函数：

$$\hat{x}^{(1)}(t+1) = [x^{(0)}(1) - \frac{u}{a}]e^{-at} + \frac{u}{a} \qquad (6-5)$$

第5步：对 $\hat{x}^{(1)}$ 求导还原可以得到如下函数：

$$\hat{x}^{(0)}(t+1) = -a\left[x^{(0)}(1) - \frac{u}{a}\right]e^{-at} \qquad (6-6)$$

第 6 步：计算 $x^{(0)}(t)$ 与 $\hat{x}^{(0)}(t)$ 之差 $\varepsilon^{(0)}(t)$ 及相对误差 $e(t)$：

$$\varepsilon^{(1)}(t) = x^{(0)}(t) - \hat{x}^{(0)}(t) \qquad (6-7)$$

$$e(t) = \varepsilon^{(0)}(t)/x^{(0)}(t) \qquad (6-8)$$

第 7 步：对模型进行诊断。

为了分析模型的可靠性，需要对模型进行诊断。对模型进行后验差检验是目前较通用的诊断方法，即先计算观察数据离差 s_1，其表达式如下：

$$s_1^2 = \sum_{t=1}^{m}\left[x^{(0)}(t) - \bar{x}^{(0)}(t)\right]^2 \qquad (6-9)$$

计算残差的离差 s_2，其表达式如下：

$$s_2^2 = \frac{1}{m-1}\sum_{t=1}^{m-1}\left[q^{(0)}(t) - \bar{q}^{(0)}(t)\right]^2 \qquad (6-10)$$

再计算后验比：$c = \dfrac{s_1}{s_2}$。

同时需要计算小误差概率 $p = \{|q^{(0)}(t) - \bar{q}^{(0)}(t)| < 0.6745s_1\}$。

根据后验比 c 和小误差概率 p 的结果，对模型进行诊断，当 $p > 0.95$ 且 $c < 0.35$ 时，模型可靠，说明模型对系统行为的预测比较准确。

二　GM（1，1）模型预测的实证分析

利用灰色系统的 GM（1，1）模型，对中国煤炭、石油、天然气产业的风险评价指标分别建模并做样本内预测。

数据说明：在 2004～2014 年煤炭、石油产业数据样本和 2006～2014 年天然气产业数据样本的基础上，通过 Matlab 软件的 GM（1，1）模型对 2015～2018 年各风险评价指标进行预测。以自给度和各能源消费占比为例对样本进行实证分析，从分析中可以看到，煤炭产业自给度指标的 GM（1，1）模型的预测效果不好，而对各能源消费占比指标的预测效果较好，具体分析如下所示。

1. 煤炭产业

（1）煤炭产业的自给度预测

2004～2014年煤炭产业的自给度是已知样本，在已知样本的基础上，初始序列模型不稳定，并且经过1次残差至5次残差拟合后的模型也不稳定（见图6-1～图6-4），结果为 $a = -0.0006$，$u = 0.9068$；预测模型为 $x(t+1) = 146.7836e^{0.0006t} - 145.8057$。在对当前模型进行评价时，其后验比 $c = 0.6515$，模拟结果不好；小误差概率 $p = 0.6000$，模拟结果不好。由于 $p < 0.95$，$c > 0.35$，所以用 GM（1，1）模型对煤炭产业自给度的预测误差较大。

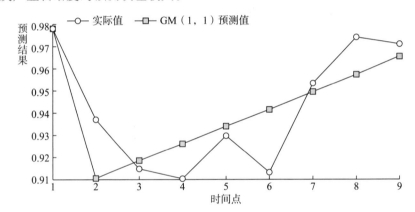

图6-1 煤炭产业自给度的训练集

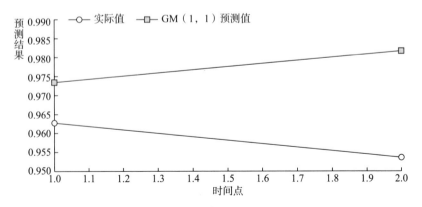

图6-2 煤炭产业自给度的测试集

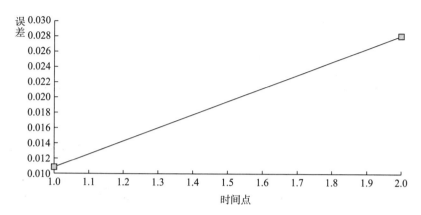

图 6 - 3　煤炭产业自给度的测试误差

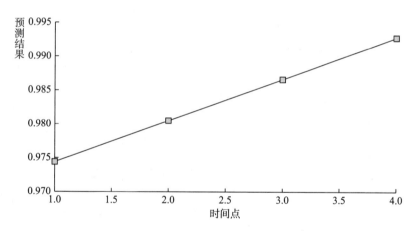

图 6 - 4　煤炭产业自给度的预测值

（2）煤炭产业的各能源消费占比预测

2004～2014 年煤炭产业的各能源消费占比是已知样本，在已知样本的基础上，初始序列模型稳定（见图 6 - 5～图 6 - 8），其分析结果为 $a = 0.0105$，$u = 74.6157$；预测模型为 $x(t+1) = -7032.2967e^{-0.0105t} + 7102.4967$。在对当前模型进行评价时，其后验比 $c = 0.3679$，模拟结果不好；小误差概率 $p = 1.0000$，模拟结果很好。

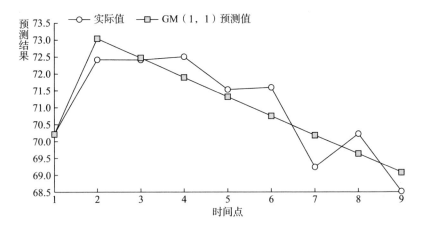

图 6 - 5　煤炭产业各能源消费占比的训练集

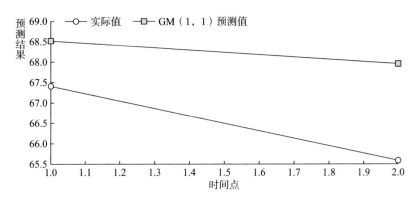

图 6 - 6　煤炭产业各能源消费占比的测试集

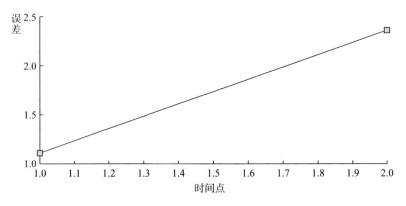

图 6 - 7　煤炭产业各能源消费占比的测试误差

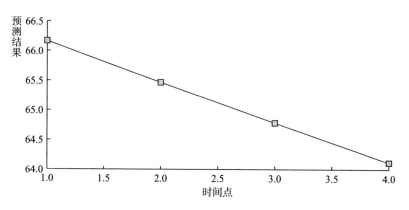

图 6 - 8 煤炭产业各能源消费占比的预测值

由以上分析可知，运用 GM（1，1）模型对煤炭产业的自给度的预测并不稳定，预测的效果不是很理想。根据表 6 - 1 可知，自给度的平均相对误差是 - 0.02815%，预测误差较大。而 GM（1，1）模型对煤炭产业的各能源消费占比的预测较为稳定，各能源消费占比的平均相对误差是 - 0.01392%，预测误差较小。

表 6 - 1 GM（1，1）模型煤炭产业自给度、各能源消费占比的误差值

自给度	观察值	拟合值	误差	相对误差（%）	各能源消费占比	观察值	拟合值	误差	相对误差（%）
x（2）	0.9368	0.9157	0.0211	2.2523	x（2）	72.4000	73.4914	- 1.0914	- 1.5075
x（3）	0.9146	0.9214	- 0.0068	- 0.7446	x（3）	72.4000	72.7234	- 0.3234	- 0.4467
x（4）	0.9102	0.9272	- 0.0170	- 1.8630	x（4）	72.5000	71.9634	0.5366	0.7402
x（5）	0.9294	0.9329	- 0.0035	- 0.3811	x（5）	71.5000	71.2113	0.2887	0.4037
x（6）	0.9130	0.9388	- 0.0258	- 2.8215	x（6）	71.6000	70.4671	1.1329	1.5822
x（7）	0.9530	0.9446	0.0084	0.8793	x（7）	69.2000	69.7307	- 0.5307	- 0.7669
x（8）	0.9741	0.9505	0.0236	2.4213	x（8）	70.2000	69.0020	1.1980	1.7066
x（9）	0.9711	0.9564	0.0147	1.5093	x（9）	68.5000	68.2809	0.2191	0.3199
x（10）	0.9627	0.9624	0.0003	0.0303	x（10）	67.4000	67.5673	- 0.1673	- 0.2482
x（11）	0.9535	0.9684	- 0.0149	- 1.5638	x（11）	65.6000	66.8612	- 1.2612	- 1.9225

从预测效果（见表 6 - 2）来看，煤炭产业的各能源消费占比、储采比、能源强度、碳强度的预测模型较稳定，预测的误差较小。自给度、供需增

速比、探明储量世界占比、价格、价格波动率、能源效率、碳排放变动率的初始模型不稳定，它们的后验比和小误差概率分别是 $c = 0.6515$、$p = 0.6000$，$c = 0.9937$、$p = 0.4000$，$c = 0.9767$、$p = 0.4000$，$c = 0.7085$、$p = 0.6000$，$c = 0.8846$、$p = 0.5000$，$c = 0.9285$、$p = 0.5000$，$c = 0.7294$、$p = 0.7778$。对外依存度在第 2 次残差序列分析后模型稳定性得到改善；自给度、供需增速比、探明储量世界占比、价格、价格波动率、能源效率、碳排放变动率分别在第 4 次、第 7 次、第 4 次、第 12 次、第 12 次、第 3 次和第 6 次残差序列分析后模型也不稳定，预测值的误差也没有变小。

表 6 - 2   2015 ~ 2018 年 GM（1，1）模型煤炭产业风险指标预测值

指标	2015 年	2016 年	2017 年	2018 年
自给度	0.9745	0.9805	0.9866	0.9928
供需增速比	1.7583	1.8681	1.9848	2.1087
各能源消费占比	66.1624	65.4710	64.7868	64.1097
储采比	26.7755	26.0076	25.5188	25.3169
对外依存度	0.0877	0.1549	0.2135	0.2434
探明储量世界占比	13.1935	13.1923	13.1911	13.1900
价格	75.8295	93.8920	107.8257	122.9802
价格波动率	0.0133	0.0105	0.0083	0.0066
能源效率	1.0921	1.0971	1.1021	1.1072
能源强度	0.3908	0.3549	0.3222	0.2925
碳排放变动率	0.0301	0.0424	0.0584	0.0781
碳强度	0.2322	0.2033	0.1781	0.1559

2. 石油产业

（1）石油产业的自给度预测

2004 ~ 2014 年石油产业的自给度是已知样本，在已知样本的基础上，初始序列模型稳定，但经过 1 次残差拟合后的精度要更高，因此选取第 1 次残差序列的分析结果（见图 6 - 9 ~ 图 6 - 12），其分析结果为 $a = 0.0347$，$u = 0.0117$；预测模型为 $x(t + 1) = -0.3281e^{-0.0347t} + 0.3377$。在对当前模型进行评价时，其后验比 $c = 0.0909$，模拟结果很好；小误差概率 $p = 1.0000$，模拟结果很好。

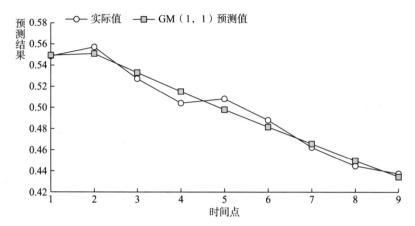

图 6 – 9 石油产业自给度的训练集

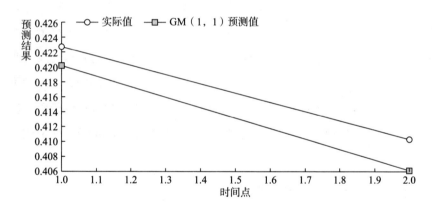

图 6 – 10 石油产业自给度的测试集

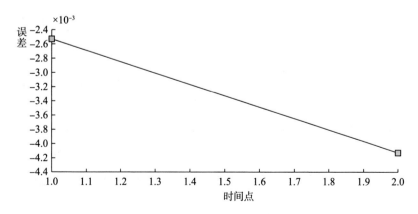

图 6 – 11 石油产业自给度的测试误差

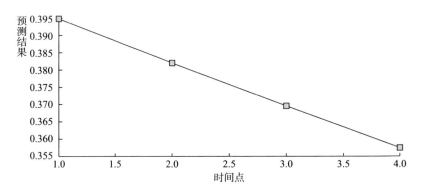

图 6 – 12 石油产业自给度的预测值

（2）石油产业的各能源消费占比预测

2004～2014 年石油产业的各能源消费占比是已知样本，在已知样本的基础上，初始序列模型比较稳定，经过 2 次残差拟合后的模型更加稳定，并且预测精度要更高，因此选取第 2 次残差序列的分析结果（见图 6 – 13～图 6 – 16），其分析结果为 $a = 0.0653$，$u = 0.5462$；预测模型为 $x（t+1） = -7.9850e^{-0.0653t} + 8.3668$。在对当前模型进行评价时，其后验比 $c = 0.3149$，模拟结果很好；小误差概率 $p = 1.0000$，模拟结果很好。

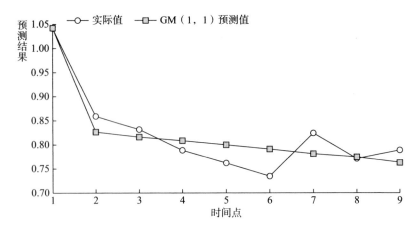

图 6 – 13 石油产业各能源消费占比的训练集

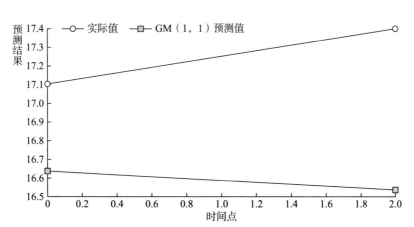

图 6 - 14　石油产业各能源消费占比的测试集

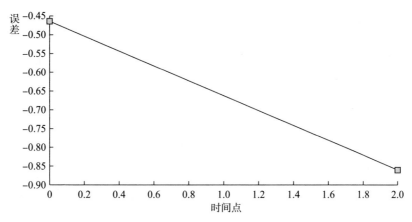

图 6 - 15　石油产业各能源消费占比的测试误差

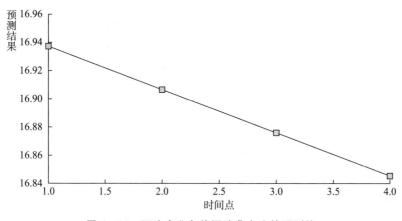

图 6 - 16　石油产业各能源消费占比的预测值

由以上分析可知，运用 GM（1，1）模型对石油产业的自给度的预测稳定，预测的效果较理想。根据表 6 - 3 可知，自给度的平均相对误差是 - 0.00510%，预测误差较小。而 GM（1，1）模型对石油产业各能源消费占比的预测也较为稳定，各能源消费占比的平均相对误差是 - 0.00512%，预测的误差也较小。

表 6 - 3　GM（1，1）模型石油产业自给度、各能源消费占比的误差值

自给度	观察值	拟合值	误差	相对误差（%）	各能源消费占比	观察值	拟合值	误差	相对误差（%）
x（2）	0.5563	0.5517	0.0046	0.8209	x（2）	17.8	18.2215	- 0.4215	- 2.3679
x（3）	0.5273	0.5272	0.0001	0.0170	x（3）	17.5	17.5682	- 0.0682	- 0.3897
x（4）	0.5039	0.5143	- 0.0104	- 2.0696	x（4）	17.0	16.6485	0.3515	2.0674
x（5）	0.5078	0.5081	- 0.0003	- 0.0512	x（5）	16.7	16.1937	0.5063	3.0317
x（6）	0.4879	0.4816	0.0063	1.2815	x（6）	16.4	16.3196	0.0804	0.4902
x（7）	0.4626	0.4594	0.0032	0.6874	x（7）	17.4	17.3306	0.0694	0.3989
x（8）	0.4447	0.4473	- 0.0026	- 0.5829	x（8）	16.8	16.9223	- 0.1223	- 0.7281
x（9）	0.4365	0.4384	- 0.0019	- 0.4266	x（9）	17.0	17.2839	- 0.2839	- 1.6697
x（10）	0.4227	0.4234	- 0.0007	- 0.1675	x（10）	17.1	17.3993	- 0.2993	- 1.7505
x（11）	0.4103	0.4085	0.0018	0.4400	x（11）	17.4	17.2492	0.1508	0.8665

从预测效果（见表 6 - 4）来看，石油产业的自给度、各能源消费占比、对外依存度、进口份额、能源强度、碳强度的预测模型较稳定，预测的误差较小。供需增速比、储采比、探明储量世界占比、进口集中度、价格、价格波动率、能源效率、碳排放变动率的初始模型不稳定，它们的后验比和小误差概率分别是 $c = 0.8872$、$p = 0.5000$，$c = 0.7991$、$p = 0.5000$，$c = 0.6043$、$p = 0.7000$，$c = 0.7681$、$p = 0.6000$，$c = 0.5323$、$p = 0.7000$，$c = 0.9567$、$p = 0.6000$，$c = 0.8842$、$p = 0.6000$，$c = 1.2031$、$p = 0.4000$，其中，供需增速比、价格、价格波动率在第 2 次残差序列分析后模型稳定性得到改善；储采比、探明储量世界占比、进口集中度、能源效率分别在第 4 次、第

3 次、第 4 次和第 2 次残差序列分析后模型也不稳定，预测值的误差也没有变小；碳排放变动率在第 4 次残差序列分析后模型稳定性达到较好的水平。

表 6 - 4　2015 ~ 2018 年 GM（1，1）模型石油产业风险指标预测值

指标	2015 年	2016 年	2017 年	2018 年
自给度	0.3948	0.3819	0.3694	0.3573
供需增速比	0.0824	0.0625	0.0474	0.0360
各能源消费占比	16.9380	16.9070	16.8760	16.8451
储采比	10.8004	10.7177	10.6356	10.5542
对外依存度	0.6638	0.6868	0.7106	0.7352
探明储量世界占比	1.0192	1.0051	0.9911	0.9773
价格	76.7823	92.9543	111.8626	133.6365
价格波动率	0.0039	0.0026	0.0017	0.0011
进口集中度	0.8712	0.8665	0.8619	0.8573
进口份额	0.1442	0.1554	0.1675	0.1804
能源效率	1.0630	1.0915	1.1207	1.1507
能源强度	0.0976	0.0891	0.0812	0.0741
碳排放变动率	0.0531	0.0560	0.0283	0.0637
碳强度	0.3449	0.3362	0.3268	0.3194

3. 天然气产业

（1）天然气产业的自给度预测

2006 ~ 2014 年天然气产业的自给度是已知样本，在已知样本的基础上，初始序列模型稳定，但经过 4 次残差拟合后的精度要更高，因此选取第 4 次残差序列的分析结果（见图 6 - 17 ~ 图 6 - 20），其分析结果为 $a = 0.022$，$u = 0.0425$；预测模型为 $x(t+1) = -1.8906e^{-0.022t} + 1.9318$。在对当前模型进行评价时，其后验比 $c = 0.1897$，模拟结果很好；小误差概率 $p = 1.0000$，模拟结果很好。

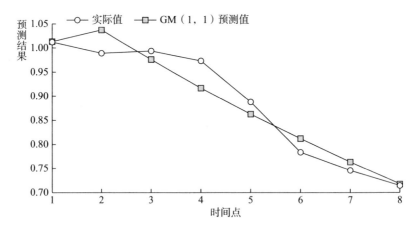

图 6 - 17 天然气产业自给度的训练集

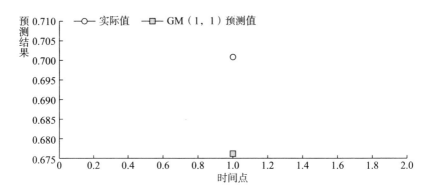

图 6 - 18 天然气产业自给度的测试集

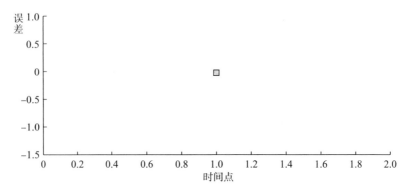

图 6 - 19 天然气产业自给度的测试误差

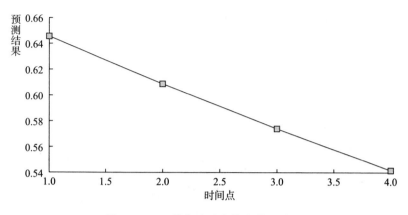

图 6 - 20　天然气产业自给度的预测值

（2）天然气产业的各能源消费占比预测

2006 ~ 2014 年天然气产业的各能源消费占比是已知样本，在已知样本的基础上，初始序列模型比较稳定，经过 2 次残差拟合后的模型更加稳定，并且预测精度要更高，因此选取第 2 次残差序列的分析结果（见图 6 - 21 ~ 图 6 - 24），其分析结果为 $a = -0.0914$，$u = 2.6609$；预测模型为 $x(t+1) = 31.8094e^{-0.0914t} - 29.1094$。在对当前模型进行评价时，其后验比 $c = 0.1021$，模拟结果很好；小误差概率 $p = 1.0000$，模拟结果很好。

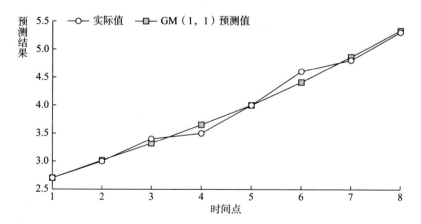

图 6 - 21　天然气产业各能源消费占比的训练集

171

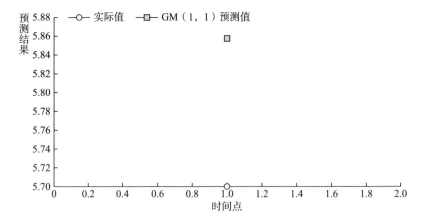

图 6 - 22　天然气产业各能源消费占比的测试集

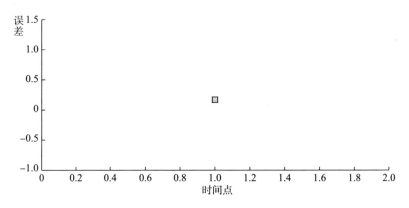

图 6 - 23　天然气产业各能源消费占比的测试误差

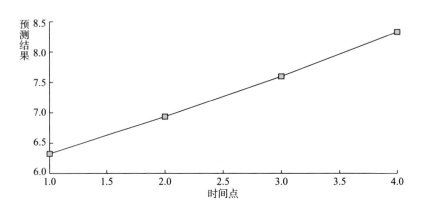

图 6 - 24　天然气产业各能源消费占比的预测值

由以上分析可知，运用 GM（1，1）模型对天然气产业的自给度的预测稳定，预测的效果较理想。根据表 6 - 5 可知，自给度的平均相对误差是 0.0710%，预测误差较小。而 GM（1，1）模型对天然气产业的各能源消费占比的预测也较为稳定，各能源消费占比的平均相对误差是 - 0.0645%，预测的误差也较小。

表 6 - 5　GM（1，1）模型天然气产业自给度、各能源消费占比的误差值

自给度	观察值	拟合值	误差	相对误差（%）	各能源消费占比	观察值	拟合值	误差	相对误差（%）
x（2）	0.9896	0.9607	0.0289	2.9153	x（2）	3.0	3.0448	- 0.0448	- 1.4933
x（3）	0.9925	0.9799	0.0126	1.2672	x（3）	3.4	3.3362	0.0638	1.8750
x（4）	0.9727	0.9973	- 0.0246	- 2.5326	x（4）	3.5	3.6556	- 0.1556	- 4.4454
x（5）	0.8871	0.9256	- 0.0385	- 4.3437	x（5）	4.0	4.0055	- 0.0055	- 0.1377
x（6）	0.7834	0.8037	- 0.0203	- 2.5851	x（6）	4.6	4.3889	0.2111	4.5887
x（7）	0.7456	0.7334	0.0122	1.6401	x（7）	4.8	4.8090	- 0.0090	- 0.1879
x（8）	0.7144	0.6878	0.0266	3.7167	x（8）	5.3	5.2693	0.0307	0.5784
x（9）	0.7007	0.6973	0.0034	0.4901	x（9）	5.7	5.7737	- 0.0737	- 1.2934

从预测效果（见表 6 - 6）来看，天然气产业的自给度、各能源消费占比、储采比、探明储量世界占比、价格波动率、进口集中度、碳强度的预测模型较稳定，预测的误差较小。供需增速比、进口集中度、价格波动率、碳排放变动率的初始模型不稳定，后验比和小误差概率分别是 $c = 0.9040$、$p = 0.3750$，$c = 0.8802$、$p = 0.5000$，$c = 1.0461$、$p = 0.6250$，$c = 0.8267$、$p = 0.5000$。供需增速比在第 6 次残差序列分析后，模型稳定性达到一般水平，其预测值并不是很准确；进口集中度和价格波动率都在第 5 次残差序列分析后模型稳定性达到较高的水平；碳排放变动率在第 4 次残差序列分析后模型稳定性达到较高的水平；对外依存度的初始模型也不够稳定，$c = 0.3539$，$p = 0.6250$，第 3 次残差序列分析后模型稳定性得到改善；价格的初始模型有一定的稳定性，$c = 0.4590$，$p = 0.8750$，但预测的结果存在较大的误差，经过第 7 次残差序列分析后模型的稳定性得到改善，预测的误差也有所减小；能源强度的初始模型的稳定性处于一般水平，后验比 $c = 0.4456$，小误

差概率 $p = 0.7500$，在第 5 次残差序列分析后模型稳定性达到较好的水平。

表 6 - 6 2015 ~ 2018 年 GM（1，1）模型天然气产业风险指标预测值

指标	2015 年	2016 年	2017 年	2018 年
自给度	0.6454	0.6086	0.5739	0.5412
供需增速比	0.3733	0.4260	0.5058	0.6144
各能源消费占比	6.3264	6.9319	7.5955	8.3225
储采比	27.3839	27.0913	26.8018	26.5154
对外依存度	0.3010	0.3681	0.3728	0.3923
探明储量世界占比	2.0169	2.1611	2.3157	2.4812
价格	10.4270	11.3319	13.4236	15.7204
价格波动率	0.0442	0.0395	0.0353	0.0315
进口集中度	0.8688	0.8588	0.8490	0.8393
进口份额	1.1648	1.2112	1.2595	1.3096
能源效率	1.1648	1.2112	1.2595	1.3096
能源强度	0.0389	0.0394	0.0400	0.0406
碳排放变动率	0.0734	0.0667	0.0606	0.0551
碳强度	0.0229	0.0215	0.0208	0.0104

综上，根据 GM（1，1）模型构建的煤炭产业各风险指标的预测模型的稳定性最差，预测的误差最大；根据 GM（1，1）模型构建的石油产业各风险指标的预测模型的稳定性较煤炭产业要好，预测值的误差较煤炭产业小；而根据 GM（1，1）模型构建的天然气产业各风险指标的预测模型的稳定性基本上都很好，并且其预测值的误差较煤炭和石油产业更小。

第三节 基于 Elman 神经网络模型的能源产业风险 预测实证分析

一 Elman 神经网络学习过程

Elman 神经网络的非线性状态空间表达式可以表示为：

$$y(k) = g[w^3 x(k)] \qquad (6 - 11)$$

$$x(k) = f[w^1 x_c(k)] + w^2[u(k - 1)] \qquad (6 - 12)$$

$$x_c(k) = x(k-1) \tag{6-13}$$

其中，x 为 n 维中间层结点单元向量；x_c 表示 n 维反馈状态向量；y 表示 m 维输出结点向量；u 表示 r 维输入向量。w^1 表示承接层到中间层的连接权值；w^2 表示输入层到中间层的连接权值；w^3 表示中间层到输出层的连接权值。另外，$g(\cdot)$ 表示输出神经元的传递函数，是中间层输出的线性组合。$f(\cdot)$ 表示中间层神经元的传递函数，通常采用 S 函数。与 BP 算法的相似之处是，Elman 神经网络也采用 BP 算法进行权值修正，学习指标函数采用误差平方和函数，如式（6-14）所示。

$$E(w) = \sum_{k=1}^{n} \left[y_k(w) - \tilde{y}_k(w) \right]^2 \tag{6-14}$$

二　Elman 神经网络预测实证分析

本节运用 Elman 神经网络对 2015～2018 年中国能源产业风险体系的各风险指标进行预测。以自给度为例，对 Elman 神经网络预测方法进行分析。数据样本是中国煤炭、石油产业 2004～2014 年自给度的数据，以及天然气产业 2006～2014 年自给度的数据。

选取煤炭、石油产业 2004～2012 年的数据为训练样本，2013～2014 年的数据为测试样本，2015～2018 年的数据为预测样本。每 3 年的数据为输入向量，第 4 年的数据为输出向量，这样可以得到 6 组训练样本、2 组测试样本，并对 2015～2018 年的数据进行预测。选取天然气产业 2006～2013 年的数据为训练样本，2014 年的数据为测试样本，对 2015～2018 年的数据进行预测。每 3 年的数据为输入向量，第 4 年的数据为输出向量，可以得到 5 组训练样本、1 组测试样本，并预测 2015～2018 年的数据。

煤炭产业的自给度指标采用 Elman 神经网络建立模型，学习率为 0.0886（见图 6-25），网络迭代次数为 1000 次，笔者经过多次试验，找到最佳隐含层数为 9 层（见图 6-26），最佳训练效果出现在第 190 期，选择 tansig 函数作为隐含层的传递函数，输出层采用的是 purelin 传递函数。2015～2018 年煤炭产业自给度预测结果及各指标预测结果分别如图 6 - 27、表 6 - 7 所示。

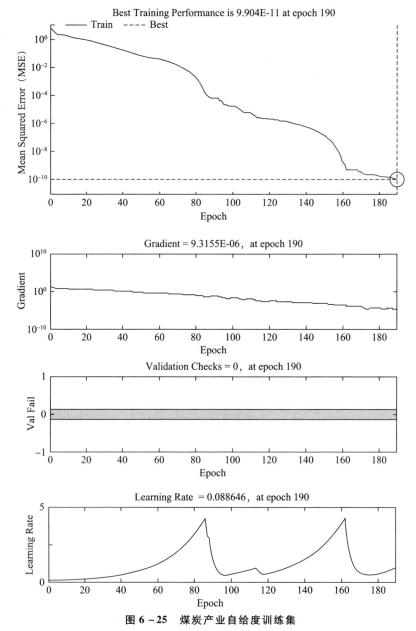

图 6 - 25　煤炭产业自给度训练集

注：Mean Squared Error 表示均方误差，Epoch 表示训练次数即迭代次数，Gradient 表示梯度值，Validation Check 为泛化能力检查，Val Fail 表示验证失败的概率，Learning Rate 表示学习率。下同。

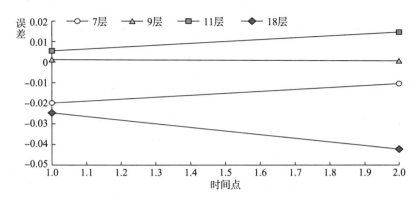

图 6 - 26　煤炭产业自给度预测误差

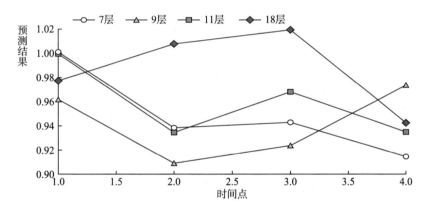

图 6 - 27　煤炭产业自给度预测结果

表 6 - 7　2015 ~ 2018 年 Elman 神经网络煤炭产业风险指标预测

指标	2015 年	2016 年	2017 年	2018 年
自给度	0.9621	0.9093	0.9237	0.9741
供需增速比	1.2613	3.9755	2.5087	0.5262
各能源消费占比	68.4853	66.8003	69.6467	68.4884
储采比	28.4110	28.3345	28.4236	29.2424
对外依存度	0.0867	0.0935	0.0855	0.0622
探明储量世界占比	13.9484	13.5255	13.4412	13.2943
价格	81.2615	84.1866	85.1739	117.1104
价格波动率	- 0.2987	0.2870	- 0.1867	- 0.2699
能源效率	1.1540	1.1500	0.8090	1.2016
能源强度	0.4633	0.4409	0.4345	0.4264

续表

指标	2015 年	2016 年	2017 年	2018 年
碳排放变动率	− 0. 0199	0. 1371	0. 0829	0. 0133
碳强度	0. 3449	0. 3874	0. 5093	0. 3427

石油产业的自给度指标采用 Elman 神经网络建立模型，网络迭代次数为 1000 次，学习率为 0. 2811（见图 6 - 28），经过多次试验，最佳隐含层数为 6 层（见图 6 - 29），最佳训练效果出现在第 1000 期。2015 ~ 2018 年石油产业自给度预测结果及各指标预测结果分别如图 6 - 30、表 6 - 8 所示。

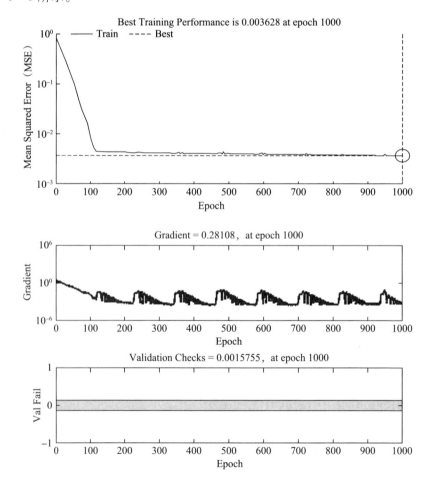

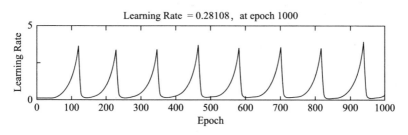

图 6 – 28　石油产业自给度训练集

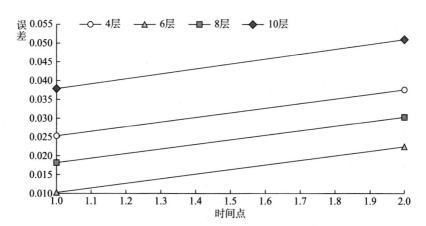

图 6 – 29　石油产业自给度预测误差

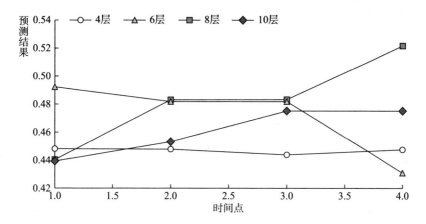

图 6 – 30　石油产业自给度预测结果

表 6 - 8　2015～2018 年 Elman 神经网络石油产业风险指标预测

指标	2015 年	2016 年	2017 年	2018 年
自给度	0.4924	0.4819	0.4819	0.4310
供需增速比	0.1801	0.5907	0.5675	0.7606
各能源消费占比	16.8833	17.3959	16.9078	16.8833
储采比	11.5132	12.7949	12.8371	13.7397
对外依存度	0.6185	0.6421	0.6295	0.6323
探明储量世界占比	1.0065	1.2232	1.1261	1.1263
价格	53.7797	43.1751	70.8239	57.1439
价格波动率	- 0.3445	0.2486	- 0.6732	0.7415
进口集中度	0.9087	0.8764	0.8481	0.8864
进口份额	0.1157	0.1196	0.1196	0.1196
能源效率	0.8316	1.1616	0.9045	1.1216
能源强度	0.1479	0.1910	0.1708	0.1673
碳排放变动率	0.0502	0.0413	0.0413	0.0687
碳强度	0.3474	0.3664	0.3703	0.3401

　　天然气产业的自给度指标采用 Elman 神经网络建立模型，网络迭代次数为 1000 次，学习率为 0.0476（见图 6 - 31），经过多次试验，最佳隐含层数为 18 层（见图 6 - 32），最佳训练效果出现在第 958 期。2015～2018 年天然气产业自给度预测结果及各指标预测结果分别如图 6 - 33、表 6 - 9 所示。

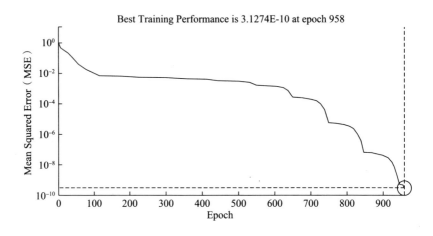

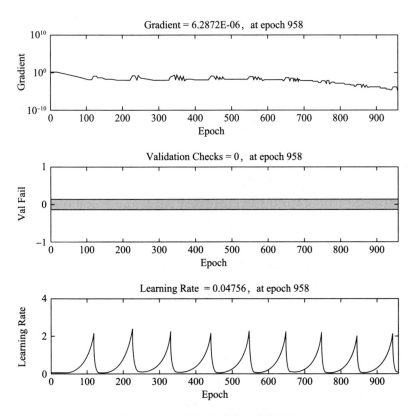

图 6 - 31　天然气产业自给度训练集

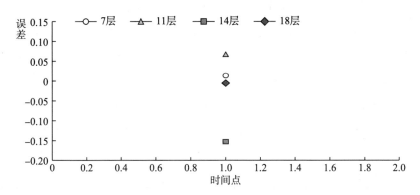

图 6 - 32　天然气产业自给度预测误差

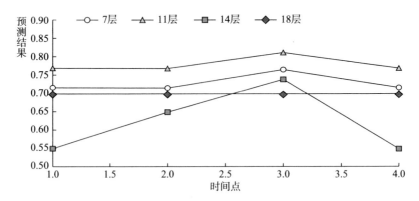

图 6 – 33　天然气产业自给度预测结果

表 6 – 9　2015 ~ 2018 年 Elman 神经网络天然气产业风险指标预测

指标	2015 年	2016 年	2017 年	2018 年
自给度	0.6951	0.6951	0.6951	0.6951
供需增速比	0.8527	0.8606	0.5943	0.3370
各能源消费占比	5.6358	5.7458	5.9534	6.4052
储采比	28.5736	28.5108	28.5040	30.4831
对外依存度	0.3631	0.2908	0.2908	0.2908
探明储量世界占比	1.9832	1.9759	2.0034	1.9593
价格	9.9109	9.4674	8.3678	8.0095
价格波动率	– 0.5470	– 0.0111	0.2332	0.3377
进口集中度	0.9589	0.9395	0.9509	0.9838
进口份额	0.0217	0.0256	0.0501	0.0147
能源效率	0.9400	1.2847	0.9218	1.1849
能源强度	0.0376	0.0376	0.0376	0.0376
碳排放变动率	0.0587	0.0800	0.0844	0.0821
碳强度	0.0280	0.0276	0.0250	0.0175

　　综上可知，采用 Elman 神经网络模型对煤炭产业的自给度指标进行训练，训练集的最佳隐含层数为 9 层，平均误差接近 0，比较准确；石油产业自给度指标训练集的最佳隐含层数为 6 层，平均误差接近 0.015，

相对来说误差较大；天然气产业的自给度指标训练集的最佳隐含层数为 18 层，平均误差接近 0，比较准确。

第四节　能源产业风险预警软件的设计及应用

由于在能源风险评价和预警层面的数据输入和计算方法比较烦琐，且容易出现计算失误，为了更加便捷地对参数进行处理，并且为管理层和决策层提供便利，因此，本节设计了能源产业风险评价和预警的软件。

一　设计思路

1. 确定警源和数据录入

本节在前几章内容的基础上，从影响能源产业风险的警源出发，确定了 5 类能源产业风险的指标，以煤炭、石油、天然气产业为例，分析了低碳经济背景下中国能源产业的风险情况。其中，煤炭产业是 5 类 12 项指标，石油和天然气产业是 5 类 14 项指标。依照第五章风险指标评价体系的权重值，进行权重输入和历年各项指标值的录入。

2. 预警信号系统

预警信号系统是警情程度的体现，采取与交通管制的信号灯标志相似的表达方式，将预警的结果形象地表达出来，通过区分预警信号灯的颜色来判定未来的发展趋势，并且将信号灯的数量和类别确定好，不同的风险状态对应不同颜色的信号灯，有利于决策者直观形象地对能源产业风险的预警级别进行判断。本节采用五色信号预警系统。通过这种模式，可以将能源产业各项指标的风险预警情况形象地体现出来，有利于决策部门及时做出正确决策。

不同风险评价值对应不同的风险级别，本节依照表 6 – 10 对能源产业的风险等级进行划分。

表 6 – 10　能源产业风险预警信号系统

风险类别	高度风险	低度风险	值得关注	较安全	高度安全
评价值	[0，0.2)	[0.2，0.4)	[0.4，0.6)	[0.6，0.8)	[0.8，1]
信号灯颜色	红	橙	黄	蓝	绿
警情	巨警	重警	中警	轻警	无警

预警信号系统分 5 个级别对警度进行识别。绿灯代表能源产业高度安全、处于无警状态，蓝灯代表能源产业较安全、处于轻警状态，黄灯代表能源产业的风险状态值得关注、处于中警状态，橙灯则是代表能源产业存在低度风险、处于重警状态，红灯代表能源产业存在高度风险即进入巨警状态。风险预警信号系统可以对每个不同子系统的运作进行识别。

3. 实施的应对策略

针对不同警情情况，能源产业决策者可以采取不同的应对策略，主要包括以下 5 种。

（1）忽略

当能源产业风险预警信号系统处于高度安全状态，即处于无警状态时，能源产业决策者可以采取"忽略"的策略。此时对风险预警信号系统来说，发生风险或是危机的可能性极小，处于这个状态不需要采取任何的措施，只需要对能源产业风险预警系统保持监控即可，此时预警灯为绿色。

（2）注意

当能源产业风险预警信号系统处于较安全状态，即处于轻警状态时，此时信号灯为蓝色。能源产业决策者可以采取"注意"的策略，对风险预警信号系统来说，发生风险或是危机的可能性较小。能源产业决策者应对其产生风险的各项指标进行简要分析，对风险指标的变化趋势继续保持观察和监控，若风险指标保持不变或是变为无警状态可以不采取措施；若是该风险指标演变为中警或重警状态，则需要采取应对措施。

（3）关注和预防

当能源产业风险预警信号系统处于值得关注的状态，即处于中警状态时，此时信号灯为黄色。能源产业决策者可以采取"关注和预防"的策略，对风险预警信号系统来说，有可能存在风险或是危机。此时能源产业安全已遭遇威胁，若是不能及时关注和采取预防措施，有可能发生更严重的危机或是事故。此时能源产业相关部门应对每个风险指标产生变化的原因和产生的影响进行分析，并针对发现的不利因素或是能够控制的因素及时进行处理，争取使其风险评价值回归较安全的状态；分析可能会出现的危机情况，要有相对应的预防措施方案。

（4）应急

当能源产业风险预警信号系统处于低度风险的状态，即处于重警状态时，此时信号灯为橙色。能源产业决策者可以采取"应急"的策略，对风险预警信号系统来说，在一定程度上存在发生风险或是危机的隐患，若是没能及时处理，一旦发生进一步的风险或是危机有可能使得能源产业系统受到一定程度的冲击，此时能源产业的安全状态受到比较大的威胁，应采取"应急"措施，实施应急方案。

（5）修复和补救

当能源产业风险预警信号系统处于高度风险的状态，即处于巨警状态时，此时信号灯为红色。能源产业决策者可以采取"修复和补救"的策略，对风险预警信号系统来说，存在或已经发生严重的风险和危机。能源产业相关部门应启动高度风险应急方案，尽一切力量将风险损失降到最低，使其处于可以控制的范围内。此时，风险或是危机已经或是将要发生，对能源产业造成的损失已经存在，此时的工作就是对能源产业系统的风险隐患或风险源进行及时修复和补救，以避免类似危机的发生，并且努力使得能源产业系统回归安全的轨道。

二　软件设计

1. 总体设计

本节的软件设计建立在低碳经济背景下能源产业风险评价指标体系

的基础上，用 Java 软件编写，后台代码及运行严格按照第五章第三节中构建的低碳经济背景下能源产业风险评价指标体系实施，采用面向对象的程序设计方法，该方法具有界面友好、计算方便、操作简便、数据输入灵活、开放式管理等特点。

"低碳经济背景下中国能源产业风险评价预警系统"展示界面如图6－34 所示。

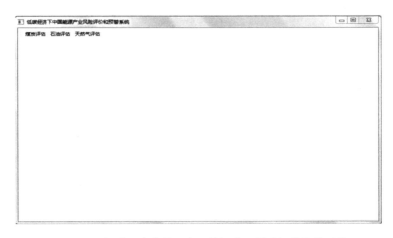

图 6－34　低碳经济背景下中国能源产业风险评价预警系统

2. 详细设计

通过 MySQL 数据库进行数据录入，并通过 Java 平台运行该系统，采取相异颜色的信号灯代表情况不同的风险状况。其中，红色代表巨警，橙色代表重警，黄色代表中警，蓝色代表轻警，绿色代表无警。

"低碳经济背景下中国能源产业风险评价预警系统"基于 Windows 98/NT/0. 2000/XP/Win7 操作平台，涵盖 Windows 的各项功能和资源，采用开放式结构，不但能够确保系统可靠运转，还可以使界面操作符合时势。

软件分为 3 个子系统，分别是煤炭产业风险评价预警、石油产业风险评价预警、天然气产业风险评价预警，各子系统的实现流程遵循：输入指标数据—进行预警评价—显示风险状态。

三 软件实例应用

根据"低碳经济背景下中国能源产业风险评价预警系统",分别对中国 2004～2014 年煤炭、石油产业进行风险评价和预警,并对 2006～2014 年天然气产业进行风险评价和预警,操作流程如下。

第一步,根据专家组的评价,并通过层次分析法计算出各风险指标的权重。

第二步,将所有原始数据输入 MySQL 数据库。

第三步,运行"低碳经济背景下中国能源产业风险评价预警系统",分别点击煤炭产业、石油产业、天然气产业,进行风险评价和预警。

图 6 - 35 至图 6 - 44 展示了部分操作过程。

年份	自给度	供需增速比	各能源消费占比	储采比	对外依存度	探明储量占世界占比	价格	价格波动率	能源效益	能源强度	碳排放交易额	碳排放强度
2004	0.8779	1.0142	70.2	58.54	0.0121	12.6	51.14	0.3233	1.3447	1.0111	0.14	0.9688
2005	0.9368	0.7429	72.4	52.6	0.0187	12.6	62.91	0.1809	1.0794	1.0232	0.13	0.8945
2006	0.9148	0.7471	72.4	48.0	0.0093	12.6	63.04	0.0021	0.8053	0.9588	0.08	0.7979
2007	0.9102	0.9458	72.5	45.14	5.0E-4	13.5	69.86	0.0976	0.9618	0.8495	0.08	0.6905
2008	0.9294	2.3548	71.5	41.16	7.0E-4	13.9	122.81	0.4312	1.3584	0.7299	0.02	0.4475
2009	0.913	0.6383	71.6	37.54	-0.0037	13.9	110.11	-0.1151	0.912	0.706	0.05	0.5946
2010	0.953	2.1359	69.2	35.34	-0.0468	13.9	105.19	-0.0468	1.2563	0.6321	0.08	0.4121
2011	0.9741	1.2438	70.2	32.53	-0.0534	13.3	136.21	0.2277	1.2555	0.5743	0.11	0.3545
2012	0.9711	0.7764	68.5	31.37	-0.0678	13.3	131.61	-0.0195	1.0	0.5303	0.01	0.3521
2013	0.9627	0.5686	67.4	31.11	-0.0753	12.8	111.16	-0.202	1.0	0.4779	0.02	0.3559
2014	0.9535	2.6302	65.6	29.56	-0.0694	12.8	97.65	-0.1384	1.0	0.4393	-0.01	0.296

图 6 – 35 煤炭产业风险评价过程:"原始数据"

年份	自给度	供需增速比	各能源消费占比	储采比	对外依存度	探明储量占世界占比	价格	价格波动率	能源效益	能源强度	碳排放交易额	碳排放强度
2004	1.0	0.2161	0.3333	1.0	0.0	0.0	1.0	0.1704	0.9753	0.0207	0.0	0.0
2005	0.3929	0.0845	0.0145	0.784	0.8752	0.0	0.8637	0.3906	0.4956	0.0	0.0667	0.1104
2006	0.065	0.0866	0.0145	0.6363	0.7877	0.0	0.8621	0.6777	0.0	0.1103	0.4	0.254
2007	0.0	0.183	0.0	0.5376	0.7058	0.6923	0.7818	0.5268	0.2829	0.2975	0.4	0.4136
2008	0.2836	0.8664	0.1449	0.4003	0.7076	1.0	0.1579	1.0	1.0	0.5023	0.8	0.7748
2009	0.0414	0.0338	0.1304	0.2754	0.3873	1.0	0.3075	0.5621	0.2291	0.5412	0.5	0.5562
2010	0.6122	0.7602	0.4783	0.1994	0.2635	0.5385	0.3655	0.7549	0.8153	0.6869	0.4	0.8274
2011	0.9439	0.3275	0.3333	0.1025	0.2039	0.5385	0.0	0.3214	0.8141	0.7688	0.2	0.913
2012	0.8996	0.1008	0.5797	0.0625	0.0698	0.5385	0.0306	0.718	0.352	0.8442	0.8667	0.9166
2013	0.7755	0.0	0.7981	0.0535	0.0	0.1538	0.2952	0.352	0.9339	0.8	0.911	
2014	0.6396	1.0	1.0	0.0549	0.1538	0.4541	0.8996	0.352	1.0	1.0	1.0	

图 6 – 36 煤炭产业风险评价过程:"标准化处理"

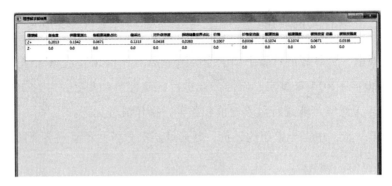

图 6-37 煤炭产业风险评价过程："正、负理想解"

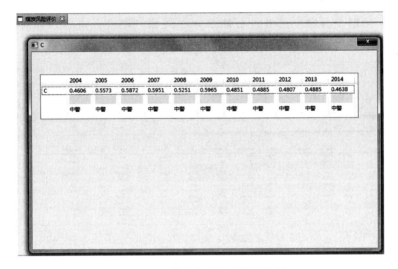

图 6-38 煤炭产业风险预警结果

图 6-39 石油产业风险评价过程："原始数据"

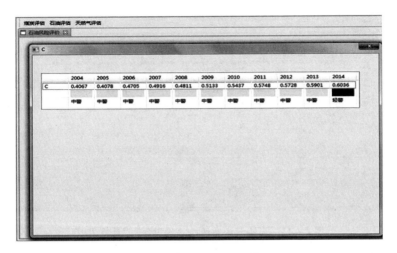

图 6 - 40　石油产业风险预警结果

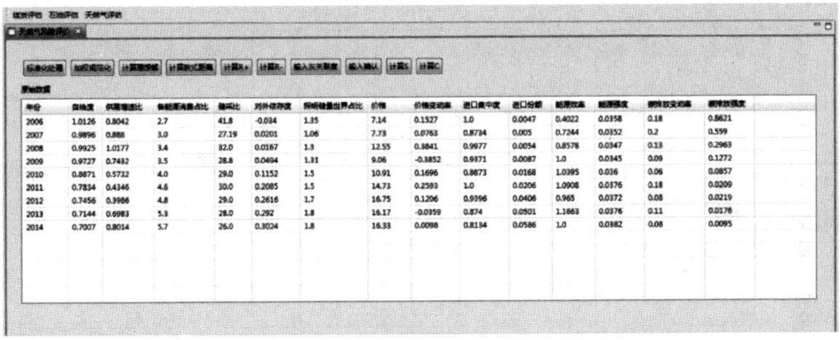

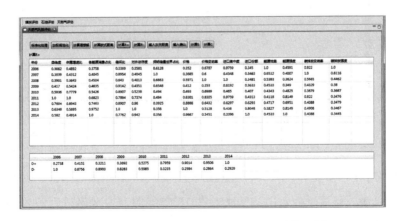

图 6 - 41　天然气产业风险评价过程："原始数据"

图 6 - 42　天然气产业风险评价过程："计算 R^+"

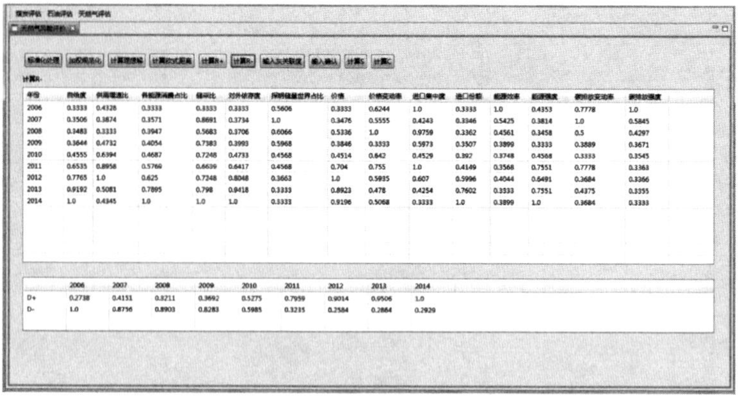

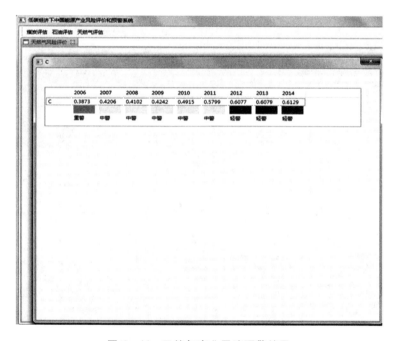

图 6 – 43　天然气产业风险评价过程："计算 R^-"

图 6 – 44　天然气产业风险预警结果

在第六章第二节和第三节风险预测的基础上，本节采用灰色系统 GM（1，1）模型和 Elman 神经网络模型的风险指标预测结果，并把预测结果输入预警软件对中国 2015 ～ 2018 年能源产业风险进行评价和预警，以煤炭产业为例，部分计算过程如图 6 – 45 至图 6 – 52 所示。

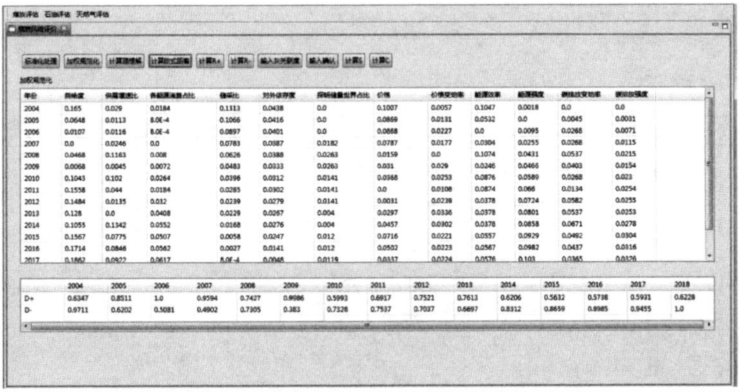

图 6 - 45　煤炭产业 GM（1，1）模型的风险预测值的评价："计算欧氏距离"

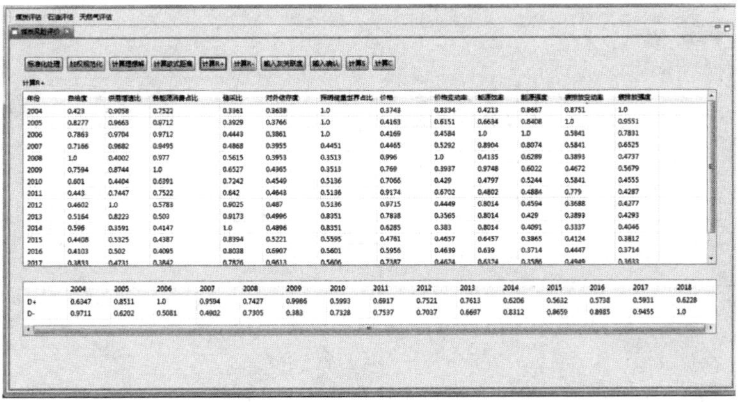

图 6 - 46　煤炭产业 GM（1，1）模型的风险预测值的评价："计算 R^+"

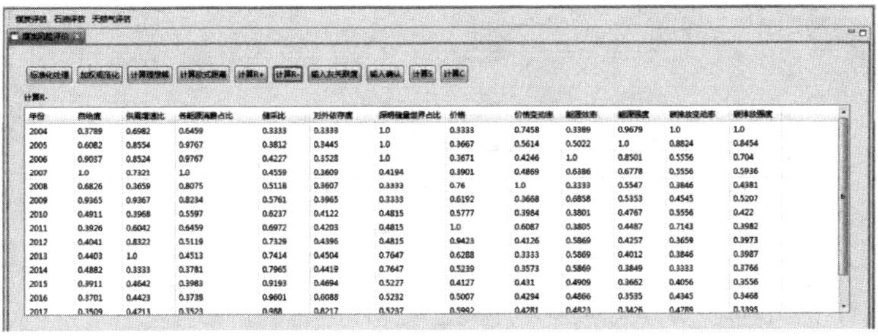

图 6 - 47　煤炭产业 GM（1，1）模型的风险预测值的评价："计算 R^-"

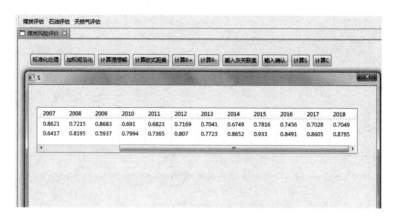

图 6-48　煤炭产业 GM（1，1）模型的风险预测值的评价："计算 S"

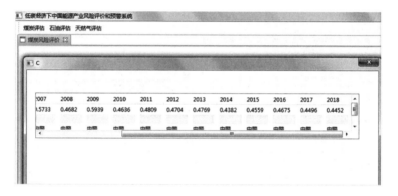

图 6-49　2015～2018 年煤炭产业 GM（1，1）模型的风险预警结果

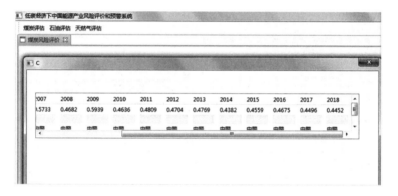

图 6-50　煤炭产业 Elman 神经网络模型的风险预测值的评价："计算欧氏距离"

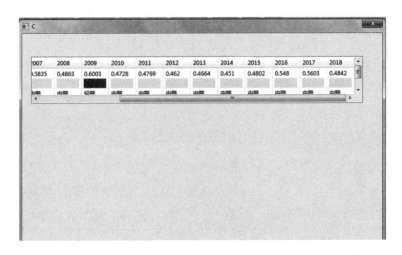

2007	2008	2009	2010	2011	2012	2013	2014	2015	2016	2017	2018
0.8672	0.7228	0.8684	0.6977	0.6968	0.7219	0.7013	0.6858	0.8326	0.9173	0.8508	0.7603
0.6189	0.7634	0.5781	0.778	0.7643	0.8408	0.8023	0.8348	0.9013	0.7565	0.6675	0.8099

图 6 – 51　煤炭产业 Elman 神经网络模型的风险预测值的评价："计算 S"

2007	2008	2009	2010	2011	2012	2013	2014	2015	2016	2017	2018
.5835	0.4863	0.6003	0.4728	0.4769	0.462	0.4664	0.451	0.4802	0.548	0.5603	0.4842
中警	中警	轻警	中警	中警	中警	中警	中警	中警	中警	中警	中警

图 6 – 52　2015～2018 年煤炭产业 Elman 神经网络模型的风险预警结果

四　结果分析

采用"低碳经济背景下中国能源产业风险评价预警系统"对 2004～2014 年中国能源产业风险进行评价和预警，不仅可以减少计算过程，也可以更直观地看到风险评价和预警的结果。

从风险预测和预警结果来看，根据图 6 – 49 和图 6 – 52 可知，Elman 神经网络模型的相对贴近度（除了 2011 年、2012 年、2013 年）都大于 GM（1，1）模型的相对贴近度。从预警结果来看，低碳经济背景下，中国能源产业风险水平基本上处于"值得关注"的范围内，警情水平处于黄色的"中警"状态。

第七章 中国及主要发达国家能源产业的低碳转型

目前，中国经济已经进入了后工业化时代，工业化与城镇化仍在持续，人们生活水平的提高推动了能源需求的增长，人类将从高碳能源时代进入低碳能源时代。然而，能源需求与能源供给之间的矛盾、化石能源结构与低碳能源产业发展之间的矛盾、国际金融危机的后期影响、中美贸易摩擦升级，致使中国能源产业风险加大，能源安全面临巨大压力。发展低碳能源产业，有利于降低能源产业风险，也关系到国家能源产业的健康、稳定和安全。展望未来，全球能源消费将持续增长，人类将从高碳能源时代进入低碳能源时代。然而，国际金融危机、中东北非政局不稳、美国页岩气革命、国际投机者对能源价格的炒作、中美贸易摩擦、温室气体排放对全球环境的影响等，为国际能源形势增添了许多新的变量，带来了许多新的挑战。能源产业风险问题已经受到世界各国的重视，能源产业安全与世界经济发展、地缘政治之间的关系越来越紧密。

第一节 中国能源产业的低碳转型

一 能源产业的机会及挑战

当前的世界经济在深度调整中缓慢复苏，新一轮产业变革和科技革命正在酝酿。然而，国际金融危机的深层次影响依然存在，经济贸易在全球范围内增长乏力，地缘政治复杂多变，保护主义抬头，国际传统能源产业和非传统能源产业的安全和威胁交织，风险因素增多，具体表现在以下四方面。

其一，世界能源产业呈现低碳化、绿色化趋势。全球经济高速发展伴随能源资源的大量使用，造成了温室效应、臭氧层破坏、酸雨等环境污染现象，低碳、高效、节能成为时代对能源产业发展的必然要求。大气中含碳温室气体浓度持续增长，环境污染问题严重，世界能源产业开发非化石能源势在必行，世界能源结构将逐渐从"石油时代"向多元化、低碳化方向发展。发展低碳能源产业，减少二氧化碳等温室气体的排放，降低能源消耗，加快风能、水能、生物质能、太阳能、潮汐能等可再生能源和核能、智能电网等新能源产业的发展。

其二，国际金融危机为低碳能源产业发展提供了契机。2008年金融危机后，诸多国家将发展低碳、绿色能源产业作为应对金融危机和防范能源产业风险的重要措施，并对可再生能源和新能源产业给予重点扶持。以风电、太阳能、核能、智能电网为代表的能源产业，其技术水平的提高促使发电成本呈下降趋势；水电、生物质能、潮汐能的技术创新将进一步提高低碳、绿色能源产业在能源产业结构中的占比。

其三，地缘政治对世界能源市场的影响逐渐深入。中东丰富的油气田、北非的马格里布地区，以及波斯湾、里海、俄罗斯西伯利亚蕴藏着巨大的油气带，是世界油气的主要供应源。2020年伊始，中东地缘政治局势接连"爆雷"，引发该地区的政治动荡和民族冲突，美伊关系越发剑拔弩张，政治局势的动荡影响了国际能源价格的走势，导致全球经济乃至世界能源市场的震动。

其四，中美贸易摩擦升级，国际能源贸易摩擦不断，能源价格风险凸显。随着金融全球化的加深，能源的价格风险和金融风险引起了国际社会的关注。能源由于其稀缺性和其金融属性，其价格经常被国际ETF和国际游资炒作，引起能源价格剧烈波动。能源的金融化促使能源价格泡沫的产生，加剧了能源产业的价格风险。世界各国制定各种预警措施以应对世界能源的价格风险，维护本国能源产业安全。

二　中国能源产业的低碳转型

世界银行的《斯特恩报告》提出，如果全球每年以 1% 的 GDP 用于环境的改善，则可避免将来每年 5% ~ 20% 的 GDP 因治理环境而带来的损失，呼吁全球经济向低碳经济转型。鉴于中国经济发展水平、能源资源禀赋和能源产业安全，中国的能源产业转型不能仿照发达国家，即主导能源产业由石油产业替代煤炭产业，再由低碳能源产业替代石油产业的转换过程，而要实现跨越式的发展，从以煤炭产业为主导直接迈向低碳能源产业的转型。中国能源产业低碳转型的目标如表 7-1 所示。

表 7-1　中国能源产业低碳转型的目标

指标	2020 年	2030 年	2050 年
能源消费总量	50 亿吨标准煤	60 亿吨标准煤	基本保持稳定
在能源消费总量中的比重			
非化石能源	15%	20%	50% 以上
天然气	10%	15%	
煤炭	低于 58%		
能源自给度	高于 80%		
单位国内生产总值的能耗	比 2015 年下降 15%	达到世界平均水平	
单位国内生产总值的二氧化碳排放量	比 2005 年下降 40% 至 45%；比 2015 年下降 18%	比 2005 年下降 60% 至 65%，二氧化碳排放达到峰值	

资料来源：笔者整理得到。

2014 年，《能源发展战略行动计划（2014—2020 年）》指出，加快构建清洁、高效、安全、可持续的现代能源体系。2017 年，习近平总书记在中共十九大上指出，推进能源生产和消费革命，构建清洁低碳、安全高效的能源体系，推动绿色发展。

1. 中国能源产业结构进一步向低碳化迈进

2018 年，全球能源消费增长的约 2/3 来自中国、美国和印度三国（见图 7 - 1）。2018 年，中国能源消费总量占全球的 34%，中国连续 18 年成为全球能源消费增长的最主要来源。

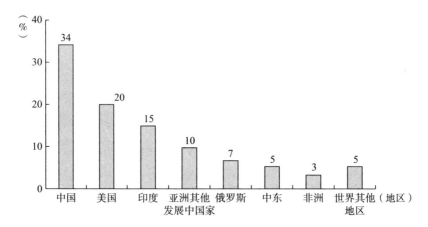

图 7 - 1　2018 年各国或地区对一次能源消费增长的贡献率

资料来源：《BP 世界能源统计年鉴 2019》。

在中国能源结构中，1978 ~ 2018 年中国煤炭占能源生产总量的比重从 70.3% 下降到 69.3%，其中，2007 年和 2011 年是煤炭占能源生产总量比重最大的年份，达到了 77.8%；煤炭占能源消费总量的比重从 70.7% 下降到 59.0%，其中，1990 年是煤炭消费占总量比重最大的年份，达到了 76.2%（见图 7 - 2）。总体而言，煤炭在能源结构中的占比呈下降趋势。石油占能源生产总量的比重从 1978 年的 23.7% 下降到 2018 年的 7.2%，总体呈现逐年下降的趋势；石油占能源消费总量的比重下降幅度较小，从 1978 年的 22.7% 下降到 2018 年的 18.9%（见图 7 - 3）。

碳含量较低的化石能源——天然气，其占能源生产总量的比重从 1978 年的 2.9% 增长到 2018 年的 5.5%，其占能源消费总量的比重从 1978 年的 3.2% 增长到 2018 年的 7.8%（见图 7 - 3）。2018 年，天然气产量同比增长 120 亿立方米，达到 1620 亿立方米，较上年增长 8.3%；天然气消费量同比增长 18%，占全球天然气消费净增长的 22%。

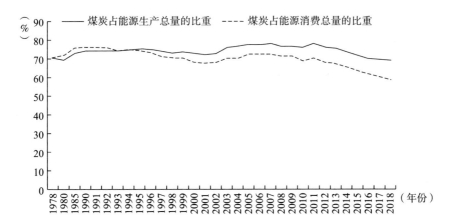

图7-2 1978~2018年中国煤炭生产和消费占总量的比重

资料来源:《中国统计年鉴2019》。

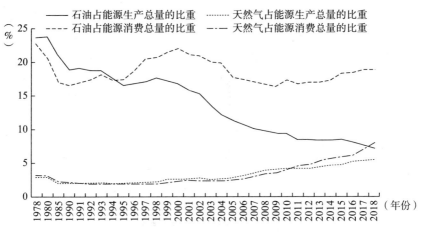

图7-3 1978~2018年中国石油、天然气生产和消费占总量的比重

资料来源:《中国统计年鉴2019》。

2018年,全球一半的石油需求增长来自乙烷、液化石油气、石脑油等化工行业产品需求的刺激。根据图7-4可知,2018年,世界石油需求稳步增长,每日需求量比2017年增加140万桶,中国和印度的需求增量合计约占2/3,分别为70万桶/日和30万桶/日;美国的石油需求增加50万桶/日,达近十年最高增长。2012年,美国自致密油革命以来,石油产量增加超过700万桶/日,相当于沙特阿拉伯地区的原油出口量，这对世界石油市场产生了重大影响，美国石油净进口量从 2005 年的 1200 万桶/日下降至 2018 年的不到 300 万桶/日。

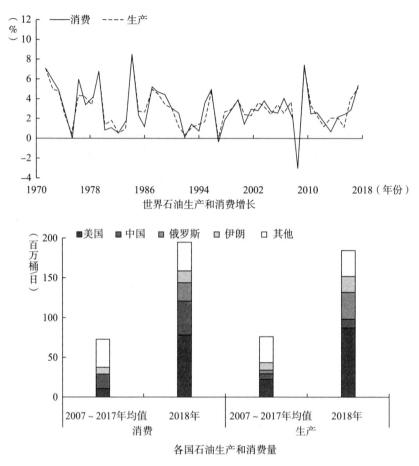

图 7-4 世界石油生产和消费变化

资料来源：《BP 世界能源统计年鉴 2019》。

2. 低碳能源天然气的消费量未来将呈增长趋势

2018 年，全球天然气消费量和产量都实现了 5% 以上的增长，均是近三十年的最快增速。据《BP 世界能源统计年鉴 2019》，2018 年，美国的天然气产量同比增长 860 亿立方米，俄罗斯增产 340 亿立方米，伊朗增产 190 亿立方米，澳大利亚增产 170 亿立方米；中国天然气消费量增长 430 亿立方米，美国天然气消费量增长 780 亿立方米，俄罗斯天然气消费量增长 230 亿立方米，伊朗天然气消费量增长 160 亿立方米。中国、美国、俄罗斯、伊朗共贡献了 80% 的天然气需求增长。2018 年，美国淘汰了约 15 吉瓦的煤电产能，促使发电用天然气（电力部门占天然气消费量增长的 1/2）增加；天气因素是天然气需求增长的重要原因。2018 年，中国提出"煤改气"政策，有力刺激了天然气的消费增长，中国的天然气各产业消费增长合计高达 18%（见图 7 - 5）。据统计，多达 1000 万户家庭完成"煤改气"，工业部门"煤改气"则更为普遍。①

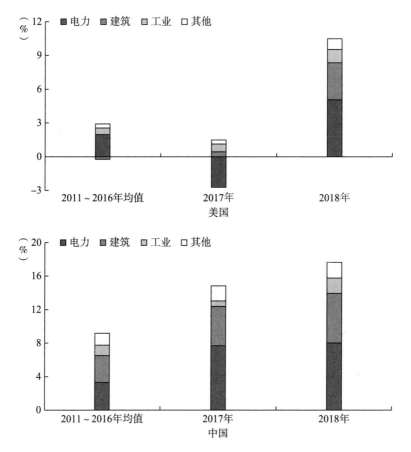

图 7 - 5　2011 ~ 2018 年美国和中国天然气各产业消费增长情况
资料来源：《BP 世界能源统计年鉴 2019》。

---

① 数据来源于《BP 世界能源统计年鉴 2019》。

3. 中国经济结构的持续调整将促进低碳能源产业的发展

2018 年，中国的铁、粗钢和水泥等能源密集型产业呈现萎靡状态（见图 7－6），抑制了中国能源需求的增长速度。铁、粗钢和水泥产业耗能量占中国能源消费总量的 1/4，其产业的下滑是中国经济结构调整和产业结构优化的结果。中国经济正处于后工业化时期，经济结构将继续调整和优化，服务业比重将继续增长，工业比重将下降，有利于能源产业的低碳化发展。

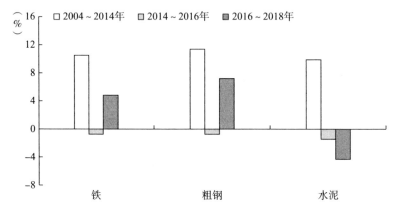

图 7－6 中国铁、粗钢和水泥产量增长情况

资料来源：《BP 世界能源统计年鉴 2019》。

近年来，中国可再生能源产业的技术创新水平大幅度提升，太阳能产业和风电产业规模全球领先，多晶硅光伏电池效率较高，光伏电池技术水平与国际同步，光催化制氢效率领先，潮汐能、生物质能、地热能取得部分技术突破。

中国太阳能发电量在 2018 年增长 51%，在可再生能源中的增长幅度最大。太阳能发电量从 2008 年的 3 万吨油当量增长到 2018 年的 4000万吨油当量。中国仍是全球最大的晶硅光伏产品的生产国，多晶硅料、组件、硅片、电池片、逆变器产量居全球第一。中国光伏发电成本为65 ~ 105 美元/兆瓦时，均价是 75 美元/兆瓦时，2017 年同比下降 11.6%。①

---

① 数据来源于国家统计局数据库 2018 年的相关数据。

中国风电发电量在 2018 年增长 24%，且从 2008 年的 300 万吨油当量增长到 2018 年的 8300 万吨油当量。2017 年，风电发电成本降为 480元/兆瓦时，仍高于煤炭发电成本 311 元/兆瓦时。[1] 风电装机规模增速放缓，然而海上风电发展迅速，中国仍是最大的风电市场。

中国生物质能及地热能发电量在 2018 年增长 14%，且从 2008 年的340 万吨油当量增长到 2018 年的 2100 万吨油当量；中国可再生能源发电量增长 29%，占全球增长的 45%，且从 2008 年的 640 万吨油当量增长到 2018 年的 14400 万吨油当量。[2]

2018 年，中国核能发电量增长 19%，超过近十年平均增速（15%），全球核能发电增量的 74% 来自中国，且核能发电量从 2008 年的 1500 万吨油当量增长到 2018 年的 6700 万吨油当量；中国水电发电量增长 3.2%，且从 2008 年的 14400 万吨油当量增长到 2018 年的 27200万吨油当量。[3]

三　中国低碳能源产业转型的瓶颈

中国在"十三五"规划中指出，要坚持绿色发展，着力改善生态环境，推动低碳循环发展，减少化石能源比重，提高非化石能源比重，实现能源产业的清洁、低碳、安全、高效发展。中国是世界上最大的发展中国家，也是世界第二大经济体，能源产业安全、稳定的发展关系到经济的长期稳定增长和经济体系的运行。能源作为国民经济发展的重要基础物质，在保障国家安全方面也起着至关重要的作用。

低碳化是中国能源产业发展的趋势。随着低碳经济时代的到来，中国政府也高度重视发展低碳经济、绿色经济。中国气象局和中国科学院撰写的《气候变化国家评估报告》指出，加快发展可再生能源和开发先进核能技术，提高化石能源的利用效率，推进洁净、低碳排放的煤炭

---

① 数据来源于国家统计局数据库 2018 年的相关数据。
② 数据来源于《BP 世界能源统计年鉴 2019》。
③ 数据来源于《BP 世界能源统计年鉴 2019》。

利用和氢能技术，优化能源结构，保护生态环境，走"低碳"发展道路。中国能源产业低碳转型面临的主要挑战如下。

1. 能源产业市场风险加剧

在经济全球化和金融全球化的影响下，能源产业的风险日益凸显。2008 年，面对源自美国并最终席卷全球的金融危机，世界各国相继出台了多种救市政策和应对措施，短期内这些政策暂时减缓了金融危机的持续扩散，但从长期来看，救市政策给全球经济发展带来很多不稳定的因素，如政府的债务危机、社会财富大量流失、能源国家政治动乱、贫富差距进一步扩大、通货膨胀，以及美元指数、能源价格的剧烈波动等，这些不稳定的因素给世界能源产业带来巨大的风险。历史上每一次重大的能源危机都留下了痛苦的烙印，能源产业的风险关系到经济发展、生活质量、能源安全以及国家的战略安全。

2. 能源产业供求风险凸显

2018 年原油的对外依存度达到了 69.8%，天然气对外依存度上涨至 45.3%，中国能源紧张问题凸显，能源需求量大，但能源对外依存度高，能源供给的不确定性和国际贸易摩擦给中国能源产业带来了很大的风险。随着金融全球化的加深，能源价格剧烈波动，能源的金融化促使能源价格泡沫的产生，加上中国缺乏国际能源价格的定价权，这给中国能源产业带来很大的风险。

3. 能源产业资源约束加强

能源产业资源约束加强使得资源风险加剧，能源产业技术水平和管理水平有待提高。伴随中国经济进入后工业化时期，以及城镇化的发展，能源消费还将继续增长，加之中国"富煤缺油少气"的资源现状，资源约束矛盾将进一步加剧。近年来，电荒、煤荒、油荒接踵而至，中国的能源资源问题严峻。中国能源各子产业间技术效率参差不齐，资源配置不够合理。例如，根据前文的研究，在 2003 年和 2004 年，石油和天然气开采业能源效率处于"不足"状态，即由于某些领域的投入不足，总体效率较低；而在 2012 年、2013 年和 2014 年，其能源效率处于

"过度"状态，即由于投入过剩，该能源产业的能源效率受到影响。能源技术装备较差，能源安全生产意识不够，部分地区煤矿事故频发，造成人员损失和经济损失。

4. 环境承载力不足，节能减排压力大，能源产业环境风险不容忽视

中国能源产业是以煤炭为主，以石油、天然气等化石能源为辅，可再生能源和新能源产业虽然在持续发展，但是其在能源产业结构中所占份额仍然较小。能源产业结构不合理、效率低下严重制约了能源产业的健康发展，给中国能源产业带来了很大的风险；同时，中国的能源消耗严重脱离了世界能源消耗的主流，二氧化碳排放造成了温室效应、环境污染等问题，每年大量的碳排放使中国承受着越来越大的国际压力。除了大量的二氧化碳外，来自煤炭燃烧的二氧化硫排放总量占全国的90%，当前部分地区频现的雾霾、酸雨等恶劣天气再次印证了高碳化石能源对生态环境造成的沉重负担。

面对低碳经济的发展要求以及如此复杂的国际形势，中国重要能源的对外依存度却居高不下，这严重影响了中国能源安全和经济发展，因此，掌握能源产业的各种风险对中国能源产业的健康发展和战略布局具有十分重要的作用。能源产业风险研究是为了保障能源安全，能源安全是能源的连续稳定的供应，也包括环境的兼容性与可持续性，即低碳化，能源的有效保障是国家能源安全的基本目标。能源是一种战略资源。历史经验表明，能源可以成为一国对他国施加政治压力的工具，也可以成为解决国际冲突的砝码。鉴于此，能源产业的安全已成为各国经济与国家安全的重要组成部分。

目前，中国的经济发展处于重要的战略机遇期，面对风险隐患增多的严峻挑战，中国应妥善应对国际金融危机的持续影响等一系列重大风险挑战，更加有效地应对各种风险和挑战。我们应该结合国情，发展低碳能源产业，优化能源产业结构，防范能源风险，保障能源安全，在经济持续发展的基础上使资源、环境得到有效保护，做到真正的绿色、可持续发展。

第二节　德国能源产业的低碳转型

一　德国的低碳能源产业政策

德国是欧盟最大经济体，但德国"富煤缺油少气"，能源资源相对匮乏，2015年能源对外依存度达到61.4%。[①] 2017年，德国天然气对外依存度达92.93%，石油对外依存度在94.8%至100%之间波动，煤炭需求的一半左右依赖进口。[②] 两次石油危机敲响了德国能源安全的警钟，能源对外依存度过高、自给度不足等能源风险对德国经济发展构成了潜在的威胁。因此，20世纪70年代，德国开始通过多种渠道防控能源风险，保证能源供给的安全性。德国国内缺乏强大的跨国石油公司进行能源进口，也缺乏较为稳定的能源来源，造成德国在应对国际原油市场变化时较为被动（刘建平，2013：43～49）。

从20世纪80年代起，德国就明确要发展可再生能源，并计划到2050年使可再生能源成为主导能源。1990年，德国制定了使二氧化碳排放量在2005年以前减少到1987年的1/4的目标；1991年，德国颁布《电力入网法》（第一部可再生能源法），建立固定上网电价制度；1992年，德国政府颁布了《环境法》，并签署《21世纪议程》等保护气候的国际公约；1997年，德国签署《京都议定书》；1999年，德国颁布《生态税改革实施法》，生态税改革正式启动。

2000年，德国通过《可再生能源法》，对可再生能源发电优先收购、并网等进行了规定。2000年之后，德国分别在2004年、2009年、2012年、2014年和2017年对《可再生能源法》进行了修订。修订的内容主要有：优先上网，即将符合要求的可再生能源接入电网；优先收购，即优先收购可再生能源发电的全部电量；保护性电价，即可再生能

---

① 数据来源于2018年世界银行公布的数据。
② 数据来源于《BP世界能源统计年鉴2018》。

源上网电价和市场电价间的价差可由可再生能源附加费来弥补；收购期限为 20 年。

2004 年 7 月，德国颁布《碳排放权交易法》。2006 年，德国通过《生物燃料配额法》，对部分生物燃料免税，并通过税费调整，鼓励居民使用新能源汽车，减少化石能源的使用。2007 年，德国颁布《国家能源效率行动计划》（EEAP），并通过《能源和气候一揽子方案》（IKCP）。2010 年 9 月，德国政府发布面向 2050 年《能源概念》，该文件指出，从长期来看，能源消费结构是德国对外依存度持续增加和温室气体排放量增长的主要诱因，为保障能源供给安全、保护环境，德国鼓励大力发展可再生能源，加快可再生能源电网建设，重点发展海上风电，并制定温室气体减排目标、可再生能源消费量目标、能源效率目标（见表 7 - 2），具体包括：计划到 2020 年温室气体排放减少 40%（以 1990 年为基准），到 2030 年减少 55%，到 2040 年减少 70%，到 2050 年减少 80%~95%，可再生能源占能源消费总量的 60%，一次能源消费总量比 2008 年减少 50%。

表 7 - 2 德国 2016~2020 年的能源目标

指标	2016 年进展	2016~2020 年努力方向	2020 年目标
温室气体减排			
温室气体排放（以 1990 年为基准）	-27.3%	预计将有 8% 的缺口无法实现	-40%
可再生能源消费量			
在一次能源消费总量中的比重	14.8%	大力增加可再生能源在电力和热力领域的利用，显著增加在交通领域的应用	18%
在电力消费总量中的比重	31.6%	2017 年比重达到 36.2%，超额完成 2020 年目标	35%
在热力消费总量中的比重	13.2%	预计可以达到 2020 年目标	14%
能源效率			
一次能源消费总量（以 2008 年为基准）	-6.5%	年均降速达到 3.8%	-20%

指标	2016 年进展	2016~2020 年努力方向	2020 年目标
终端能源生产率	2008~2016 年年均 1.1%	年均增速达到 4.2%	年均 2.1%
电力消费量（以 2008 年为基准）	-3.6%	年均降速达到 1.7%	-10%
建筑用能的一次能源需求量（以 2008 年为基准）	-18.3%		
建筑用能的热需求（以 2008 年为基准）	-6.3%	年均降速达到 3.9%	-20%
交通领域终端能源消费量（以 2005 年为基准）	4.2%	年均降速达到 3.6%，实现有困难	-10%

资料来源：BMWi（Federal Ministry for Economic Affairs and Energy）。

2014 年，德国颁布新的《国家能源效率行动计划》（NAPE），旨在提升建筑能源效率，将能源效率作为投资回报和商业模式，提高参与方对能源效率的责任感。2014 年，德国发布《2020 年气候保护行动计划》，制订了 2015~2020 年的碳减排计划，主要包括推广太阳能、风能等可再生能源发电，升级改造传统电厂，降低电力消费，持续发展热电联产，改善碳排放交易系统等。2015 年 5 月，德国发布"电力市场政策白皮书"，要求提高欧盟内能源供给的安全水平；鼓励传统电厂提升生产效率，确保在高价格的市场中获利，降低对进口能源的依赖；促进可再生能源在热力、交通及工业中的应用，提高能源弹性与能源效率，建设可再生能源基础设施，提高电网调节供需的能力。为了给可再生能源配备相应的电网基础设施，德国陆续修订和出台了《能源工业法》《加快电网扩张法》等一系列法规。

2016 年，德国发布《2050 年气候行动计划》，重新衡量火电企业在能源产业中的地位，并制定了煤炭产业转型措施，要求能源产业到 2030 年比 1990 年减少 61%~62% 的碳排放量，到 2050 年达到几乎脱碳的目标。大幅扩大风电与太阳能发电的装机规模，使可再生能源成为主导能源，长期依靠可再生能源供应电力。为逐渐减少燃煤发电、降低燃煤发电的比重，德国把天然气及新式燃煤列为能源产业结构转型的过渡能源，通过各种环保、技术升级等措施，促进能源产业结构转型和环境保护，逐步实现煤电减量。

德国能源政策的目标是：通过可再生能源的发展和能源效率的提升，使可再生能源逐步替代传统化石能源和核能①成为主导能源，构建可靠、清洁、经济、安全和环境友好的能源系统，实现经济的可持续发展，强化环境保护。

二　德国能源产业的低碳转型

德国把大力发展可再生能源，保护环境，提高能源效率，保障能源产业安全、经济和环境友好作为能源产业发展的目标。发展可再生能源是实现能源安全、促进经济发展的途径。为此，德国制定和实施了一系列适合本国国情的支持政策，并取得了明显成绩。

1. 建设可再生能源产业的基础设施

（1）运用多种技术，配备灵活电源，提高电力系统的调峰能力

可再生能源发电要求电力系统拥有强大的灵活电源，风电和太阳能发电具有间歇性和不稳定性等特点，德国运用储能、智能电表、热泵等技术，既减少了能源消费，又通过调整储能等方式提高了需求侧的灵活性，以及电力系统的调峰能力。灵活电源不仅包括可再生能源发电，还包括天然气、煤炭、石油等化石能源发电。德国的部分燃煤和燃气电厂通过技术升级，从基本电源转变为调峰电源。

（2）发展智能电网，优化电网建设

德国运用先进的信息通信技术，改变传统的辐射式电网结构，扩大电网互联范围，实现电力系统的自动化和智能化，保证从电厂到用户之间的信息流和电流的双向流动。德国通过优化电网的基础设施建设，可以最大范围地调配电力，不仅扩大了电网互联规模，还可以把可再生能源电力传送到负荷中心，让电网间接储能，提高资源利用效率，减少电

---

① 日本福岛核泄漏事故后，德国决定分阶段退出核能，并且核电站将在 2022 年前逐步关停。

力系统成本。德国 2017 年计划建设 SuedLink、SuedOstLink，2018 年建设 A-Nord，共三条大型超高压直流输电线路（李佳慧，2015）。

2. 构建灵活的电力交易平台，推进电力市场化改革

德国大部分电力交易是在电力供应商和发电商的双边交易市场中完成的，也有小部分在电力交易所完成。电力交易分为期货和现货交易，德国构建了期货、现货交易和平衡结算单元的电力交易平台。欧洲能源交易所（EEX）是德国的能源交易场所，主要提供电力的现货、期货和场外交易清算，包括电力供应商、发电商、工业用户、交易商和金融服务商等 112 家成员单位（李颖，2016：16~17）。能源交易所的建立推动了电力市场的发展，促进了市场的有效竞争。从 2012 年开始，德国引入可再生能源发电竞价上网和市场交易奖励金相结合的机制。可再生能源发电商直接出售电量时，获得的收益可高于传统能源上网电价。

3. 创新能源公司的商业模式

大数据、人工智能、云计算、物联网等为能源公司商业模式的创新提供了技术条件。随着智能电网和可再生能源的发展，德国构建了虚拟电厂，虚拟电厂引入智能化的需求侧管理、灵活的电价机制以及配电网技术，可有效引导能源消费需求，实现供需平衡；通过信息技术优化能源供应系统，实现智能控制和统一调度，实现全流程智能化、信息化、自动化管理。虚拟电厂整合风电、光电、水电、火电、生物质能发电、热电联产、燃气发电等发电设备，同时连接电网、气网和热网的设备，实现多种能源之间的转换，对系统内的分布式储能系统等进行智能控制。

德国的能源公司不断创新商业模式，提供综合能源服务，提供更加经济、绿色、个性化的能源供应和服务新模式，包括提供供电、供热、供气、制冷等供能服务；集成分布式能源发电、供热和供气等；建立多能互补服务业务；打造智能用电管理服务，运用大数据和互联网技术动态调节供电设备，提供多种用电套餐开发服务，满足各种定制化、个性化需求。

随着电力市场化改革的深入，德国出现公众自筹资金组建合作社性质的企业，该企业投资可再生能源，销售所发电力。能源合作社具有法人资格，组织结构与股份公司相似，包含董事会、监事会和全员大会，但成员的权利不是以出资额来确定，而是一人一票。绝大多数德国能源合作社的投资以中小型可再生能源发电项目为主，并且多位于中小城镇或农村，不仅解决了融资问题，而且风险小、回报高，也增强了公众对可再生能源的认同感。2012 年，德国能源合作社成员入股 4 亿多欧元，已经约有 40% 的合作社电厂实现盈利（王宁，2019：45 ~ 65）。

4. 制定高科技战略，保证充足的研发投入，推动科技创新

德国不断制定能源产业科技创新战略，将科技创新作为推动能源产业低碳发展的重要途径。2006 年，德国颁布的《高科技战略》，每四年更新一次，至今已分别在 2010 年、2014 年和 2018 年进行了三次修订。围绕国际发展趋势，倡导节能环保，扶持可再生能源发展是该战略一直坚持的目标。2010 年，德国提出了《高科技战略 2020》，确定了能源及气候等优先支持领域，制定了可再生能源、煤化工技术、核电技术等领域的行动方案，并对能源供应进行智能化改造，以适应可再生能源的快速发展。2014 年，德国提出高科技战略 3.0——《新高技术战略——创新为德国》，明确绿色经济、可再生能源等优先支持领域，加快技术升级及科技成果转化，促进创新。2018 年 9 月，德国批准《高科技战略 2025》，要求持续降低工业温室气体排放量，以提升生活质量和促进可持续发展为目标，德国政府投入 150 多亿欧元开展此项研究。德国科技创新战略的连续性和系统性，使德国在科技发展方面领先世界。

从 1977 年到 2018 年，德国已颁布七个能源研究计划（能源产业的研究重点、优先任务和资助政策）。2011 年，德国出台了第六个能源研究计划，重点资助可再生能源发展、智能电网技术、能源效率提升、储能系统开发等。[①] 2018 年，德国政府颁布了第七个能源研究计划，即

---

① 科技部：《德国联邦政府通过第六能源研究计划》，中华人民共和国科学技术部网站，2011 年 8 月 15 日，http://www.most.gov.cn/gnwkjdt/201108/t20110815_89021.htm。

"能源转型创新"，包括工业、热力和交通等在数字化、能源转型、部门协同领域的跨系统研究；可再生能源开发及能源效率提升是重点支持的领域，德国政府将在 2018～2022 年为该计划提供约 64 亿欧元的资助；提出建立"能源转型实时实验室"，鼓励初创企业的设立，促进科技成果的市场转化。

德国在政府、科研界、教育界、企业、社会机构以及公众间形成了较为完善的科技创新网络，通过法律明确各主体在创新中的职责。联邦和州政府借助稳定的资金投入对创新主体进行扶持，并使其加快成果转化。各州对本地创新主体的研发资助占总开支的 50%（陈强，2015：14～20）。从 2013 年到 2016 年，德国政府共提供约 36 亿欧元用于能源技术的研发。德国政府重视中小企业的科技创新，推出能源风险资本投资赠款，为中小企业创新提供资金来源。

德国企业的研发投入占全国总投入的比重约为 2/3，在能源应用研究领域，企业的投入占 54%。德国政府鼓励跨领域、跨学科、跨国界合作，协同创新，采取基金形式和合作模式，加强企业与大学在研发领域的合作。在国际能源署的 38 个技术合作项目中，德国参加了 22 个国际联合研究和知识共享项目（BMWi，2018）。

5. 发展热电联产，提升能源效率，建立节能管理体系

2002 年，德国颁布《热电联产法》，2009 年和 2011 年进行了两次修订，旨在鼓励热电联产改造升级，并提供资金支持，对热电联产项目给予发电补贴、优先上网等优惠政策，提高能源效率，减少碳排放。燃料类别可以是垃圾、废热、生物质能等可再生能源，也可以是煤炭、石油、天然气等化石能源；完善配套设备可以是供热管网的新建或扩建、机组的改造升级，也可以是储能设备的完善；发电来源可以是上网电量，也可以是非上网电量，均可享受补贴。电网运营商应优先购买热电联产的电量，不同容量的热电联产项目，补贴标准不同，补贴原则是：容量越小，度电补贴越高。热电联产运营商只有取得高效率热电联产资格证书才可以获得补贴，并且补贴审批程序严格。管网运营商需规划最小流量、管网的长度、投资预算等内容，并在获得许可后才能申请补贴（孙李平等，2013：34~35）。

德国供暖的能源消耗在能源消费总量中的比重约为40%（李大伟，2016：27~29）。德国为提升能源效率和节能增效，分别于2008年和2011年制定了《国家能源效率行动计划》。德国非常重视建筑物的保温和节能，构建了建筑物能耗标准体系和证书制度，有利于后期的能耗管理，并为建筑物节能改造提供融资优惠贷款和财政补贴。德国通过为节能企业减税等手段来激励企业主动节能。2011年，德国引入企业能源管理体系，旨在开展节能和提升能源效率；建立能源效率网络，目标是到2020年启动大约500个能源效率网络，并设计能源使用管理，推行能源效率审计制度。德国推行欧盟所采用的能源标签制度，共包含a~g的能源效率级别。欧盟于2019年1月1日，建立了便于消费者和市场监管部门比较产品能源效率的数据库。冰箱、电视、照明洗衣机、洗碗机于2020年2月最先启用能源标签。

6. 通过立法，以法为纲，保证政策的贯彻落实

德国把推动低碳能源产业发展的政策以法律形式落实，并与时俱进、不断完善。德国低碳能源产业发展政策的重点是推进可再生能源发展。2000年，德国颁布《可再生能源法》，并于2004年、2009年、2012年、2014年和2017年分别进行了补充修订，还颁布多个领域的法律法规，形成了一套较为完整的法律体系，为低碳能源产业的快速发展提供条件，如《热电联产法》《可再生能源供热法》《生物燃料配额法》《燃料质量条例》等。通过立法，把支持性政策写入法律条文，增强了投资者和参与者对低碳能源产业发展的信心。

为了保证能源政策的实施，德国建立"未来能源"的监测程序，每年公布各项能源政策实施情况的监测报告，包括可再生能源的发展，电厂、电网等能源效率的提升和节能进展。每三年对能源转型进行评估和详细分析，如是否符合环保目标、能源成本是否合理等。监测报告信息公开、有效监测，促进了产业政策的落实，推动了可再生能源产业的健康发展。

7. 有效政府干预与市场机制相结合，对能源产业进行有效监管

为了防范市场竞争带来的不确定性风险，世界很多国家早期都曾对能源产业实行国家垄断，以确保能源供给的高效、稳定。然而，能源产业不是每个环节都存在规模经济效益、范围经济效益的（方小敏，2014：35~45）。

随着技术的发展、需求的变化，以及分布式能源、跨境电力交易等因素的影响，发电企业的自然垄断性正在逐渐减弱，售电企业进退市场的壁垒较为薄弱，自然垄断性也相对较弱。德国首先在自然垄断性较弱的发电和售电领域引入市场竞争机制，采用经济手段进行监管；在自然垄断性较强的输电和配电领域继续采用垄断经营，对市场准入、服务、价格、环保层面实行严格监管。

建立有效的电力市场，实现发电、配电、售电和输电的有效分离，打破垂直一体化的垄断经营；在售电环节引入竞争，使电价信息公开透明，建立独立的监管机构，对输电、配电的垄断经营环节实行严格监管，保障电力市场的有效运行（Jamasb et al.，2005：1-70）。

三 德国能源产业低碳转型对中国的启示

从德国能源产业的发展来看，低碳能源逐渐替代化石能源是可以实现的，德国相关产业政策为解决中国当前在发展低碳能源产业过程中出现的问题提供了参考和借鉴。

1. 与时俱进发展低碳能源，明确其在能源产业发展中的主导地位

低碳能源产业包括天然气、页岩气、水能、可再生能源（太阳能、风能、生物质能、地热能、潮汐能）、核能、智能电网等。其中，太阳能、风能等可再生能源，作为资源丰富的天然资源，取之不尽、用之不竭，是最理想的能源。在产业发展初期，德国明确把可再生能源作为未来的主导能源，制定固定上网电价制度等产业政策，促进了可再生能源产业的快速发展；在产业成长期，通过负电价、竞争性补贴等措施，督促技术创新和管理创新，提高可再生能源的市场竞争力。

中国要从低碳的角度来看待能源产业的发展，明确发展低碳能源，未来中国能源产业转型的方向是走向低碳能源时代（王宁，2019：45~65）。低碳能源在能源生产和消费结构中将起到主导作用，其他能源将作为补充能源。中国可借鉴德国可再生能源发展的经验，根据不同类别、发电成本、装机规模及技术成熟度，及时调整扶植政策，结合可再生能源绿色证书交易机制、全额保障性收购制度等，提前公开补贴降低与退出时间表，让市场有明确的预期，建立合理、透明的补贴退出及补贴递减机制，使可再生能源企业主动提高管理水平和技术水平（林伯强，2018：76~83）。

中国很多地区都有丰富的可再生能源资源（风能、太阳能、生物质能），可以大力发展太阳能、风电发电等小型分布式能源项目。鼓励城镇居民或农村居民合资入股，组建合作社性质的中小企业，自筹资金投资开展小型热电联产或分布式能源项目，不仅可以满足其能源需求，还可以把剩余的电量卖给电网、剩余的热量卖给热力管网，并获得一定的经济收益。以能源输出补贴的形式鼓励分布式能源发展，让其成为低碳能源产业发展的重要组成部分，充分体现其低碳、环保、高效的社会效益。

2. 优选过渡能源，增加天然气的消费，推进清洁煤炭的高效使用

鉴于资源禀赋、经济发展、能源安全、环境承载力等因素，中国将不再经历石油时代，而是直接从煤炭时代转型到低碳能源时代。其间必然经历漫长的过渡时期，需要优选过渡能源，以保证能源产业的稳定供给和绿色发展。德国"富煤缺油少气"，2011年宣布到2022年彻底弃核，使核能无法担当德国过渡能源的角色，只能用快速发展的可再生能源，以及成本较低的褐煤作为转型期间的过渡能源。

中国可以把天然气和清洁煤炭作为过渡能源，提高天然气在一次能源消费总量中的比重，促进煤炭的清洁高效利用。《能源发展"十三五"规划》提出，把天然气培育成重要清洁能源，要求到2020年，天然气在能源消费总量中的占比在 10% 左右，到 2030 年该占比在 15% 左右。因此，中国要加强天然气基础设施建设，构建天然气产供储销体系，破解天然气供应瓶颈问题。通过市场化手段配置资源，布局现有通道和管网，组织成立国家管网公司，实现对天然气管网的统一管理；改革单一授权运营体制，促进多元化市场主体的形成；推动天然气对散煤的替代，对居民使用天然气提供财政补贴，加大液化天然气在交通运输业的使用量；推进非常规天然气（页岩气、致密气、煤层气）的政策扶持，鼓励科技创新（李杨等，2018：47～51），有效增加市场供给。

促进清洁煤炭的高效使用。鉴于中国的资源禀赋，在相当长的时间里，煤炭仍具有重要的战略地位，减煤、去煤应循序渐进，否则可能会影响经济发展（李杨等，2018：47～51）。因此，应制定约束煤炭消费总体控制目标，并分解到各地区、各产业，促进煤炭的清洁高效生产和转化；要求高耗煤产业和地区提交削减煤炭用量的计划时间表，并通过监督部门监督落实；对现有煤电机组进行升级改造，要求发电厂严格遵循排放标准；采用高效的煤炭气化、热电联产、碳捕捉等先进的能源技术，扩大煤炭的应用领域，提高其使用效率，使煤炭转换成一种清洁能源。

3. 使市场机制的调节作用与政府的有效干预相结合

在中国能源产业低碳发展过程中，市场机制发挥作用与政府的有效干预、政策支持是相辅相成的。

（1）加快电力市场化改革，发挥市场机制的调节作用

加快电力市场化改革，形成有活力、有竞争力的现代市场化交易机制。在自然垄断性较弱的发电和售电等领域引入竞争机制，在自然垄断性较强的输电和配电等领域采用垄断经营，对行业准入、服务、价格、环保等环节实施监控、监管；促进输配电价格改革，协调电力调度，提升电网规划和电力调度的中立性和专业化，打破电网的企业、省级和区域垄断。中国现有的电力调度仍采用计划方式，造成了效率低、成本高的现状，也无法适应太阳能、风能、生物质能等发电规模不断扩大的需要，应试点发展成本效益型电力调度模式。中国应加强电力系统的信息

化、智能化建设，根据不同的发电类型，按照其边际成本由低到高依次上网，比如，可再生能源发电的边际成本最低，应优先上网；整合省级和区域电力，构建大数据电力系统运行平台，逐渐形成统一的全国短期电力市场。

通过绿色证书、碳配额、碳排放权、资源税和环境税等举措，完善能源成本核算机制和能源税收体系。提高煤炭资源税税率和成品油消费税，起征煤炭和电力消费税，把高污染、高耗能产品纳入征税范围，使能源价格体现环境成本，推进低碳能源产业发展的税收优惠政策。构建竞争有序、开放统一的能源价格体系，让市场在资源配置中起决定性作用。通过市场机制，适时推行配额制，保障可再生能源产业的优先发展。

（2）政府的有效干预对扶持低碳能源产业发展有重要作用

转变政府职能，减少行政性管理、直接干预、过度干预，发挥政策支持、行业监管、执法监督、公共服务和统筹协调等作用。推进电力市场化改革，调整能源产业结构，应改革现有的能源体制，为低碳能源产业发展创造良好的制度基础。完善能源相关法律法规，建立科学完整的能源法律法规，及时修订、补充相关法律法规，如及时修订《可再生能源法》，积极推动可再生能源产业的发展，通过法律的强制力、约束力，保障低碳能源产业的发展。此外，要加强对低碳能源产业政策执行情况的监督和评价。

4. 通过多种措施提高能源效率，建立节能激励机制

通过立法，提高能源效率，促进节能，保护环境，控制温室气体排放，形成中央和地方互补的提升能源效率的制度和节能制度。采取财政补贴、税收优惠、融资优惠等政策，对各个能源系统统筹规划，提升能效，促进节能减排。提高火电机组热电联产的比例，将热电联产机组与低碳能源发电机组相互关联，并实行智能控制，发挥调峰作用，形成多能源优势互补，提高能源效率。

建立低碳能源管理机制，制定节能标准，采取税收优惠，推动企业主动节能，建立用户负荷记录表，帮用户有效进行节能管理。加大节能激励力度，对建筑物能耗进行有效管理，建立建筑物能耗证书制度，对供热、用电进行精确计量，建立产品能耗标签制度，给予电动汽车补贴，树立节能理念，促进全民节能。

5. 加大对科技创新的支持力度，加大宣传教育力度

重视科技创新，通过统筹规划、政策扶持、资金投入等途径，推动能源低碳转型。中国应把科技创新作为低碳能源发展的战略支撑，尽快绘制低碳能源产业发展技术路线图，集中力量攻克核心关键技术，并加大后续科研力度；有效整合科研资源，建设国家级技术研发基地，构建以大数据、云计算为依托的信息共享中心；鼓励企业、科研机构的技术输出，鼓励跨领域、跨国界合作，引进国外先进技术，吸取国际最新成果，开展国际合作，引进技术进行再创新，争取获得自主知识产权；提供优良的科研基地、设备和硬件条件，加快科技人才队伍建设，吸引优秀国内外学者参与能源科技创新项目的研究，着力培养中青年科技骨干和学术带头人，加强高端科技人才培养和科研团队建设。

加大低碳发展的宣传教育力度。公众的高度参与是推动低碳能源产业发展的重要因素。通过制度规定让能源信息公开透明，提高公众参与度，比如，通过分布式能源让公众变成能源的生产者和消费者，利用经济效益的提升增强公众的环保意识，使低碳环保成为一种流行的生活方式。此外，在城市社区或乡村定期开展低碳发展、节能环保的宣传教育，通过网络、新闻、电视、公益讲座等形式开展宣传引导，形成低碳环保的消费观，践行文明、绿色、节约的生活方式，让绿色、低碳、节能、环保成为一种习惯、一种生活方式。

第三节　美国能源产业的低碳转型

一　美国的多元化能源政策

美国的能源政策涵盖能源产业的各个子产业，从传统的化石能源产业（石油、天然气、煤炭等），到水电、核电，再到可再生能源产业（太阳能、风电、生物质能等）。美国的能源政策具有延续性和风险驱动性。

在19世纪30年代以前，联邦政府较少关注能源相关法律或政策。二战后，联邦政府构建了能源法律体系的架构，但缺乏能源产业监管政策。自20世纪70年代的能源危机以来，美国开始关注能源产业风险等相关问题，国会于1975年通过《能源政策和能源节约法》，实施能源配额管制和能源保护计划，逐步放开石油价格，并建立战略石油储备。1977年，美国颁布《联邦能源管理法》《能源部组织法》，成立美国联邦能源监管委员会、能源信息署和能源部，负责对石油、天然气及电力实施监管。1978年，美国通过由5部法律构成的《国家能源法》，实施太阳能和节能贷款计划，提供资金支持家庭节能，对使用太阳能供暖热水系统的家庭提供税收优惠，并向政府和私营部门发放能源补贴，制定鼓励可再生能源发展的政策，实施节能改造，制定家用电器能效标准，并对使用高油耗汽车的人采取惩罚措施。

20世纪80年代，美国通过《可再生能源法》《地热能法》《太阳能和能源节约法》《生物能源和酒精燃料法》《能源安全法》等法案。《1992年能源政策法》重视可再生能源的发展，要求2010年可再生能源的供应量比1988年增加75%，追求高效益、低成本、环保以及能源安全。《国家能源政策计划》（1995年）和《国家全面能源策略》（1998年）都要求重视能源效率的提高及环境保护。

美国通过《2005年能源政策法》，把生物乙醇和生物柴油列入燃油税减免范围。2007年，《美国能源独立与安全法案》设定可再生燃料强制标准，提高生物燃料供应量，提高燃油经济性标准，降低美国的石油需求。2009年，《美国复苏与再投资法案》增加对绿色能源和节能增效的投入，包括清洁能源项目、可再生能源项目、联邦政府建筑设施能效改造、州级能效项目拨款、住房节能改造、智能电网改造及"绿色交通"项目。2009年6月，美国众议院首次通过有关温室气体的立法——《美国清洁能源安全法案》，旨在减少温室气体排放，降低对石油的依赖。近年来，美国出台的能源产业政策，强调扩大可再生能源（风能、太阳能、生物质能等），以及新能源（核能、智能电网等）的规模，推广碳捕捉技术，并使煤炭成为清洁能源。美国各州和城市均在发展低碳能源方面制定了积极的目标，要求在 2010～2025 年将低碳能源的发电比例提高到 4%～25%，共有 911 个城市制定了温室气体减排目标（乐欢，2014：133～152）。

二 美国能源产业政策的主要特点

1. 具有多元化，涵盖内容较为全面

美国能源产业政策涉及范围包含传统能源，实施保护能源计划和配额管制，建立战略石油储备，对石油、天然气及电力实施监管；也涉及太阳能、生物质能、风能、核能、地热能、智能电网等。

2. 倡导可再生能源产业、新能源产业的发展

美国制定了有利于能源产业发展的相关法律法规，包括：对使用太阳能、生物质能发电的家庭和企业实施税收优惠，加大对可再生能源项目、智能电网改造、清洁能源项目的投资；提高生物燃料供应量，提高燃油经济性标准；实施太阳能和节能贷款计划，对使用太阳能供暖热水系统的家庭提供税收优惠，并向政府和私营部门发放能源补贴；制定鼓励可再生能源发展的政策，并对使用高油耗汽车的人采取惩罚措施等。

3. 强调节能，注重提升能源效率

美国的能源产业政策不仅重视节能和能效的提高，还采取多种措施鼓励节能，实施节能贷款计划，提供资金支持家庭节能，鼓励可再生能源发电，并对可再生能源发电设施实施节能改造，提高工业、商业及建筑设施的能效，对住房进行节能改造，并对联邦政府建筑设施进行能效改造，广泛推动节能宣传。

4. 鼓励能源技术创新，推广现有能源技术

高度重视对现有能源资源的重新开发，以及对现有能源技术的推

广、升级，拓展各种能源资源的应用范围。例如，美国煤炭储量丰富，采用热电联产、碳捕捉、煤炭气化等先进、高效的能源技术，不仅仅提高了煤炭使用效率、扩大了其应用领域，更使煤炭转换成一种清洁能源。

5. 重视环境保护，促进能源产业向低碳化发展

2018 年，美国二氧化碳排放量达到 514.52 亿吨，是世界第二大二氧化碳排放国，仅次于中国。在制定能源政策时，美国也重视在发展经济的同时保护环境，以应对气候变化。自页岩气革命以来，美国页岩气等非常规天然气产量激增，解决了部分能源的需求问题，并且天然气相对石油和煤炭更加低碳和环保。此外，美国在太阳能、生物质能等可再生能源领域也制定了诸多政策法规和激励措施，使得美国能源产业向低碳化发展。

三　美国低碳能源产业政策对中国的启示

结合美国的能源产业政策经验，其对中国能源产业政策的启示如下。

1. 推动能源产业走高效、集约化、节约化、低碳化发展之路

中国现阶段部分能源企业仍然是粗放、低效生产，不仅浪费能源资源，更会对环境造成污染。为此，应向更加高效、集约的能源体系变革，进而带动能源生产方式和消费方式的更新。对于单位 GDP 增长的能源消耗，中国是美国的 4 倍，是日本的 14 倍，可见，中国在节约能源、提高能效等领域大有潜力（乐欢，2014：133～152）。这就要求中国的能源产业只能走高效、集约化、节约化、低碳化发展之路。

严控低效重复建设，加快能源技术推广及升级，对高耗能、高污染、高排放的落后企业实行关停并转。2017 年，中国工业占能源消费总量的比重为 65.66%，虽然占比呈下降趋势，但距离发达国家还有较大差距。因此，应加强工业节能，提高能源利用效率，淘汰落后产能，大力发展节能型、高附加值的产业；加快高耗能、高污染、高排放产业的节能减排与产业升级的步伐，完善工业节能环保标准体系，积极提升企业能效，推动节能建设。

2. 构建健全的多元化能源产业政策体系，逐步夯实能源法律基础

中国缺乏全面的能源产业政策管理体系。根据中国国情，以及能源产业发展现状，在完善法律法规的基础之上，中国应制定科学规划，促进可再生能源产业和新能源产业的发展，建立高效的监管系统。中国的能源产业政策应与时俱进，分阶段制定中国 2020 ~ 2050 年的能源产业发展战略，并根据短期、中期、长期能源产业发展规划科学制定相关子产业的期望目标。在细化传统能源产业政策的基础上，中国应进一步完善可再生能源产业和新能源产业等产业政策，进而构建健全的多元化能源产业政策体系，保障中国能源产业健康发展。

3. 构建能源产业风险预警系统，提高能源自给度

近年来，中国石油对外依存度和天然气对外依存度持续增长，能源产业风险凸显。为此，中国应推动天然气的开发利用，加快海上油气田的开发，推进页岩气和煤层气等非常规油气资源的勘探与开采，完善基础设施建设，保障生产安全，落实非常规油气开发的激励政策；大力发展可再生能源，充分利用中国丰富的太阳能和风能等天然资源优势；安全发展核电，制定和完善与核电相关的法律法规，坚持科学的核安全理念，确保安全生产，安全发电和用电，完善核事故应急处理机制和预警体系；降低中国对石油的依赖，在部分领域用其他能源替代石油，健全战略石油储备，完善石油预警机制。

4. 鼓励技术创新，推动能源产业结构优化，加强能源国际合作

中国在能源产业的核心技术领域创新能力不足，诸多先进能源技术还掌握在发达国家手里，部分关键能源技术仍依赖进口。应鼓励创新，加大研发投入，加快科研成果转化，提升中国能源产业技术水平。建设"产学研"体系，培育创新环境，重视科研人员的培养，鼓励企业自主创新，提升核心技术攻关能力，积极推进创新成果转化与应用。完善能源核心技术评价与奖励机制，对重要成果进行奖励。

利用资源禀赋，积极开展能源技术国际合作。拓展能源国际合作范围和渠道，推进能源贸易多元化和能源技术合作，巩固海外能源基地建设。开展能源外交，通过国际技术合作，取长补短，发挥中国的市场优势，推动和加速中国能源产业结构优化。扶持和鼓励中国大型跨国能源公司实施国际化经营战略，积极参与世界油气资源竞争，参与非常规油气资源（页岩气等）的勘探与开采，以及新能源、可再生能源技术的开发与利用，开拓创新，掌握能源核心技术。加强中国与能源生产大国及能源消费大国之间的合作，维护全球能源安全。

5. 加强保护环境，推动低碳能源产业的发展，积极应对全球气候变化

鉴于今后较长时期内中国能源消费总量仍将持续增长，减少碳排放、发展低碳能源产业已成为大势所趋。中国应加快推动能源产业向低碳、绿色方向发展，大力提升能源开发与利用效率和能源管理水平。加大环境立法与执法力度，中国应加强环境保护立法，并将其纳入各地区GDP的核算与考核，加强执法监督，使环保法律法规落到实处（乐欢，2014：133～152）。中国煤炭储量丰富，应提高煤炭使用效率，加快开发高效的煤炭气化、热电联产、碳捕捉等先进的能源技术，大力发展清洁煤电，使煤炭转换成一种清洁能源，因此，减少温室气体及其他污染物的排放迫在眉睫。

第四节　英国能源产业的低碳转型

一　英国的低碳能源产业政策

2000年，英国政府将气候变化问题列入重要发展战略。自2001年起，英国实施气候变化税，即为提高能源效率和促进节能环保，对煤炭、石油等高碳排放的能源实施征税，而对可再生能源和热电联产等项目实施税收减免。在2003年颁布的"能源白皮书"中，英国最早提出"低碳经济"概念，这体现了英国对气候变化和能源政策的重视，确立了英国低碳能源产业政策的方向。2006 年，英国发布的《斯特恩报告》对全球变暖的经济影响进行了分析回顾，指出气候变化将引发大规模的市场失灵，应该从全球视角考虑风险及重大不确定经济因素的非边际变化，加强国际合作，减少碳排放量，实现低碳转型。为应对碳排放带来的气候变化危机，英国于 2007 年颁布《应对能源挑战：能源白皮书》，要求到 2020 年在控制碳排放量上取得实质性进展（骆华、费方域，2011：85 ~ 88）。

《2008 气候变化法案》把温室气体减排纳入相关立法，《英国低碳转型计划》将"碳预算"落实到相关部门，对低碳排放进行预算式管控，以实现总体减排目标。2008 年，英国发布《应对能源挑战：核能白皮书》，确认了核能的战略地位，政府将采取措施促进核能发展，并规定企业可以建新的核电站。《英国低碳转型计划》在考虑英国人均收入水平的基础上，制定了更高的减排目标，出台了适应气候变化及评估气候变化影响的相关政策，并制定科学的防范措施。

2009 年，在哥本哈根会议上，英国政府呼吁各国共同应对气候变化，推动低碳经济的发展，并率先在本国制定和完善低碳能源产业政策（张庆阳、秦莲霞，2005）。自签订《京都议定书》后，英国倡导低碳经济发展，逐渐形成低碳能源产业政策体系。2009 年 7 月，英国颁布了《英国低碳转型计划：气候及能源国家策略》，并先后制定《低碳交通战略》《英国可再生能源战略》《英国低碳产业战略》作为补充，侧重于交通、工业及可再生能源领域。

英国政府构建的低碳能源产业政策体系涵盖能源、交通运输、财政税收、金融市场等领域的完善。低碳能源产业政策是英国政府推动低碳经济发展的最有效手段。可见，低碳能源产业政策的发展完善，需要明确的发展目标、有力的法律保障，需要落实政策的配套方案，进而形成环境绩效和经济绩效相结合的产业政策。

二　英国低碳能源产业政策的主要特点

1. 完善的法律制度

完备的法律制度为英国发展低碳能源产业提供了坚实的保障。英国是最早发展低碳经济的国家，在低碳转型国策要求下，完善的法律制度既为低碳经济的发展奠定了基础，又为英国低碳能源产业的发展提供了条件。

英国颁布《1989 电力法》，对电力产业重新整合，提高了供电系统的效率，加速了能源产业的市场化进程。《1995 天然气法》和《2000 公用事业法》将天然气和电力列为社会和环境目标。2002 年，《可再生能源义务法》（英国第一本能源白皮书），强调能源的可持续发展，从倾向市场竞争的能源法律政策转变为旨在实现能源低碳发展和能源安全，明确低碳能源的发展方向。《2003 能源白皮书》和《可持续能源法》对低碳能源产业发展进行了规划。

《2004 能源法》促进了能源产业的低碳转型。2007 年，《应对能源挑战：能源白皮书》旨在完成气候变化目标，以及替代现有的核电站。2008 年，《应对能源挑战：核能白皮书》对发展新型核电站和其他低碳能源进行了确认。《2008 能源法》为上网电价建立了相关法律。此外，2008 年，英国还颁布了《2008 气候变化法案》，为保护气候环境制定了中长期限额减排规划，具有很强的约束性；设置排污权交易机制，管理直接和间接的碳排放行为，调整国外进口产品造成的碳排放；设立气候变化委员会，为碳预算提供意见，且政府要充分考虑委员会的建议。

《英国可再生能源战略》提出提高可再生能源的热力和电力运输的要求，《2010 能源法》则将碳捕捉和碳封存作为重点发展项目，并要求政府定期对碳捕捉和碳封存项目开展情况进行报告。为实现低碳能源产业发展、促进节能减排，《2009—2010 废物回收与处置设施议案》要求加大对废物回收与处置的有效控制。《2010—2011 可再生能源（地方计划）议案》要求地方政府通过提高能源的利用效率实现经济的低碳发展（张建欣，2011：71～82）。

以上立法为英国低碳能源产业发展奠定了法律基础，英国建立了以政策为先导、以法律制度为保障的低碳能源产业发展模式。

2. 低碳能源产业政策体系的约束与激励并存

英国的低碳经济发展处于领先地位，率先形成了较为完善的、以激励为主的、约束政策与激励政策并存的特色低碳能源产业政策体系。通过限制和管束，要求不许超越某种界限，具有很强的强制性。对于约束性而言，激励是一种引导行为，不具有强制性。

鉴于低碳能源产业政策出自政府，且约束性政策和激励性政策并存，2003年英国印发《我们能源的未来：创建低碳经济》，旨在到2050年成为低碳经济国家，为把低碳能源产业政策落到实处，出台了一系列政策，此时英国以约束性的低碳能源产业政策为主，并与相关法律配套。随着公众低碳意识的增强，以及碳减排计划、碳排放交易税收和财政税收等激励性政策的出台，激励性政策取代约束性政策，并逐渐占据主导位置（石峰，2016：124～136）。

3. 政府高效激励与积极引导

英国低碳能源产业政策涉及金融、财税、能源、产业、交通、消费等方面，直接涵盖并作用于经济社会各个领域，从宏观发展战略到微观能源产业政策，形成了引导型、强制型、激励型等相对全面的低碳能源产业政策体系。各政策相互补充、相互衔接，兼具约束性和激励性，提高了政策的协同性、系统性，避免了片面性与局限性，确保该体系能够持续稳定地发挥作用。为确保低碳能源产业政策的正外部效应最大化，英国成立了专门的职能部门，并使其按政策的相关规定通力配合、各司其职。

英国采用财税政策激励低碳能源产业的发展，构建、完善碳排放交易市场体系，注意强化市场竞争的作用，利用价格机制激励企业节能减排，推行碳税、能源税、气候变化税等财税政策，将企业和个人的行为与碳排放的负外部性挂钩。提供资金支持和技术研发，完善碳基金政策和节能减排信托政策，促进低碳能源产业发展。这一系列的政策激励，有效推动了低碳经济发展。

英国政府充分发挥规划建设、财政拨款、激励宣传等政策引导作用，在发展低碳能源产业过程中，积极引导让消费者形成低碳意识与低碳行为；通过制订社区能源计划、碳减排目标计划、暖锋计划，以及发放房东节能津贴等政策，使消费者在低碳消费中获得收益，让企业和公众获利，从而刺激低碳能源的有效需求；鼓励企业和公众共同参与低碳减排，推动低碳城市、社区建设，利用重点工程管控政府、企业和公共设施的碳排放。英国低碳能源产业政策由强制性向引导性政策方向转变，刺激了公众对低碳的需求，得到了公众的积极配合和支持，形成了多元化参与、约束与激励并存的政策模式，促进了能源产业从高碳向低碳的转型。

三　英国低碳能源产业政策对中国的启示

英国在低碳能源产业发展上围绕相关低碳政策，形成了涵盖全面的低碳能源产业发展政策体系。

1. 正确处理宏观调控与市场竞争的关系

要发挥政府的职能作用，必须正确处理宏观调控与市场竞争的关系。2007年，中国成立国家应对气候变化领导小组，并组建了相关配套部门，然而与英国的能源和气候变化部相比还有一定差距，相关机构的管理职能有待提高，需要统筹协调引导能源产业向低碳转型；深化制度改革，将自然环境保护、碳排放量等指标纳入地方政府政绩考核。

摆正政府和市场的位置，在低碳能源产业发展初期，强化政策对市场的引导作用。英国政府逐渐在低碳能源产业发展中由强制转为引导，而中国低碳能源产业发展相对滞后，因此，政府应当运用宏观调控手段，把低碳能源产业的关键领域纳入管理范畴，克服市场在遇到环境外部不经济性时发生的"失灵"，提高能源的利用效率，鼓励和激励低耗能、低排放、低污染产业发展。

随着低碳能源产业的发展，应逐渐将政府的主导地位让渡给市场。运用市场机制促进低碳资源高效利用和开发，建立完善的碳排放量交易机制，充分引导低碳市场的发展。鼓励低碳生产、碳中和、碳捕捉等能源技术的研发，并为低碳能源技术的商业化推广提供资金支持。为发展低碳能源产业，应构建低碳信息服务体系，搭建大数据智能化信息平台和数据中心，为地方政府、企业、公众提供能源信息服务。

2. 构建科学的低碳能源产业政策体系

中国低碳能源产业发展相对落后，低碳政策在一定程度上还存在系统性和操作性不强等问题。因此，构建科学的低碳能源产业政策体系是发展低碳能源产业的重要保障。低碳能源产业政策可以分成宏观政策、中观政策和微观政策三个层次的纵向政策体系。宏观层面的低碳能源产业政策具有战略指导作用，中观层面的低碳能源产业政策具有协调作用，微观层面的低碳能源产业政策具有可操作性。三个层次政策之间互相配套、互相衔接、互相补充，提高政策体系的系统性和协同性。从中国经济和社会的绿色、健康、可持续发展角度来看，低碳能源产业政策兼具强制性、引导性、激励性。中国应完善低碳能源产业政策，并逐渐形成主体合作多元化的低碳能源产业横向体系；提高"三高"产业的准入门槛，同时给予低碳产品更多的优惠和财政补贴，加大研发资金投入，提高能源核心技术自主研发的奖励和补贴，为低碳能源产业发展创造更广阔的市场和更多的机会。

制定低碳能源产业政策应符合中国经济发展的需要。在低碳能源产业政策体系中，应充分反映低碳能源产业的发展战略和发展目标，完成经济发展由高碳模式向低碳模式的转型。要充分考虑中国的基本国情和地区经济发展的不平衡性，不可低估"碳锁定"对消费者行为和区域经济发展造成的影响。中国在制定低碳能源产业相关政策时，这些因素都应考虑在内。

中国可以借鉴英国的经验，立足于中国发展现状，构建低碳能源产业政策体系，制定低碳发展总体规划路线图，研究不同区域的城市扩展和产业演替对碳排放的影响。统筹协调区域低碳经济的发展，结合区域能源资源的特点，开展具有地方特色的低碳能源产业试点。打破地区限制，降低低碳能源产业区域间的准入门槛，建立碳排放量交易机制，建立完善的低碳能源生产和消费机制，形成政府干预与市场机制相结合、企业与公众共同参与的低碳能源供销网络。鼓励公众使用低碳能源，对低碳能源产品给予财政补贴和税收优惠。

3. 加强法制建设，保证政策的实施

英国高度重视立法，通过不断完善法律法规，逐渐实现能源产业由高碳向低碳的战略转型，其相关举措为中国提供了宝贵的经验。中国也应尽早完善低碳能源产业的相关法律法规。坚持法律约束与法规文件相结合，宏观政策与微观措施相互补充、相互配套，通过建立并完善低碳能源产业的法律法规，推进低碳能源产业的发展。

应与时俱进、循序渐进地规范低碳能源产业法律体系。可以考虑将温室气体的减排目标纳入法律框架，并作为考核地方政绩的依据，合理规定地方政府、企业和公民的责任和义务，形成发展低碳能源产业的综合运行机制和配套措施。运用法律法规，开展低碳教育及宣传活动，鼓励开展低碳、环保等社会公益活动，保证充足的资金投入，推广新能源和可再生能源产业开发技术，加快先进能源技术的国际合作和技术引入，推进技术成果转化等。低碳能源产业法制建设要与世界接轨，制定与碳交易有关的法律规则。

第八章　中国能源产业发展展望

　　低碳经济是人类社会文明的重大进步，已经成为世界经济的发展趋势，也是推动世界经济向前发展的新动力。在低碳经济背景下，大规模使用化石能源、大量排放二氧化碳等温室气体是导致温室效应、臭氧层破坏、酸雨等环境污染现象的主要原因。积极推动中国能源产业由高碳化向低碳化转变，逐渐改变以化石能源为主导的能源产业结构，加快发展可再生能源和新能源产业是低碳经济发展的要求。与此同时，中国是世界上最大的能源消费国，但重要能源的对外依存度较高，能源供给的不确定性和国际贸易摩擦给能源产业带来了很大的风险。随着金融全球化的加深，能源的价格风险凸显，且由于能源的稀缺性和其金融属性，其价格经常被国际 ETF 和国际游资炒作，引起能源价格剧烈波动，能源的金融化促成能源价格泡沫的产生，加上中国缺乏国际能源价格的定价权，从而给中国能源产业带来了很大的风险。此外，能源产业结构不合理、效率低下严重制约了能源产业的健康发展，给中国能源产业带来了很大的风险。因此，深入研究低碳经济背景下的能源产业风险，对于防范能源产业风险，保障中国能源安全，引导中国能源产业向低碳、绿色能源产业转型具有重要的意义。

一　与时俱进发展低碳能源产业

　　推动能源产业走高效、集约化、节约化、低碳化发展之路，与时俱进发展低碳能源产业（石峰，2016：124～136）。中国现阶段部分能源企业仍然是粗放、低效生产，不仅浪费能源资源，更会对环境造成污染，为此，应实现能源生产方式的革新，进而带动能源消费方式的革新。中国单位 GDP 增长能耗远超发达国家，这就要求中国的能源产业只能走高效、集约化、节约化、低碳化发展之路。严控低效重复建设，加快能源技术推广及升级，对高耗能、高污染、高排放的落后企业实行关停并转（邹乐乐、薛进军，2015：26~39）。应加强工业节能，提高能源利用效率，淘汰落后产能，大力发展节能型、高附加值的产业；加快高耗能、高污染、高排放产业的节能减排与产业升级的步伐，完善工业节能环保标准体系，积极提升企业能效，促进节能建设。

中国要从绿色、低碳的角度来看待低碳能源产业的发展，明确未来中国能源产业转型的方向是走向低碳能源时代（王珂英等，2015：42~53）。低碳能源产业包括：天然气、页岩气、水能、可再生能源（太阳能、地热能、潮汐能、风能、生物质能）、核能、智能电网等。其中，太阳能、风能等可再生能源，作为资源丰富的天然资源，取之不尽、用之不竭，是最理想的能源。低碳能源在能源生产和消费结构中将起到主导作用，其他能源将作为补充能源。中国可根据不同类别、发电成本、装机规模及技术成熟度，及时调整扶植政策，结合可再生能源绿色证书交易机制、全额保障性收购制度等，提前公开补贴降低与退出时间表，让市场有明确的预期，建立合理、透明的补贴退出及补贴递减机制，使低碳能源企业主动提高管理水平和技术水平。

二 构建科学完整的低碳能源产业政策体系

中国在能源法律法规、产业政策等方面，缺乏全面有效的能源产业政策管理体系。低碳能源产业发展仍然相对落后，低碳能源产业政策还在一定程度上存在操作性不强、不够系统化的问题。根据中国国情，以及能源产业发展现状，在完善法律法规的基础之上，中国应制定科学规划，促进可再生能源产业和新能源产业的发展，建立高效的能源产业监管系统。

1. 分阶段制定中国 2020~2050 年的能源产业发展战略

将低碳能源产业政策分成三个层次，即宏观政策、中观政策和微观政策，构成纵向政策体系，并根据短期、中期、长期能源产业发展规划科学制定能源子产业的期望目标。发挥低碳能源产业政策在宏观层的战略指导、中观层的组织协调和微观层的实践作用，各层次产业政策之间互相补充、互相关联、互相配套。完善低碳能源产业政策，使政策的执行兼具引导性、强制性、激励性、系统性和协同性，形成多元化低碳能源产业政策体系。在传统能源产业政策的基础上，进一步完善可再生能源产业和新能源产业等产业政策，进而构建健全的多元化能源产业政策体系，保证中国能源产业健康发展。

2. 制定低碳发展总体规划路线图，研究不同区域的城市扩展和产业演替对碳排放的影响

统筹协调区域低碳经济的发展，结合区域能源资源的特点，开展具有地方特色的低碳能源产业试点。打破地区限制，降低低碳能源产业区域间的准入门槛，建立碳排放量交易机制，建立完善的低碳能源生产和消费机制，形成政府干预与市场机制相结合、企业与公众共同参与的低碳能源供销网络。鼓励公众使用低碳能源，对低碳能源产品给予财政补贴和税收优惠。要充分考虑中国的基本国情和地区经济发展的不平衡性，不可低估"碳锁定"对消费者行为和区域经济发展造成的影响。中国在制定低碳能源产业相关政策时，这些因素都应考虑在内。

三 市场机制与政府有效干预相结合

在中国能源产业低碳发展过程中，市场机制发挥作用与政府的有效干预、政策支持是相辅相成的，要正确处理政府调控与市场机制之间的关系。中国相关机构的管理职能有待提高，需要统筹协调引导能源产业向低碳转型。深化制度改革，将自然环境保护、碳排放量等指标纳入地方政府政绩考核。

1. 加快电力市场化改革，发挥市场机制的调节作用

要加快电力市场化改革，形成有活力、有竞争力的现代市场化交易机制，电力市场改革主要在发电和售电等自然垄断性较弱的环节引入市场竞争；在输电和配电等自然垄断性较强的环节实施垄断经营。政府应对行业准入、服务、价格、环保等进行监控、监管；促进输配电价格改革，协调电力调度，提升电网规划和电力调度的中立性和专业化，打破电网的企业、省级和区域垄断。

中国现有的电力调度仍采用计划方式，这造成能源效率低、成本高的现状，也无法适应太阳能、风能、生物质能等发电规模不断扩大的需要，应试点发展成本效益型电力调度模式。加强电力系统的信息化、智能化建设，按照不同发电类型的边际成本由低到高依次上网，可再生能源发电的边际成本最低，可安排优先上网。整合区域间电力，逐渐形成统一的全国短期电力市场，建立开放、透明、数字化、智能化的电力系统运行平台。

通过绿色证书、碳配额、碳排放权、资源税和环境税等举措，完善高碳能源成本核算机制。提高成品油消费税和煤炭资源税税率，并起征煤炭和电力消费税，逐渐完善能源税收体系，将高污染、高耗能产品纳入征税范围，使能源价格体现环境成本，推进低碳能源产业发展的税收优惠政策。构建竞争有序、开放统一的能源价格体系，让市场在资源配置中起决定性作用。

充分发挥市场调节作用。运用市场机制促进低碳资源高效利用和开发，建立完善的碳排放量交易机制，充分引导低碳市场的发展，鼓励低碳生产、碳中和、碳捕捉等能源技术的研发，并为低碳能源技术的商业化推广提供资金支持。为发展低碳能源产业，应构建低碳信息服务体系，搭建大数据智能化信息平台和数据中心，为地方政府、企业、公众提供能源信息服务。

2. 政府的有效干预对扶持低碳能源产业发展有重要作用

要转变政府职能，减少政府的行政性管理和过度干预、直接干预，提升政府对能源产业的管理效率，发挥统筹协调、政策支持、执法监督、行业监管和公共服务等作用。采用固定上网电价政策，推进电力市场化改革，使可再生能源成本下降且在一次能源消费总量中的比重持续上升。应改革现有的能源体制，为低碳能源产业发展创造良好的制度基础。

在低碳能源产业发展初期，强化政策对市场的引导作用，使政府逐渐在低碳能源产业发展中由强制转为引导。中国低碳能源产业发展相对滞后，因此，政府应当运用宏观调控手段，把低碳能源产业的关键领域纳入管理范畴，克服市场在遇到环境外部不经济性时发生的"失灵"。提高能源的利用效率，鼓励和激励低耗能、低排放、低污染产业发展。建立低碳能源数字化信息服务体系，为地方政府、企业、公众提供能源信息服务。

四 优选过渡能源

鉴于资源禀赋、经济发展、能源安全、环境承载力等因素，中国将不再经历石油时代，而是直接从煤炭时代转型到低碳能源时代。其间必然经历漫长的过渡时期，需要优选过渡能源，以保证能源产业的稳定供给和绿色发展。中国"富煤缺油少气"，可以把天然气和清洁煤炭作为过渡能源，提高天然气在一次能源消费总量中的比重，促进煤炭的清洁高效利用。

1. 把天然气培育成重要清洁能源

《能源发展"十三五"规划》提出，把天然气培育成重要清洁能源，要求到 2020 年，天然气在能源总消费中的占比达 10% 左右；到 2030 年，天然气占比将达到 15% 左右。因此，中国要加强天然气基础设施建设，构建天然气产供储销体系，破解天然气供应瓶颈问题；通过市场化手段配置资源，布局现有通道和管网，组织成立国家管网公司，实现对天然气管网的统一管理；改革单一授权运营体制，促进多元化市场主体的形成；推动天然气对散煤的替代，对居民使用天然气提供财政补贴，加大液化天然气在交通运输业的使用量；推进非常规天然气（页岩气、致密气、煤层气）的政策扶持，鼓励科技创新，有效增加市场供给。

2. 促进清洁煤炭的高效使用

鉴于中国的资源禀赋，在相当长的时间里，煤炭仍具有重要的战略地位，减煤、去煤是一个循序渐进的过程，否则可能会影响经济发展和社会安定。因此，应制定约束煤炭消费总体控制目标，并分解到各地区、各产业，促进煤炭的清洁高效生产和转化；要求高耗煤产业和地区提交削减煤炭用量的计划时间表，并通过监督部门监督落实；对现有煤电机组进行升级改造，要求发电厂严格遵循排放标准；采用高效的煤炭气化、热电联产、碳捕捉等先进的能源技术，提高煤炭的使用效率，使煤炭成为一种清洁能源。

五　加强科技创新与能源国际合作

1. 应把科技创新作为重要的战略支撑

尽快制定低碳能源产业发展技术路线图，集中力量攻克核心关键技术，并加大后续科研力度。有效整合科研资源，建设国家级技术研发基地，构建以大数据、云计算为依托的信息共享中心，整合资源，统一部署，为能源产业的低碳转型、能源核心技术的研发提供技术支撑。通过统筹规划、政策扶持、资金投入等途径，推动能源产业低碳转型，鼓励跨领域、跨学科、跨国界合作，协同创新，采取基金形式和合作模式，加强企业与大学在研发领域的合作。鼓励企业、科研机构的技术输出，鼓励跨领域、跨国界合作，引进国外先进技术，吸取国际最新成果，开展国际合作，引进技术再创新，争取获得自主知识产权。

2. 推动能源产业结构优化，鼓励技术创新，加强能源国际合作

加大对能源产业核心技术的科技研发投入，鼓励技术创新，加快科研成果转化，提升中国能源产业技术能力。加大国家对新能源、可再生能源产业核心技术的支持力度，利用资源禀赋，积极开展能源技术国际合作（史丹、王蕾，2015：1~8）。拓展能源国际合作范围和渠道，推进能源贸易多元化，扩大能源贸易和能源技术合作范围，深化国际能源多边和双边合作机制。开展能源外交，通过国际技术合作，取长补短，发挥中国的市场优势，寻求新能源、可再生能源产业技术的国际合作，推动和加速中国能源产业结构优化。

3. 建设"产学研"体系，培育创新环境，重视科研人员的培养

鼓励企业自主创新，提升核心技术攻关能力，积极推进创新成果转化与应用。完善能源核心技术评价与奖励机制，对重要成果进行奖励。推进能源装备技术的自主研发，提高能源装备产业的综合技术实力。提供优良的科研基地、设备和硬件条件，加快科技人才队伍建设，吸引优秀国内外学者参与能源科技创新项目的研究，着力培养中青年科技骨干和学术带头人，加强高端科技人才培养和科研团队建设。

4. 扶持和鼓励中国大型跨国能源公司实施国际化经营战略

积极参与世界油气资源竞争，参与能源工程技术、服务贸易和国际能源合作，推进海上油气资源以及非常规油气资源（页岩气）的勘探与开采，以及新能源、可再生能源技术的开发与利用，开拓创新，掌握能源核心技术。加强中国与能源生产大国及能源消费大国之间的合作，确保国际能源运输的安全畅通，通过对话、协商等办法和平解决重大国际能源纠纷，避免能源价格的剧烈波动，维护全球能源安全。

5. 让绿色、低碳、节能、环保成为一种生活习惯、一种生活方式

通过制度规定使能源信息公开透明，让公众参与到低碳能源转型的实践中；通过经济效益提升其环保意识，使得节能降耗、低碳环保成为一种流行的生活方式。中国很多地区都有丰富的可再生能源（风能、太阳能、生物质能），因此，可以大力发展太阳能、风电发电等小型分布式能源项目。鼓励城镇居民或农村居民合资入股，组建合作社性质的中小企业，自筹资金投资开展小型热电联产或分布式能源项目，不仅可以满足其能源需求，还可以把剩余的电量卖给电网、剩余的热量卖给热力管网，并获得一定的经济收益。国家可以采用能源输出补贴的形式鼓励分布式能源发展，让其成为低碳能源产业发展的重要组成部分，充分体现其低碳、环保、高效的社会效益。

此外，在城市社区或乡村定期开展低碳发展、节能环保的宣传教育，通过网络、电视、新闻等形式进行宣传，引导低碳环保的消费观和生活方式。

六　提高能源效率与建立节能激励机制

通过立法，提高能源效率，保护环境，控制温室气体排放，形成中央和地方互补的提升能源效率的制度（史丹，2016）。采取税收优惠、财政补贴、融资优惠等政策，促进节能减排，鼓励企业不断提升能源效率，对各个能源系统统筹规划。提高火电机组热电联产的比例（张有生等，2015：37~39），将热电联产机组与低碳能源发电机组相互关联，并实行智能控制，发挥调峰作用，形成多能源优势互补、相互转化，提高能源效率（Lehr et al.，2008：108－117）。

制定节能标准和节能制度，采取税收优惠，建立低碳能源管理机制，推动企业主动节能，建立用户负荷记录表，帮助用户有效进行节能管理（薛进军、赵忠秀，2011：16~18）。加大节能激励力度，对建筑物能耗进行有效管理，建立建筑物能耗证书制度，对供热、用电进行精确计量；建立产品能耗标签制度，给予电动汽车补贴，树立节能理念，促进全民节能（赵忠秀、王苒，2015：67~69）。

加强保护环境，推动低碳能源产业的发展，积极应对全球气候变化（Bohringer et al.，2017：189－209）。自《京都议定书》签订以来，世界各国就应对气候变化、减少二氧化碳排放、发展低碳环保能源产业等目标达成共识（Lund et al.，2017：556－566）。中国面对来自国内外的环境保护压力，挑战也会日益增多。鉴于今后较长时期内中国能源消费总量仍将持续增长，减少碳排放、发展低碳能源产业已成为大势所趋。

加大环境立法与执法力度，中国应加强环境保护立法，并将其纳入各地区 GDP 的核算与考核，加强执法监督，使环保法律法规落到实处。优化能源产业生产和消费结构，切实实现节能减排。中国应加快转变以煤炭为主的高碳能源生产和消费结构，推动能源产业向高附加值、低碳、低耗能、低污染方向发展，大力提升能源开发与利用效率和能源管理水平（朱跃忠等，2015：52~55）。

推动天然气、太阳能、风能、水电、核电、生物质能、智能电网、地热能等低碳能源产业的发展，大力发展低碳能源产业。中国煤炭储量丰富，应提高煤炭的综合效率，扩大应用领域，大力发展清洁煤电，开发热电联产、煤炭气化、碳捕捉等先进的能源技术，将煤炭转换成一种清洁能源；减少温室气体及其他污染物的排放，积极应对气候变化。

七 构建低碳能源产业风险预警系统

为保障低碳能源产业的发展，应构建低碳能源产业风险预警系统，这关系到中国能源产业安全和国家安全。提高重要能源的自给度，加快研发重要能源的替代能源，降低其进口依存度，加快发展可再生能源和新能源，鼓励能源核心技术的自主研发，同时，开展国际合作和交流，拓展多元化能源进口渠道。

对于传统化石能源产业，可加快低碳、清洁能源如天然气的开发利用，减少二氧化碳排放，切实实现节能减排，加快海上油气田的开发与利用，增加对海上能源技术的研发投入，提高天然气在能源消费总量中的比重，拓展天然气在交通、运输、电力、热力等领域的应用；推进页岩气和煤层气等非常规油气资源的勘探与开采，完善基础设施建设，保证安全生产，落实非常规油气开发与使用的激励政策；降低中国对石油的依赖，在部分领域用其他能源替代石油，健全战略石油储备，完善石油预警机制；制定和完善与核电相关的法律法规，坚持科学的核安全理念，确保安全生产、安全发电和用电，完善核事故应急处理机制和预警体系。

参考文献

〔美〕彼得·C. 布泰尔，2008，《能源价格风险管理》，吕鹏、李素真译，石油工业出版社。

包颉、侯建明，2011，《基于低碳经济的我国产业体系构建研究》，《商业研究》第 3 期。

鲍健强、苗阳、陈锋，2008，《低碳经济：人类经济发展方式的新变革》，《中国工业经济》第 4 期。

蔡林海，2009，《低碳经济——绿色革命与全球经济创新竞争大格局》，经济科学出版社。

查冬兰、周德群，2010，《基于 CGE 模型的中国能源效率回弹效应研究》，《数量经济技术经济研究》第 12 期。

陈强，2015，《德国科技创新体系的治理特征及实践启示》，《社会科学》第 8 期。

程荃，2012，《欧盟新能源法律与政策研究》，博士学位论文，武汉大学。

迟远英，2008，《基于低碳经济视角的中国风电产业发展研究》，博士学位论文，吉林大学。

崔民选，2011，《中国能源发展报告》，社会科学文献出版社。

邓聚龙，2005，《灰色系统基本方法》，华中科技大学出版社。

范道津、陈伟珂，2010，《风险管理理论与工具》，天津大学出版社。

范秋芳，2007，《中国石油安全预警及对策研究》，博士学位论文，中国科学技术大学。

方小敏，2014，《行走在竞争和规制之间的德国能源经济改革》，《南京大学学报》（哲学·人文科学·社会科学）第 4 期。

付俊文、赵红，2007，《控制能源金融风险的对策研究》，《青海社会科学》第 3 期。

郭国峰、郑召锋，2010，《国际能源价格波动对中国股市的影响——基于计量模型的实证检验》，《中国工业经济》第 6 期。

郭晓亭、蒲勇健、林略，2004，《风险概念及其数量刻画》，《数量经济技术经济研究》第 2 期。

郭义强、葛全胜、郑景云，2008，《中国能源保障水平分区初探》，《资源科学》第 3 期。

杭雷鸣、孙泽生、郭俊辉，2011，《国际商品价格波动与中国出口贸易的能源成本：一个实证分析》，《经济理论与经济管理》第 2 期。

何凌云、薛永刚，2010，《产业共生视角下的能源金融内涵及架构》，《生产力研究》第 12 期。

乐欢，2014，《美国能源政策研究》，博士学位论文，武汉大学。

李大伟，2016，《德国建筑节能的实践与启示——赴德国学习研修报告》，《北方建筑》第 1 期。

李佳慧，2015，《德国能源结构的"清洁转型"》，《中国环境报》4 月 23 日，第 4 版。

李杨、齐北荻、杨思宇、王静怡，2018，《国内外煤炭行业从业人员及人才培养现状研究》，《煤炭经济研究》第 1 期。

李旸，2010，《我国低碳经济发展路径选择和政策建议》，《城市发展研究》第 2 期。

李颖，2016，《为更高比例接纳可再生能源 德国打造严谨市场》，《能源研究与利用》第 6 期。

李忠民、邹明东，2009，《能源金融问题研究评述》，《经济学动态》第 10 期。

林伯强、杜克锐，2013，《要素市场扭曲对能源效率的影响》，《经济研究》第 9 期。

林伯强、黄光晓，2011，《能源金融》，清华大学出版社。

林伯强、牟敦果，2014，《高级能源经济学（第 2 版）》，清华大学出版社。

林伯强，2018，《中国新能源发展战略思考》，《中国地质大学学报》（社会科学版）第 2 期。

林智钦，2013，《中国能源环境中长期发展战略》，《中国软科学》第 12 期。

刘建平，2013，《智慧能源——我们这一万年》，中国电力出版社。

骆华、费方域，2011，《英国和美国发展低碳经济的策略及其启示》，《软科学》第 11 期。

马涛、东艳、苏庆义、高凌云，2011，《工业增长与低碳双重约束下的产业发展及减排路径》，《世界经济》第 8 期。

马越越，2014，《低碳约束下的中国物流产业全要素生产率研究》，博士学位论文，东北财经大学。

牛菊芳，2011，《国际原油价格波动对我国经济的影响与应对措施》，《西部论坛》第 6 期。

潘岳，2005，《战略环评与可持续发展》，《环境经济》第 9 期。

朴光姬，2013，《从管制到放松：日本石油政策演变及其成因》，《日本学刊》第 2 期。

钱伯章，2008，《节能减排可持续发展的必由之路》，科学出版社。

〔美〕乔治·泰奇，2002，《研究与开发政策的经济学》，苏竣、柏杰译，清华大学出版社。

沙之杰，2011，《低碳经济背景下的中国节能减排发展研究》，博士学位论文，西南财经大学。

佘升翔、马超群、王振红、刘岚，2007，《能源金融的发展及其对我国的启示》，《国际石油经济》第 8 期。

石峰，2016，《英国低碳经济政策的研究》，博士学位论文，吉林大学。

史丹，2016，《全球能源转型特征与中国的选择》，《经济日报》8 月 18 日，第 14 版。

史丹、王蕾，2015，《能源革命及其对经济发展的作用》，《产业经济研究》第 1 期。

宋德星，2012，《能源安全问题的战略意涵——侧重于对中国能源安全问题的分析》，《世界经济与政治论坛》第 3 期。

苏东水，2011，《产业经济学》，高等教育出版社。

孙李平、李琼慧、黄碧斌，2013，《德国热电联产法分析及启示》，《供热制冷》第 8 期。

孙睿，2014，《Tapio 脱钩指数测算方法的改进及其应用》，《技术经济与管理研究》第 8 期。

汤长安，2007，《民营企业融资风险及其防范》，《商业时代》第 10 期。

〔英〕汤姆·詹姆斯，2008，《能源价格风险》，高峰等译，经济管理出版社。

田时中，2013，《我国煤炭供需安全评价及预测预警研究》，博士学位论文，中国地质大学。

涂正革，2012，《能源安全与中国节能的现实路径》，《华中师范大学学报》（人文社会科学版）第 1 期。

王建明、王俊豪，2011，《公众低碳消费模式的影响因素模型与政府管制政策——基于扎根理论的一个探索性研究》，《管理世界》第 4 期。

王俊豪，2012，《产业经济学》，高等教育出版社。

王俊豪，2009，《反垄断与政府管制：理论与政策》，经济管理出版社。

王俊豪，2001，《政府管制经济学导论：基本理论及其在政府管制实践中的应用》，商务印书馆。

王珂英、王丹、王磊，2015，《长江经济带碳排放的演进特征及政策取向》，社会科学文献出版社。

王宁，2019，《德国能源转型的经济分析及启示》，博士学位论文，吉林大学。

王世进，2013，《国内外能源价格波动溢出效应研究》，《资源科学》第
　　4 期。

王淑贞、魏华、贺靖峰，2011，《基于 AR 和模糊综合评价的中国能源
　　风险预警研究》，《上海管理科学》第 3 期。

王文祥、史言信，2014，《我国光伏产业困境的形成：路径、机理与政
　　策反思》，《当代财经》第 1 期。

王宪恩、王羽、夏菁，2014，《日本工业化进程中经济社会与能源环境
　　协调发展演进趋势分析》，《现代日本经济》第 6 期。

王彦彭，2010，《我国能源环境与经济可持续发展：理论模型与实证分
　　析》，博士学位论文，首都经济贸易大学。

王紫伟，2012，《新的国家石油安全观及我国相关财政金融政策研究》，
　　博士学位论文，财政部财政科学研究所。

魏巍贤，2009，《基于 CGE 模型的中国能源环境政策分析》，《统计研
　　究》第 7 期。

文绪武，2009，《美国能源产业管制的法律分析》，《经济社会体制比
　　较》第 1 期。

吴寄南，2004，《日本规避能源风险的战略及其前景》，《当代石油石
　　化》第 10 期。

吴利学，2009，《中国能源效率波动：理论解释、数值模拟及政策含
　　义》，《经济研究》第 5 期。

吴振信、石佳，2012，《基于 STIRPAT 和 GM（1，1）模型的北京能源
　　碳排放影响因素分析及趋势预测》，《中国管理科学》第 S2 期。

郗伟东、孙永海，2008，《生猪产业链风险系统及其风险评估》，《农业
　　工程学报》第 8 期。

谢伟，2014，《美国大气污染管制手段发展及对我国启示》，《科技管理
　　研究》第 11 期。

邢玉升、曹利战，2013，《中国的能耗结构、能源贸易与碳减排任务》，
　　《国际贸易问题》第 3 期。

徐明棋，2006，《欧盟能源政策特点及对中国能源政策和西部开发的借鉴意义》，《世界经济研究》第 11 期。

徐志虎，2009，《融资风险的博弈论分析》，《经济论坛》第 16 期。

薛进军、赵忠秀，2011，《中国低碳经济发展报告》，社会科学文献出版社。

严云鸿、易波波，2010，《国际能源价格波动对中国经济的影响》，《社会科学家》第 7 期。

杨宝臣、陈跃，2011，《基于变权和 TOPSIS 方法的灰色关联决策模型》，《系统工程》第 6 期。

杨红亮、史丹，2008，《能效研究方法和中国各地区能源效率的比较》，《经济理论与经济管理》第 3 期。

杨泽伟，2010，《〈2009 年美国清洁能源与安全法〉及其对中国的启示》，《中国石油大学学报》（社会科学版）第 1 期。

易泽忠，2012，《湖南生猪业发展及其风险管理研究》，博士学位论文，中南大学。

尹勇晚、龚驰、李天国，2011，《中韩新能源产业合作的经济效应实证研究》，《经济理论与经济管理》第 4 期。

〔英〕R. 贝尔格雷夫，1990，《2000 年的能源安全》，王能全、李绍先、刘宁译，时事出版社。

于宏源，2008，《权力转移中的能源链及其挑战》，《世界经济研究》第 2 期。

袁娜、叶凯、茆军，2010，《国际原油价格波动对我国生物质能源的影响》，《生态经济》第 6 期。

张凤荣、曹勇宏，2012，《基于能源约束的区域相对生态效率识别》，《工业技术经济》第 4 期。

张凤荣、陈明，2016，《棉花期货主力及近月合约价格发现效率比较与套保选择》，《东北师范大学学报》第 3 期。

张凤荣、陈明，2015，《新能源产业上市公司经营效率分析——基于突变级数法和 DEA 超效率模型的实证研究》,《技术经济与管理研究》第 7 期。

张汉威、苏竣、汝鹏、周源,2014,《R&3D 技术创新风险与失败案例研究——以洁净煤技术为例》,《科学学与科学技术管理》第 9 期。

张建欣,2011,《促进低碳经济发展的财税政策研究》,硕士学位论文,首都经济贸易大学。

张坤民,2008,《低碳世界中的中国:地位、挑战与战略》,《中国人口·资源与环境》第 3 期。

张飘洋、秦放鸣、孙庆刚,2013,《能源金融问题研究综述及展望》,《开发研究》第 5 期。

张庆阳、秦莲霞,2005,《英国适应气候变化战略框架》,《中国气象报》11 月 3 日,第 4 版。

张有生、苏铭、杨光、田磊,2015,《世界能源转型发展及对我国的启示》,《宏观经济管理》第 12 期。

赵建安、郎一环,2008,《能源保障风险体系的研究——以煤炭与石油为例》,《地球信息科学》第 8 期。

赵忠秀、王苒,2015,《中国引领世界绿色低碳发展》,社会科学文献出版社。

甄晓非,2012,《我国能源产业低碳化发展的制约因素及对策》,《经济纵横》第 4 期。

郑景云、吴文祥、胡秀莲、何凡能等,2011,《综合风险防范——中国综合能源与水资源保障风险》,科学出版社。

郑言,2013,《我国天然气安全评价与预警系统研究》,博士学位论文,中国地质大学。

郑艳婷、徐利刚,2012,《发达国家推动绿色能源发展的历程及启示》,《资源科学》第 10 期。

〔日〕植草益,1992,《微观规制经济学》,朱绍文、胡欣欣等译,中国发展出版社。

中国科学院可持续发展战略研究组，2009，《2009 中国可持续发展战略报告——探索中国特色的低碳道路》，科学出版社。

钟林，2006，《攀登：企业如何赢在风险》，清华大学出版社。

朱跃忠、戴彦德、冯超，2015，《中国能源发展现状、趋势及未来能源转型路线》，社会科学文献出版社。

邹乐乐、薛进军，2015，《能源税和碳税政策对减排效果和经济影响的比较》，社会科学文献出版社。

Abrahamse, W., Steg, L., Vlek, C., et al. 2005. "A Review of Intervention Studies Aimed at Household Energy Conservation." *Journal of Environmental Psychology* 25: 273 – 291.

Al-Jarri, A. S., Startzman, R. A. 1997. "Worldwide Petroleum-Liquid Supply and Demand." *Journal of Petroleum Technology* 49: 1329 – 1338.

Andersen, P., Petersen, N. C. 1993. "A Procedure for Ranking Efficient Units in Data Envelopment Analysis." *Management Science* 39: 1261 – 1264.

Auerswald, P. E., Branscomb, L. M. 2003. "Valleys of Death and Darwinian Seas: Financing the Invention to Innovation Transition in the United States." *The Journal of Technology Transfer* 28: 227 – 239.

Berg, D. R., Ferrier, G. 1999. "The U S Environmental Industry." *Chemtech* 29: 45 – 52.

Bernstein, P. L. 1996. *Against the Gods: The Remarkable Story of Risk.* New York: Wiley.

BMWi (Federal Ministry for Economic Affairs and Energy). 2018. "Our Energy Transition for an Energy Supply That Is Secure, Clean, and Affordable." Accessed November 3. https://www.bmwi.de/Redaktion/EN/Dossier/energy-transition.html.

Boehlje, M. 2002. "Risk in U. S. Agriculture: New Challenges and New Approaches." Ph. D diss., Purdue University.

Bohringer, C., Landis, F., Reanos, M. A. T. 2017. "Economic Impacts of Renewable Energy Promotion in Germany. " *The Energy Journal* 38: 189 – 209.

Cabedo, J. D. , Moya, I. 2003. "Estimating Oil Price 'Value at Risk' Using the Historical Simulation Approach. " *Energy Economics* 25: 239 – 253.

Chen, M. , Zhang, F. , Wu, C. , Chen, Y. 2020. "A Monte Carlo Simulated Price Risk Measurement Based on Recursive Root Tests. " *Electronic Research Archive* 28: 1 – 11.

Claessens, S. , Qian, Y. 1995. "Bootstrapping Options: An Application to Recapture Clauses. " *Economics Letters* 47: 377 – 384.

Clarkson, K. W. , Miller, R. L. 1982. *Industrial Organization: Theory, Evidence, and Public Policy.* New York: McGraw-Hill.

Dasgupta, P. , Heal, G. 1974. "The Optimal Depletion of Exhaustible Resources. " *The Review of Economic Studies* 41: 3 – 28.

Dasgupta, P. 1982. "Resource Depletion, Research and Development, and the Social Rate of Discount. " *Discounting for Time and Risk in Energy Policy*: 273.

Diba, B. T. , Grossman, H. I. 1988. "Explosive Rational Bubbles in Stock Prices?" *The American Economic Review* 78: 520 – 530.

European Commission. 2006. *Green Paper: A European Strategy for Sustainable, Competetive and Secure Energy.* Luxembourg: OOPEC.

European Union. 2007. "Treaty of Lisbon Amending the Treaty on European Union and the Treaty Establishing the European Community, Signed at Lisbon. " *Official Journal of the European Union* 306: 1 – 271.

Finn, M. G. 1995. "Variance Properties of Solow's Productivity Residual and Their Cyclical Implications. " *Journal of Economic Dynamics and Control* 19: 1249 – 1281.

Finn, M. G. 2000. *Perfect Competition and the Effects of Energy Price Increases on Economic Activity.* Columbus: Ohio State University Press.

Galeotti, M. , Lanza, A. , Pauli, F. 2006. "Reassessing the Environmental Kuznets Curve for CO$_2$ Emissions: A Robustness Exercise. " *Ecological Economics* 57: 152 – 163.

Hall, S. G. , Psaradakis, Z. , Sola, M. 1999. "Detecting Periodically Collapsing Bubbles: A Markov-Switching Unit Root Test. " *Journal of Applied Econometrics*: 143 – 154.

Hamilton, J. D. 1989. "A New Approach to the Economic Analysis of Nonstationary Time Series and the Business Cycle. " *Journal of the Econometric Society*: 357 – 384.

Hardaker, J. B. , Huime, R. E. M. , Anderson, J. R. 1997. *Coping with Risk in Agriculture*. CAB Interactional, Wallingford, UK.

Hotelling, H. 1931. "The Economics of Exhaustible Resources. " *Journal of Political Economy* 39: 137 – 175.

Huang, W. M. , Lee, G. W. M. , Wu, C. C. 2008. " GHG Emissions, GDP Growth and the Kyoto Protocol: A Revisit of Environmental Kuznets Curve Hypothesis. " *Energy Policy* 36: 239 – 247.

Jamasb, T. , Newbery, D. M. G. , Pollitt, M. G. , et al. 2005. " Electricity Sector Reform in Developing Countries: A Survey off Empirical Evidence on Determinants and Performance. " Policy Research Working Paper.

Kamien, M. I. , Schwartz, N. L. 1978. "Optimal Exhaustible Resource Depletion with Endogenous Technical Change. " *The Review of Economic Studies* 45: 179 – 196.

Kim, I. M. , Loungani, P. 1992. "The Role of Energy in Real Business Cycle Models. " *Journal of Monetary Economics* 29: 173 – 189.

Kindleberger, C. P. , Aliber, R. Z. 2011. *Manias, Panics, and Crashes: A History of Financial Crises*. New York: Palgrave Macmillan.

Klare, M. T. 2002. *Resource Wars: The New Landscape of Global Conflict*. New York: Henry Holt.

Kobos, P. H. , Erickson, J. D. , Thomas, E. 2006. "Technological Learning and Renewable Energy Costs: Implications for US Renewable Energy Policy." *Energy Policy* 34: 1645 – 1658.

Komendantova, N. , Patt, A. , Barras, L. , et al. 2012. "Perception of Risks in Renewable Energy Projects: The Case of Concentrated Solar Power in North Africa." *Energy Policy* 40: 103 – 109.

Ladoucette, V. D. 2002. "Security of Supply Is Beckon the Agenda." *Middle Economic Survey* 11: 18 – 20.

Lehr, U. , Nitsch, J. , Kratzat, M. , Lutz, C. , Edler, D. 2008. "Renewable Energy and Employment in Germany." *Energy Policy* 36: 108 – 117.

Lepp, A. , Gibson, H. 2003. "Tourist Roles Perceived Risk and International Tourism." *Annals of Social Economics* 27: 959 – 967.

Lund, H. , Alberg, P. , Connolly, D. , Mathiesen, B. V. 2017. "Smart Energy and Smart Energy Systems." *Energy* 137: 556 – 566.

Machina, M. J. , Schmeidler, D. 1992. "A More Robust Definition of Subjective Probability." *Econometrica*, *Econometric Society* 60: 745 – 780.

Metz, B. 2001. *Climate Change* 2001: *Mitigation*: *Contribution of Working Group Ⅲ to the Third Assessment Report of the Intergovernmental Panel on Climate Change*. Cambridge: Cambridge University Press.

Mints, P. 2012. "The History and Future of Incentives and the Photovoltaic Industry and How Demand Is Driven." *Progress in Photovoltaics Research and Applications* 20: 711 – 716.

Moore, G. A. 2002. *Crossing the Chasm*: *Marketing and Selling Disruptive Products to Mainstream Customers*. New York: Harper Collins Publishers.

Nanda, R. , Rhodes-Kropf, M. 2016. "Financing Risk and Innovation." *Management Science* 63: 901 – 918

Paik, K. W. 2005. "Russia's Oil and Gas Export to Northeast Asia." *Asia-Pacific Review* 12: 58 – 70.

Painuly, J. P., Park, H., Lee, M. K., Noh, J. 2003. "Promoting Energy Efficiency Financing and ESCOs in Developing Countries: Mechanisms and Barriers." *Journal of Cleaner Production* 11: 659 – 665.

Phillips, P. C. B., Shi, S. P., Yu, J. 2012. "Testing for Multiple Bubbles." *International Economic Review* 56: 1043 – 1077.

Phillips, P. C. B., Wu, Y., Yu, J. 2011. "Explosive Behavior in the 1990s Nasdaq: When Did Exuberance Escalate Asset Values?" *International Economic Review* 52: 201 – 226.

Phillips, P. C. B., Yu, J. 2011. "Dating the Timeline of Financial Bubbles during the Subprime Crisis." *Quantitative Economics* 2: 455 – 491.

Priddle, R. 1999. Energy Security: A Vital Concept, A Changing Definition. Speech at the Energy Security Group of Foreign Relations Council, Washington DC.

Randers, J., Goluke, U. 2020. "An Earth System Model Shows Self-sustained Melting of Permafrost Even If All Man-made GHG Emissions Stop in 2020." *Scientific Reports* 10: 18456.

Richmond, A. K., Kaufmann, R. K. 2006. "Energy Prices and Turning Points: The Relationship between Income and Energy Use/Carbon Emissions." *The Energy Journal* 27: 157 – 180.

Rosenberg, N. 1980. "Historical Relations between Energy and Economic Growth." In *International Energy Strategies*, edited by Joy Dunkerley, pp. 55 – 77. Cambridge: Oelgeschlager, Gunn and Hain Press.

Rotemberg, J. J., Woodford, M. 1996. "Imperfect Competition and the Effects of Energy Price Increases on Economic Activity." NBER Working Paper No. 5634.

Ruffing, K. 2007. "Indicators to Measure Decoupling of Environmental Pressure from Economic Growth." *Sustainability Indicators: A Scientific Assessment* 67: 211.

Saaty, T. L. 1990. "How to Make a Decision: The Analytic Hierarchy Process." *European Journal of Operational Research* 48: 9 – 26.

Sadeghi, M., Shavvalpour, S. 2006. "Energy Risk Management and Value at Risk Modeling." *Energy policy* 34: 3367 – 3373.

Saunders, H. D. 1992. "The Khazzoom-Brookes Postulate and Neoclassical Growth." *The Energy Journal* 13: 131 – 148.

Sharkey, W. W. 1983. "The Theory of Natural Monopoly." *Cambridge Books*: 4 – 5.

Sharma, N. 1998. "Forecasting Oil Price Volatility." Ph. D diss., Virginia Tech.

Skapura, D. M. 1996. *Building Neural Networks.* Cambridge: Addison Wesley Press.

Steg, L. 2008. "Promoting Household Energy Conservation." *Energy Policy* 36: 4449 – 4453.

Tapio, P. 2005. "Towards a Theory of Decoupling: Degrees of Decoupling in the EU and the Case of Road Traffic in Finland between 1970 and 2001." *Transport Policy* 12: 137 – 151.

Veenstra, A. V. 2008. "Establishing Energy Cooperation in Northeast Asia: Implications from the Experiences of the European Union." The Institute of Electrical Engineers of Japan Working Paper.

Weizsacker, E. U. V., Lovins, A. B., Lovins, L. H. 1997. *Factor Four: Doubling Wealth-Halving Resource Use: The New Report to the Club of Rome.* Washington, DC: Earthscan Press.

Wybrew-Bond, I., Stern, J. P. 2002. *Natural Gas in Asia: The Challenges of Growth in China, India, Japan, and Korea.* Oxford: Oxford University Press.

Yergin, D. 1988. "Energy Security in the 1990's." *Foreign Affairs* 67: 110 – 132.

图书在版编目（CIP）数据

中国能源产业风险研究：基于低碳经济背景 / 陈明
著. -- 北京：社会科学文献出版社，2021.4
ISBN 978 - 7 - 5201 - 8172 - 3

Ⅰ.①中…　Ⅱ.①陈…　Ⅲ.①能源工业 - 产业发展 -
风险管理 - 研究 - 中国　Ⅳ.①F426.2

中国版本图书馆 CIP 数据核字（2021）第 055043 号

中国能源产业风险研究：基于低碳经济背景

著　　者 / 陈　明

出 版 人 / 王利民
责任编辑 / 陈凤玲
文稿编辑 / 陈丽丽

出　　版 / 社会科学文献出版社·经济与管理分社（010）59367226
　　　　　　地址：北京市北三环中路甲 29 号院华龙大厦　邮编：100029
　　　　　　网址：www. ssap. com. cn
发　　行 / 市场营销中心（010）59367081　59367083
印　　装 / 三河市尚艺印装有限公司

规　　格 / 开本：787mm × 1092mm　1/16
　　　　　　印张：16　字数：231 千字
版　　次 / 2021 年 4 月第 1 版　2021 年 4 月第 1 次印刷
书　　号 / ISBN 978 - 7 - 5201 - 8172 - 3
定　　价 / 98.00 元

本书如有印装质量问题，请与读者服务中心（010 - 59367028）联系